U0068327

失控金融史

在這個金錢至上的世界，
遊戲規則就是沒有規則

吳桂元　編著

世界本身，就是一間最浮華的賭場。
如果有一夕致富的機會，
你敢不敢冒著一貧如洗的風險，一擲千金？

前言

　　十五世紀末的地理大發現，開啟了人類社會的新篇章，居住在地球不同角落的人們，第一次如此緊密聯繫在一起。隨著葡萄牙、西班牙、荷蘭、英國、美國先後崛起，西方國家逐漸主宰了近代歷史的發展。不過，西方國家稱霸世界的手段各不相同：葡萄牙人和西班牙人依仗船堅炮利，在全世界「搶劫」；荷蘭人靠平底帆船，向全世界收取運費；英國人靠開辦世界工廠，將商品賣給全世界；美國人靠印鈔票，拿到全世界消費。美國人的手段無疑最「高明」，法國前總統戴高樂曾指責美元霸權：「美國享受著美元所創造的超級特權和不流淚的赤字，他們用一錢不值的廢紙，掠奪其他國家的資源和工廠。」經濟全球化是歷史發展的必然趨勢，我們只有參與到全球產業鏈的分工與合作中，才能分享全球化帶來的好處，既要參與國際遊戲，又要注意防範國際遊戲的風險和陷阱。

　　第二次世界大戰以後，以美國為首的西方國家，主導了貨幣─金融─貿易三位一體的世界經濟格局。我們在世界經濟大潮面前，略顯稚嫩和茫然，所以亟須學習、了解和掌握各種經濟和金融知識，使自己在紛繁複雜的經濟環境中不至於迷失方向。作為非金融專業的普通讀者，常常會對深奧的金融理論望而卻步，但又希望能對金融知識有粗淺的認識，本書正是為這些讀者量身定做的通俗金融知識讀本。

目 錄

第 6 章
衍生性金融商品惹的禍　　　　183

第 7 章
擾動世界的國際金融巨頭　　　213

第 1 章
世界金融中心的變遷

　　一個國家金融實力的強弱，也大大影響了該國在世界政治、經濟版圖上的地位，伴隨著荷蘭——英國——美國的世界霸主角色的轉換，世界金融中心也經歷了從阿姆斯特丹到倫敦、再到紐約的歷史變遷。

第一個世界經濟霸主：荷蘭

「海上馬車夫」

「荷蘭」在日耳曼語中叫尼德蘭，是「低窪之地」的意思。荷蘭國土位於歐洲西部，東面與德國為鄰，南接比利時，西、北瀕臨北海，地處萊茵河、默茲河和斯海爾德河三角洲，海岸線長一千零八十公里。全境為低地，1/3 的土地海拔不到一公尺，1/4 的土地低於海面，沿海有一千八百多公里長的海壩和岸堤。十三世紀以來，荷蘭共圍墾約七千一百多平方公里的土地，相當於全國陸地面積的 1/5。

荷蘭的首都阿姆斯特丹，位於愛塞湖西南，英吉利海峽的東岸，人口約七十五萬。阿姆斯特爾河從市內流過，從而使該城市成為歐洲內陸水運的交匯點。阿姆斯特丹是一座奇特的城市，全市共有一百六十多條大小水道，由一千多座橋梁相連。漫步城中，橋梁交錯，河渠縱橫。從空中鳥瞰，波光如緞，狀似蛛網。

阿姆斯特丹市內，地勢低於海平面 1～5 公尺，被稱為「北方威尼斯」。由於地少人多，河面上泊有近兩萬家「船屋」。十九世紀以前，阿姆斯特丹的城市建築都以塗了黑柏油的木樁打地基，以防止沉陷。

「丹」，在荷蘭語中是水壩的意思。中世紀時，阿姆斯特丹僅僅是個小漁村。西元 1270 年左右，荷蘭人為了抵禦海浪和潮汐的侵擾，開始築起了巨大的水壩。得益於這個水壩的庇護，阿姆

斯特丹這個漁村逐漸發展成為後來的國際大都市。

　　阿姆斯特丹背靠歐洲大陸，面朝大西洋，身兼歐洲內河航運的終點和海洋運輸的起點，是連接波羅的海和英吉利海峽的重要樞紐。十六世紀末，阿姆斯特丹由於其優越的地理位置，成為歐洲最大的商業港口，其轉口貿易與航運位居歐洲之冠。阿姆斯特丹因此成為「各地物產和八方財富匯集之所」，是歐洲當時最大的「倉儲中心」和世界商品的集散地。

　　在重商主義思想的影響下，十七世紀的荷蘭不以工業立國，而以商業稱雄於世界。為了發展海上貿易，荷蘭大力發展航運和造船業，當時荷蘭建造的船隻，技術領先、工藝先進、生產合理、成本低廉，在各方面都居於領先地位。十七世紀中期，荷蘭人的商船數約占全世界商船總數的一半，可謂執國際貿易界之牛耳。憑藉其先進的船隻，荷蘭人的足跡遍布世界，享有「海上馬車夫」的美譽。

　　馬克思在《資本論》中曾這樣評價：「1648 年的荷蘭，已達到了商業繁榮的頂點。」

　　那麼這一切是如何實現的呢？

　　荷蘭政府透過創辦規模巨大的特許股份公司，對廣闊的海外商業空間行使特許權（franchise）和統治權，靠著兩大商業公司——即荷蘭東印度公司和西印度公司，進行規模巨大的殖民地貿易。

　　東印度公司壟斷了東方的香料，並且在東南亞擁有規模巨大的種植園；西印度公司則壟斷了非洲西海岸、美洲東海岸以及太

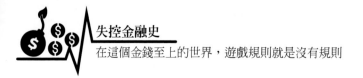

平洋各島嶼的貿易特權。

憑藉在商業上的優勢和世界貿易中的主導地位，阿姆斯特丹積聚起巨額的商業資本，然後又轉化為金融領域的優勢。荷蘭人首創的阿姆斯特丹證券交易所和阿姆斯特丹銀行，將銀行、證券交易所、信用、保險以及有限責任公司（Limited Liability Company）系統統一成一個相互貫通的金融和商業體系，由此帶來了爆炸式的財富成長，使荷蘭成為歐洲乃至世界金融中心，並最終確立了其作為世界經濟霸主的地位。

荷蘭東印度公司

十五世紀，隨著資本主義萌芽的產生，歐洲各國為了尋找海外商品市場和原料產地，開始向海外擴張，由葡萄牙人和西班牙人率先發起的航海探險，開啟了人類歷史上前所未有的大航海時代。1492 年，哥倫布發現新大陸；1497 年，年達伽馬開闢東方航線，1519 年麥哲倫開始環球航行。地理大發現為葡萄牙和西班牙帶來了巨額的財富，來自東方的香料和美洲的黃金白銀，使葡萄牙和西班牙人的腰包急劇膨脹。伊比利半島國家海外探險的巨大收獲，讓其他歐洲國家豔羨不已，荷蘭人當然也不例外。

荷蘭在建國之前，一直是西班牙的領地。1558 年，由於不滿西班牙國王菲利普二世的殘暴統治，荷蘭各地爆發了聲勢浩大的獨立運動。經過幾十年的艱苦戰爭，1581 年，荷蘭北方七省宣布脫離西班牙的統治，成立了以奧倫治的威廉三世執政的荷蘭共和國（即荷蘭王國的前身）。在荷蘭獨立戰爭爆發之前，與西班牙的貿易一直是荷蘭最主要的經濟來源。

　　獨立戰爭爆發後，西班牙封鎖了荷蘭經濟的生命線，荷蘭人決定靠自己去開闢前往東方和美洲的航線。由於葡萄牙和西班牙禁止向外國人透露關於航海探險和海外貿易的相關資訊，荷蘭人對海外的情況一無所知。

　　1595 年，一群荷蘭商人委派一個名叫浩特曼（Cornelis de Houtman）的人，潛至葡萄牙刺探商情。浩特曼回國後，這群商人便成立一家公司，利用浩特曼探聽到的資訊，開始向東印度地區發展。1595 年至 1602 年，荷蘭陸續成立了十四家以東印度貿易為重點的公司。為了避免過度商業競爭，在荷蘭共和國大議長歐登巴內菲爾德（Johan van Oldenbarnevelt）的主導下，1602 年，這十四家公司合併成為一家聯合公司，也就是荷蘭東印度公司。荷蘭東印度公司由位於阿姆斯特丹、米德爾堡、恩克赫伊曾、台夫特、荷恩、鹿特丹等六處的辦公室所組成，其董事會成員有七十多人，但真正握有實權的只有十七人，被稱為十七紳士（Heren XVII），分別是阿姆斯特丹八人、澤蘭四人，其他地區各一人。

　　荷蘭東印度公司是世界上第一個聯合股份公司，因此成為後來的股份制公司的鼻祖。

　　為了籌措開展海外貿易的巨額資金，東印度公司採取了發行股票的融資方式。早期的股票是記名的，人們來到公司的辦公室，在本子上記下自己借出的錢，公司承諾對這些股票分紅；後來，為了便於股票的交易，荷蘭人又發明了無記名股票（Bearer stock）。

　　透過向全社會融資的方式，東印度公司成功將分散的財富，

變成了對外擴張的資本，據說阿姆斯特丹市市長的女僕，也成了東印度公司的股東之一。成千上萬的荷蘭人願意把安身立命的積蓄投入到這項利潤豐厚、同時也存在著巨大風險的商業活動中，一方面是出於對財富的渴望，更重要的是，荷蘭政府也是東印度公司的股東之一。政府將一些只有國家才能擁有的權利，折合為 2.5 萬荷蘭盾，入股東印度公司，這大大增加了東印度公司的權限和信譽。得益於股票籌資的巨大優勢，東印度公司總共聚集了 650 萬荷蘭盾的資金。雖然現在看來這筆錢不算多，但在當時，這些錢相當於現在的幾十億歐元，巨額的資金為東印度公司的海外擴張，奠定了堅實的物質基礎。

荷蘭國家議會授權荷蘭東印度公司，在東起好望角、西至南美洲、南端麥哲倫海峽的區域具有貿易壟斷權，此外還有開戰、議和、締結條約、建立殖民地、奪取海上外國船隻、建立城堡及鑄造貨幣等權力。由於東印度公司兼具政府和企業的雙重特徵，這使它在開展海外貿易方面具有無與倫比的巨大優勢。

荷蘭東印度公司成立後，每年都向海外派出五十支商船隊，這個數量超過了當時西班牙、葡萄牙船隊數量的總和。1605 年，荷蘭東印度公司開始在印尼的納土納群島，建立起第一個東方貿易據點，隨即進占摩鹿加群島（俗稱香料群島），並且在暹羅（即泰國）、印度的蘇拉特設立了商行。1619 年，東印度公司在印尼爪哇島北部，開始修築巴達維亞城（今雅加達），作為在亞洲殖民擴張的據點。1641 年，東印度公司奪取了馬六甲；1656 年，又將錫蘭攫取到手。

荷蘭的殖民勢力從 1640 年代起，就已經擴展到日本以及臺

灣；到了十七世紀中葉，荷蘭東印度公司已經擁有一萬五千多家
分支機構，貿易額占全世界貿易總額的一半，世界的五大洋上，
每天有超過一萬艘的荷蘭商船在遊弋，是當之無愧的「海上馬車
夫」。

　　荷蘭東印度公司在創辦之初就賺得了驚人的利潤，但是在公
司成立的前十年裡，他們沒有向股東支付任何紅利，而是把利潤
全部投到造船、建港口和打造貿易王國上面。那麼針對那些要求
分紅以維持生計的小股東怎麼辦呢？荷蘭政府想出了一個絕妙的
主意：創辦一家股票交易所，使小股東在股票交易所裡隨時可以
變現股票。這樣一來，既滿足了部分股東的變現要求，又使那些
希望投資東印度公司的人們獲得了投資管道。

現代金融業的發祥地：阿姆斯特丹

阿姆斯特丹證券交易所

　　荷蘭人在創造股份制企業（荷蘭東印度公司）組織形式的同
時，還創造了一種新的資本流轉體制。1609 年，在荷蘭政府的
主導下，世界歷史上第一個股票交易所在阿姆斯特丹誕生，東印
度公司的股票，也成為在這裡上市交易的第一支股票。只要願
意，東印度公司的股東們可以隨時透過股票交易所，將手中的股
票變現。

　　阿姆斯特丹交易所，是金融發展史上的第一個正式的證券

交易市場，具有非常重要的意義，它標誌著歐洲現代金融市場的初步形成。阿姆斯特丹股票交易所不同於以前的證券買賣市場，它是政府主導下的商業行為，有組織、有規則，並具有完全的開放性，這使得在阿姆斯特丹交易所裡買賣的股票具有充足的流動性、公開性和投機性。交易所交易數額大、交易方式多樣，除了買賣股票、賭漲賭跌，甚至可以在沒有本錢、也沒有股票的情況下進行投機活動。

荷蘭人發明了最早的操縱股市的技術，如賣空（指賣出自己並不擁有的股票，希冀在股價下跌後購回以賺取差價）、賣空襲擊（指內部人合謀賣空股票，直到其他股票擁有者恐慌，並大量賣出自己的股票，導致股價下跌，內部人得以低價購回股票以平倉獲利）、對敲（指一群合謀者對倒股票來操縱股價），以及軋空股票（也稱殺空或坐莊某一支股票，指個人或集團祕密買斷某種股票的全部流通供應量，逼迫任何需要購買這種股票的其他買家，不得不在被操縱的價位上購買）。

除此之外，荷蘭人還發明了世界上最早的期貨交易，產生了「多頭」與「空頭」。這種從未有的貿易方式，讓荷蘭每年買賣大量的白蘭地、玉米、小麥等多種產品，但從來沒有貨物移交，買方與賣方的盈利或虧損，都取決於在約定的交貨日各種貨物的實際市場價格。

在當時的阿姆斯特丹的股票交易所中，活躍著超過一千名的股票經紀人，他們雖然還沒有穿上紅馬甲，但是固定的交易席位已經出現了。活躍的證券交易，使阿姆斯特丹證券交易所不僅吸引了大資本家的參與，還吸引了普通民眾。一般人的交易必須

透過經紀人，因為自己無權進入交易。小投資者要了解股價的高低，也只能透過經紀人，因為當時沒有真正的股價。阿姆斯特丹也因此成為當時歐洲最富有魅力的城市，荷蘭東印度公司的股票成為市場上的搶手貨，再加上荷蘭安全的公共債券，前來從事股票交易的不僅有荷蘭人，還有許許多多外國人。歐洲大部分資金都流入這個城市，這裡成為當時整個歐洲最活躍的資本市場，大量的股息收入和交易手續費從股票交易所流入荷蘭國庫和普通荷蘭人的腰包。僅英國國債一項，荷蘭每年就可獲得超過 2,500 萬荷蘭盾的收入，這在當時相當於兩百噸白銀的價值。

阿姆斯特丹銀行

　　隨著阿姆斯特丹國際經濟中心地位的逐漸確立，大量的貿易往來，使歐洲各國各種各樣的金銀貨幣以空前的速度湧向荷蘭，並參與荷蘭國內經濟的循環流通。但由於各地的鑄幣並不統一，引起了金融市場的混亂，荷蘭的經濟血脈也因此開始變得擁擠。為了解決貨幣混亂的問題，1609 年，荷蘭政府創辦了阿姆斯特丹銀行（比後來的英格蘭銀行早了將近一百年）。

　　阿姆斯特丹銀行，是第一家真正意義上的現代商業銀行。銀行在吸收金屬貨幣存款時，先對其進行稱量和檢驗，然後再據此發行銀行券，銀行券和貴金屬之間隨時可以自由兌換。這樣一來，商人們結算貨款時，再也不需要攜帶數量龐大的金屬貨幣了，用銀行券支付貨款，是商人們都非常喜歡的一種方式。支付手段的便捷和存款的安全可靠，使阿姆斯特丹銀行很快成為歐洲的儲蓄和兌換中心。

所有雲集阿姆斯特丹的商人，都在阿姆斯特丹銀行開有帳戶，銀行根據客戶的指令在各帳戶之間轉帳。此外，阿姆斯特丹銀行還規定了各種金屬貨幣的折合係數，並負責將它們兌換為阿姆斯特丹通行的法定貨幣。阿姆斯特丹銀行不僅從事吸收存款業務，而且還從事發放貸款業務。當時的貸款對象主要是貴族和富商，貸款不需要擔保和抵押，銀行根據貸款人的信譽和財力狀況放貸。依靠這些途徑，阿姆斯特丹銀行發展成為歐洲經營外匯、黃金和白銀的中心。

與以前出現的銀行相比，阿姆斯特丹銀行能夠提供高品質的銀行貨幣，其銀行帳戶持有者可以隨時處置自己在銀行帳戶的結餘，這使阿姆斯特丹銀行提供的銀行貨幣和票據具有極高的安全性與便利性。安全性和便利性，使阿姆斯特丹銀行成為地區商業首要的結算銀行。隨著荷蘭海外貿易迅速的擴張和人們對荷蘭貨幣信心日益增加，在銀行的商品交易數量和交易頻率越來越大，阿姆斯特丹銀行開始具有國際性質。

阿姆斯特丹銀行還慢慢建立了一種允許多方結算的票據結算體系，為信用票據提供了有效的票據交換場所。大約在 1660 年左右，阿姆斯特丹銀行建造完成世界上第一個國際票據結算中心，它是世界上最早能夠辦理國際結算業務的現代銀行。荷蘭阿姆斯特丹國際結算中心的地位一直保持到 1710 年，才被英國倫敦所取代。

阿姆斯特丹銀行為十七世紀的荷蘭成為世界貴金屬貿易中心做出了重大貢獻，而掌握充足的貴金屬準備，是各經濟大國互相競爭中的一個關鍵因素。1640 年後，阿姆斯特丹成為世界貴金

屬貿易中心，而阿姆斯特丹銀行正是這一貿易的主要參與者。繁榮的貴金屬貿易，大大促進了荷蘭對外貿易的擴張。以當時荷蘭和英國在波羅的海的貿易競爭來說，荷蘭擁有的充足白銀準備形成一種強大的優勢，它使得荷蘭人不僅在波羅的海貿易競爭中勝出，而且還藉此侵吞了英國商人在其英國本土上的商業利益。

1683 年，為了給予阿姆斯特丹銀行貴金屬貿易新的推動力，阿姆斯特丹銀行建立了一個憑金銀塊或硬幣，提供六個月銀行貨幣貸款的制度。這一制度創新取得的巨大成功，推動了荷蘭經濟和金融進一步對外擴張，從而確保了阿姆斯特丹世界首要貴金屬貨幣市場的地位。繁榮的貴金屬貿易，使得阿姆斯特丹的國際匯兌交易獲得了特殊的優勢——阿姆斯特丹的匯率非常穩定，而匯率的穩定又進一步鞏固了它在國際貿易中的主導地位。

十七世紀的華爾街：阿姆斯特丹

儘管資本主義制度的許多基本概念最早出現在義大利的文藝復興時期，但是荷蘭人，尤其是阿姆斯特丹的市民，是現代資本主義制度的真正創造者。他們將銀行、股票交易所、信用、保險，以及有限責任公司系統統一成一個相互貫通的金融和商業體系。由此帶來的爆炸式的財富成長，使荷蘭這個小國迅速成為歐洲的強國之一。

高效和健全的金融體系，為十七世紀荷蘭的崛起並稱霸世界奠定了重要基礎，成為荷蘭確立世界經濟霸權極為重要的一環，阿姆斯特丹因此被今天的人們稱為「十七世紀的華爾街」。

阿姆斯特丹銀行和阿姆斯特丹股票交易所的設立，加速了荷蘭的貨幣流通，而阿姆斯特丹隨之擁有的國際結算中心、國際貴金屬貿易中心和歐洲股票交易中心的地位，更是大大促進了荷蘭貨幣的流通。貨幣資本流動性的加速，使得荷蘭的利率比其他歐洲國家都要低很多，有力支持了荷蘭貿易和經濟的高速擴張，這是十七世紀荷蘭迅速崛起的一個重要原因。整個十七世紀，荷蘭的借貸利率降低了一半以上，而在歐洲其他金融市場，如英國和法國的金融市場上，儘管利率的變動趨勢也是下降，但這些國家從來沒有把利率降到足以與荷蘭進行有效競爭。

國際結算中心、國際貴金屬貿易中心和歐洲股票交易中心的地位，使阿姆斯特丹迅速成長為國際金融中心，荷蘭貨幣也逐漸成為世界貿易中廣受人們信賴的貨幣。荷蘭開始在歐洲發行貨幣，享用鑄造貨幣所帶來的巨大收益。強大的金融控制能力，使荷蘭在崛起時與其他強國競爭時占有巨大優勢。

十七世紀，法國和英國是荷蘭兩個最有力的競爭對手，但這兩個最有實力與荷蘭進行貿易競爭的國家卻，都在荷蘭的控制之下，其中一個非常關鍵的原因，就在於荷蘭強大的信貸能力。阿姆斯特丹的國際金融中心地位，使得阿姆斯特丹成為當時歐洲最著名的短期和長期信貸供應者。在十七世紀下半葉，北歐與西北歐的貿易，包括英國與波羅的海之間的貿易所需要的大部分資金，都是由阿姆斯特丹提供。在同法國、英國的貿易競爭中，荷蘭這種強大的資金供給能力，轉化為強大的控制能力。整個十七世紀，荷蘭商人一直充當著法國和英國進出口貿易的中間商，荷蘭商人透過信貸手段，能夠隨意改變貿易政策。

　　為了保障銀行和證券市場的信用，荷蘭政府透過立法規定：任何人不能以任何藉口，限制銀行和證券的交易自由。由此，一個看上去不可思議的現象出現了：即使是在荷蘭與西班牙、英國在陸上和海上廝殺得難解難分的時候，西班牙、英國的商人、銀行家以及大量的投機者，照樣在阿姆斯特丹的大街上和證券交易所裡自由進出；西班牙、英國的富翁和貴族手中的黃金白銀，仍可以自由從阿姆斯特丹銀行的金庫中流進流出；荷蘭的銀行也可以合法貸款給敵國。荷蘭人這種博大的胸懷和恪守商業規則的特性，也是成就阿姆斯特丹世界金融中心地位的重要原因之一。

現代中央銀行的鼻祖：英格蘭銀行

戰爭催生的中央銀行

　　十七世紀時，歐洲大陸和英吉利海峽一直籠罩在接連不斷的戰火之中，戰爭成為所有歐洲國家面臨的最嚴峻的考驗。每一個歐洲國家都面臨著其他國家的戰爭威脅，而軍隊的建設和戰爭的消耗，都必須要有龐大的軍費來支撐。在十六世紀，打一場戰爭需要幾百萬英鎊；到十七世紀末，則需要幾千萬英鎊。當時最富裕的國家（如西班牙和荷蘭）都無法靠正常的財政收入和投資報酬來應付巨額的戰爭開支，歐洲各國的君主為了打仗，不得不四處借錢。

　　當時的英國國王詹姆士二世，也面臨著同樣的問題。為了擴大軍隊規模和籌措戰爭費用，詹姆士二世與英國議會之間發生了

激烈衝突。在這種背景下，1688 年，英國發生了著名的「光榮革命」，這場革命的結果是：支持議會的輝格黨人與托利黨人，廢黜了英國國王詹姆士二世，並邀請詹姆士二世的女兒瑪麗公主和時任荷蘭執政的女婿威廉，共同擔任英國國王。因為這場革命未發一槍、沒有流血，史學家稱之為「光榮革命」。

「光榮革命」在英國導致了一個前所未有的變化：從此以後，國王由議會批准產生，國王必須在議會的監督下行使權力，這意味著君權從「神授」變成了「民授」，它根本性改變了在英國已經存在了千年之久的王權性質。從 1688 年起，英國正式確立了議會高於王權的政治原則，並逐漸建立起君主立憲制。議會還立法規定，公民的私有財產神聖不可侵犯，國王向人民借錢也必須歸還。而在此之前，國王可以肆無忌憚向人民借錢，而且可以不受約束賴帳。

1689 年，英國與法國之間爆發戰爭，所有英國有錢人都非常關注這場戰爭。儘管當時倫敦的民間借貸非常活躍，但他們不太願意借錢給王室。雖然英國議會規定國王向人們借錢必須歸還，可是誰能保證這一點呢？所以直到戰爭開始的時候，英國王室都沒有籌到什麼錢。時任英國財政大臣的孟塔古（Charles Montag），從荷蘭阿姆斯特丹銀行的運作經驗中得到啟發，他提議成立一個貸款機構，專門負責為國家籌款，這個想法立即得到了英國議會和威廉三世的贊同。

經過一番緊鑼密鼓的籌備，1694 年，英格蘭銀行誕生了。為了增強人們對英格蘭銀行的信心，英國議會專門頒布了《英格蘭銀行法》，英國王室也向英格蘭銀行頒發了皇家特許執照。

　　英格蘭銀行從一開始就採用了股份制的運作模式，英國人當時對股份制已經具有相當的認識。精明的倫敦商人一下子就看出了其中的巨大商機。短短十一天內，一千兩百八十六名倫敦商人以黃金和白銀的形式，向英格蘭銀行提供了 120 萬英鎊的股本金。隨即，英格蘭銀行將這 120 萬英鎊全部借給英國國王，並約定年利率為 8%。

　　英格蘭銀行成立之前，英國流通的貨幣主要是金幣和銀幣。1694 年，英格蘭銀行成立之初，就開始發行紙幣——英鎊。但那時的英鎊還不能算真正的貨幣。當時的英鎊相當於一種支票，因為當時主要是黃金在流通，英鎊只是記錄黃金的單位，本身沒有價值。在電影《百萬富豪（The Million Pound Note）》裡，我們可以知道：一張英鎊的紙幣可以簽發成 100 萬，它可以隨時兌換成金幣或黃金。直到 1742 年，英格蘭銀行才開始有發行鈔票的特權，但它卻並不是唯一發鈔的銀行，因為其他大大小小的銀行只要有相應的黃金準備，都可以發行流通貨幣。

戰事吃緊也要照章辦事

　　為了避免英國國王濫用資金，同時建立起銀行的信用體系，英格蘭銀行制定了非常嚴格的規定。據史料記載，1811 年英國財政部工作人員，拿著議會剛剛批准的 100 萬英鎊軍費的批文，前往英格蘭銀行要求支付，時任英格蘭銀行審計長的格倫威爾，發現上面沒有加蓋國王的印章，因此拒絕支付這筆 100 萬英鎊的軍費。那麼國王為什麼沒有蓋章呢？原來當時的國王喬治三世正在肚子痛，正在生病的國王自然沒辦法蓋印。儘管當時前線的

戰事很吃緊，很需要這筆錢，但是由於嚴格的管理規定，格倫威爾並沒有將這筆錢立即支付給財政部。英格蘭銀行正是得益於它嚴格的管理制度，才使它能夠在幾百年的時間內運轉正常，並建立起高效率的信用體系。

由於具有十分嚴格的法制化銀行信用體系，源源不斷的民間資金才流入英格蘭銀行，資助英國戰爭，而一次次勝利又為這些投資者帶來了豐厚的報酬。英國當時的對手法國，無論是國土面積還是國家經濟實力，都比英國要強大，為什麼英國在戰爭中總能獲勝？就是因為法國在籌集軍費中遇到了困難，而英國的軍費卻非常充足。當時的歐洲有一句名言：「戰爭中，獲勝的一方往往擁有最後一塊金幣。」

1844 年，英國國會通過《銀行特許條例（Bank Charter Act）》，規定英格蘭銀行分為發行部與銀行部，發行部負責按照 1,400 萬英鎊的證券及黃金準備的總和，發行等額的流通貨幣；其他已取得發行權的銀行的發行定額也一同規定。此後，英格蘭銀行逐漸壟斷了全國的貨幣發行權，到 1928 年，成為了英國唯一的發行銀行。與此同時，英格蘭銀行憑藉其日益提高的地位，一直承擔商業銀行間債權債務體系的劃撥沖銷、票據交換等最後清償業務，在經濟繁榮之時接受商業銀行的票據再貼現，而在經濟衰退時則充當商業銀行的「最後貸款人」，由此而取得了商業銀行的信任，並最終確定了「銀行的銀行」的地位。

1946 年，英國靜悄悄使英格蘭銀行國有化，而此前英格蘭銀行一直承擔的為政府進行戰爭籌款的職責也宣告結束。到 1997 年，根據英國新銀行法規定，英格蘭銀行不再從事政府財

政融資活動，也不再履行銀行業監督責任。它具有徹底的獨立性，作為英國獨立的中央銀行，其主要職責規定為透過調整利率，決定英國的貨幣政策、穩定貨幣市場和制止通貨膨脹。

從英格蘭銀行三百多年的發展歷程中，我們可以清晰看出現代西方銀行業的發展軌跡。

世界銀行界對英格蘭銀行的產生和發展給予了高度評價。成立於 1694 年的英格蘭銀行，被認為是世界銀行發展史上的第三個重要里程碑（第一個里程碑是義大利麥第奇家族在中世紀創造的交易票據，為交易雙方提供中間信用；第二個里程碑是 1609 年成立的荷蘭阿姆斯特丹銀行，它開創了在部分黃金準備基礎上擴張放貸的現代銀行業模式）。歐洲的許多國家以及亞洲的日本，在十九世紀之後都仿照英國的模式建立了中央銀行。

英鎊世紀與維多利亞時代

牛頓與《金本位法案》

十七世紀下半葉，英國透過三次英荷戰爭，迫使荷蘭接受了《航海法案（The Navigation Acts）》，該條例規定：輸入英國及其屬國的貨物，必須使用英國的船隻或者是輸出國的船隻。

由於《航海法案》的限制和英荷戰爭的消耗，荷蘭人逐漸退出馳騁了近一個世紀的茫茫大海，大英帝國開始占據世界經濟舞台的中心。以蒸汽機誕生為標誌的英國工業革命，使英國的生產

能力大大提升，英國由此變成了第一個世界工廠。

伴隨著英國產品向全世界的輸出，英國的貨幣——英鎊，也逐漸成為了當時和黃金具有同等地位的強勢貨幣。從全世界來說，當時最強大國家的就是英國，從它的實力、信用，以及所具有的完善制度各方面來看，英鎊都是強國的象徵：當人們拿到一英鎊的時候，他們便會清楚知道，它能夠代表多少黃金。

1687 年，英國科學家艾薩克‧牛頓出版了他最著名的物理學著作《自然哲學的數學原理（Philosophiæ Naturalis Principia Mathematica）》。在這本書中，牛頓用數學方法證明了萬有引力定律和三大運動定律，這四大定律被認為是「人類智慧史上最偉大的成就之一」。

這個著名的科學家在十二年之後，成為英國皇家鑄幣局的局長，並工作長達三十年之久。1717 年，牛頓將黃金價格定為每金衡盎司（troy ounce）為 3 英鎊 17 先令 10 又 1/2 便士，從此英鎊按黃金固定了價格。牛頓對金融的貢獻雖然可能是偶然的，但他提出的金本位制的最早雛形，對後來世界經濟和政治格局都產生了深遠影響。1816 年，英國國會通過了《金本位制度法案》，以法律的形式承認了黃金作為貨幣本位，發行紙幣。1821 年，英國正式啟用金本位制，英鎊成為英國的標準貨幣單位，每英鎊含 7.32238 克純金。

所謂金本位制，就是以黃金作為本位幣的貨幣制度，在該制度下，各國政府以法律形式規定貨幣的含金量。這一制度的典型特點，就是自由鑄造、自由兌換及黃金自由輸出和輸入；各國之間不同的金鑄幣，按各自含金量形成固定比較，建立比較穩定的

國際貨幣聯繫，並允許黃金國際自由流動。

　　憑藉著高效完善的信用貨幣體系、規模巨大的金融市場、穩定可靠的金本位制度，以及英國的世界政治經濟大國地位，英鎊逐漸成為世界各國普遍接受的強勢貨幣，被廣泛用作國際貿易的結算和支付手段，倫敦因此成為當時的世界金融中心。此時的倫敦已經完全超越十七世紀中葉，阿姆斯特丹所擁有的國際地位。

　　然而英國人對此仍然不滿足，由於此時的金本位還只是英國的貨幣金融制度，其他歐洲國家還沒有實行類似的制度，不同的國際貨幣制度，開始阻礙英國的對外投資和國際貿易的擴張。因此，英國依靠其強大的政治、經濟和軍事優勢，在國際經濟交往中對許多國家的貨幣制度施加影響，促成了國際金本位體系在 1870 年代最終成形。國際金本位制度的建立，使英鎊在國際貿易結算中取得了與黃金同等的國際地位，世界貨幣完全進入了英鎊世紀。英國因此確立了在世界金融市場上的霸主地位，並開始支配全世界的金融體系，直到該體系在 1914 年崩潰為止。

　　以英鎊為核心的世界金融體系，為英國在世界各地的經濟擴張提供了非常便利的條件，英國開始賺取大量無形信用收益——商業傭金、海外匯款和來自投資等方面的收益。1914 年，英國境外投資總值達 185 億美元，高居各國之首，約占同期西方國家對外投資總值的 42%。英國從巨額的海外投資中獲得了豐厚的投資利潤。

維多利亞時代的日不落帝國

從 1821 年到第一次世界大戰前夕，將近一百年的時間，是英鎊最為輝煌的時期，由於這個時期的大部分時間，英國處在維多利亞女王的統治之下，因此又被稱為維多利亞時代。大英帝國成為繼西班牙之後的又一個「日不落」帝國，不過它的成就遠遠超過了西班牙。維多利亞時代，是英國人歷史上最為自豪的年代，英國經濟學家傑文斯（William Stanley Jevons）在 1865 年曾這樣描述這種自豪感：

「北美和俄國的平原是我們的玉米地；芝加哥和奧德薩是我們的糧倉；加拿大和波羅的海是我們的林場；澳洲、西亞有我們的牧羊地；阿根廷和北美的西部草原有我們的牛群；祕魯運來它的白銀；南非和澳洲的黃金則流到倫敦；印度人和中國人為我們種植茶葉；而我們的咖啡、甘蔗和香料種植園則遍及印度群島；西班牙和法國是我們的葡萄園；地中海是我們的果園；長期以來早就生長在美國南部的我們的棉花地，現在正在向地球上所有的溫暖區域擴展。」

然而，任何事物都逃脫不了盛極而衰的自然規律，隨著 1914 年第一次世界大戰的爆發，英國漸漸衰落，英鎊的國際貨幣地位也逐漸被削弱。

第一次世界大戰爆發後，參戰各國為了籌措軍費，紛紛停止鑄造金幣、自由兌換紙幣與黃金，並禁止黃金輸出和輸入，這就從根本上破壞了金本位制賴以存在的基礎。作為世界金融中心及世界經濟霸主的英國，在第一次世界大戰過程中，遭受了史無前例的重大創傷：除了超過八十萬的人員傷亡外，英國的國民財富也在這場戰爭中損失了 1/3 左右。這場戰爭還使英國由一個債權國變成了一個債務國，據統計，戰前美國欠英國國債約 30 億美

元，戰後英國倒欠美國 47 億美元。同時，英國內債因戰爭而直線上升，戰前英國內債為 6.4 億英鎊，戰後猛增到 66 億英鎊。在這樣的經濟背景下，大英帝國的經濟開始衰退，英鎊的強勢地位也就受到了人們的質疑。

　　第一次世界大戰結束以後，英國政府為了恢復英鎊的國際地位，在 1925 年強行恢復了金本位制；然而，1929 年爆發的始於美國的經濟危機，席捲了整個資本主義世界，各國紛紛採取貿易保護以及將貨幣貶值的辦法，使本國經濟免於崩潰。1930 年，經濟危機蔓延到了英國，工農商業的萎縮，直接導致英國 1932 年失業率上升到 25.5%，對外貿易大幅下滑，造成英國首次出現國際收支逆差，從而使英鎊的國際地位受到了猛烈衝擊。走投無路的英國政府於 1931 年被迫宣布廢除英鎊金本位，並將英鎊貶值30%。這一舉措致使準備英鎊的國家蒙受了巨額損失，為後來英鎊地位的迅速滑落埋下伏筆。

　　第二次世界大戰以後，英鎊的國際貨幣地位被徹底削弱，取而代之的是美元興起。

全球經濟動力之都：倫敦金融城

　　西元前後，羅馬人在屋大維（Gaius Octavius Thurinus）的帶領下，逐漸建立起一個以羅馬為中心的，橫跨歐、亞、非的龐大羅馬帝國。西元 43 年，羅馬人首次踏上英倫三島，隨後開始在泰晤士河畔修築城牆，建立一個取名為 Londinium 的聚居點，這就是英國首都倫敦最早的雛形。經過一千多年的發展，到十六

世紀的時候，倫敦已成為歐洲最大的都市之一。雖然 1665 年的瘟疫和 1666 年的大火給倫敦帶來了毀滅性的災難，但是大火之後的倫敦城，很快就在恢復的同時發展壯大；到了十九世紀，倫敦已經成長為世界首要的金融中心。

在倫敦的市中心，有一個 1.4 平方英里（約 5 平方公里）的「城中城」，它就是被譽為英國的經濟中心、與華爾街齊名的世界三大金融中心之一的「全球經濟動力之都」——倫敦金融城。金融城的面積雖然只有一平方英里，但它為英國貢獻了超過 2% 的國民生產總值，倫敦人都習慣稱之為「平方英里」（「The Square Mile」）。

倫敦金融城在歷史上一直都是英國政治的錢箱，曾給予英國國王、貴族、教會很多援助，也大體上決定了英國的內政和外交政策。當權者為了拉攏這裡的錢商富賈們，就賦予他們特殊的地位和權力，並讓其保留一塊專有領地。金融城雖然只是倫敦市三十三個行政區中最小的一個，但金融城卻有自己的市長、法庭以及七百名警察。據說，連英國女王想進城，也必須先徵得市長的同意。世界各國元首、政府首腦訪問倫敦時，大都要到這裡做客。

金融城最初只是商人們聚在一起喝咖啡、談生意的地方；漸漸的，貨物運輸和保險業在這裡發展，成為英國經濟活動的中心。從十八世紀初開始，金融城逐漸成為英國、乃至全球金融市場的中心，並被稱為世界的銀行，在各類金融服務方面的經驗博大精深。

白天，金融城裡名流雲集，熙熙攘攘，投資銀行、保險公

司、律師樓和會計事務所等金融機構的各路英豪紛至沓來,最多時城裡的人口達三十五萬;但到了晚上或週末,各公司關門打烊後,城裡就立刻冷清下來,因為這裡僅有七千名常駐人口。英格蘭銀行、倫敦證券交易所和勞合社(Lloyd's of London),是倫敦金融城的重中之重。

始創於西元 1801 年、堪稱世界之最的倫敦證券交易所,離英格蘭銀行僅百步之遙。其經營的各種債券、股票達七千多種,超過六百一十家的外國公司股票在此發行上市,總市值逾一兆英鎊。兩百多年來,這裡一直是國際壟斷資本家追逐利潤的競技場,多少次金融風暴從這裡刮起。資產在這裡頃刻膨脹直上雲霄,也會瞬間墜入深淵,化為烏有。縱然如此,無論世界發生何種金融動盪,其作為世界金融中心的地位都是難以撼動。

勞合社是世界最早和最大的保險交易市場,它的作用有點類似證券交易所,旗下聚集了七十一家保險財團的七百六十二家保險公司和兩千名個人保險業者。據史料記載,1688 年,愛德華·勞埃德(Edward Lloyd)在一家小小的咖啡館裡,以自己的姓氏命名,成立了一個保險行。當時,這個咖啡館是船主和商人聚會的地方。從事海外貿易的船主,希望有人為他們的船隻和財物保險;富商們則願意透過承擔保險來賭一下財運。於是,勞合社誕生了,它成了一個由許多自負盈虧的個人保險商和投資者結合成的保險行。三百多年過去了,勞合社雖然已經成為世界上最大的保險交易市場,但它仍然保留著古老的交易手段:交易大廳被隔成了許多洽談保險業務的「鴿子籠」似的房間,投保人和保險商在其中面對面談判,雙方達成協議後簽個字,一筆保險額高

達百萬美元的生意就完成了，而勞合社的信譽就是交易安全的
保證。

倫敦金融城的外匯交易額、黃金交易額、國際貸放總額、
外國證券交易額、海事與航空保險業務額以及基金管理總量，均
居世界第一。名列世界五百強的企業，有三百七十五家都在金融
城設了分公司或辦事處，有超過四百八十家的外國銀行在這裡開
業經營，全球二十家頂尖保險公司也都在這裡有自己的公司。每
天的外匯交易額達一兆多美元，是華爾街的兩倍，約占全球總交
易量的 32%。此外，金融城還管理著全球四萬多億美元的金融
資產。

由此可見，金融城被譽為「全球經濟動力之都」，一點都不
誇張。倫敦作為國際金融中心的全部概念，幾乎都是在金融城得
以演繹和體現。

現代世界金融中心：紐約華爾街

紐約位於美國紐約州東南哈德遜河口，瀕臨大西洋，是美
國第一大都市和第一大港口。它由五個區組成：曼哈頓、布魯
克林、布朗克斯、皇后區和史坦頓島，面積約八百二十九平方
公里。

紐約的歷史不長，只有三百多年，其最早的居民點在曼哈頓
島的南端，原是印第安人的住地。1524 年，義大利人達韋拉扎
諾（Giovanni da Verrazzano）最先來到河口地區；1609 年，英
國人哈德遜（Henry Hudson）沿河上溯探險，該河便以他的名字

命名；1626 年，荷蘭人以價值大約 60 個荷蘭盾（相當於 24 美元）的小物件，從印第安人手中買下曼哈頓島，闢為貿易站，取名為「新阿姆斯特丹（Nieuw Amsterdam）」。

英荷戰爭爆發後，1664 年，英國國王查理二世的弟弟約克公爵（James II & VII），從荷蘭人手中奪取了這塊地方，改稱「新約克郡（New York）」。英國本土有一個約克郡，故此地取名新約克郡，中文音譯就是「紐約」。1773 年，以波士頓茶葉事件（Boston Tea Party）為導火線的美國獨立戰爭爆發。經過八年的艱苦戰鬥，1781 年，最後一批英軍乘軍艦撤離紐約港後，整個紐約才回歸美國懷抱。

美國獨立戰爭期間，紐約是喬治·華盛頓的司令部所在地，和他就任美國第一任總統的地方，也是當時美國的臨時首都。1825 年，連接哈德遜河和五大湖區的伊利運河建成通航，以後又興建了鐵路，溝通了紐約同中西部的聯繫，促進了城市的大發展。到十九世紀中葉，紐約逐漸成為美國最大的港口城市和集金融、貿易、旅遊與文化藝術於一身的國際大都會。

位於哈德遜河上靠近入海口的曼哈頓島是紐約的核心。曼哈頓島南北長約 21.5 公里，東西最寬處為 3.7 公里，面積 58 平方公里，是紐約五區中面積最小的一個；但這個東西窄、南北長的小島卻是美國的金融中心。美國最大的五百家公司中，有 1/3 以上把總部設在曼哈頓。美國七家大銀行中的六家、以及各大壟斷組織的總部，都在這裡設立中心據點，曼哈頓集中了世界金融、證券、期貨及保險等產業的精華。

華爾街的由來

華爾街是位於紐約市曼哈頓區南部的一條街道，它的最東邊是紐約東河，最西邊是三一教堂和一片墓地，全長不足五百公尺。華爾街名稱的由來，可以追溯到十七世紀來自荷蘭的新阿姆斯特丹移民。為了有效抵禦英國人和印第安人的攻擊，荷蘭人在此用泥土和木板修築了土牆。1664 年，英國人將荷蘭人趕走後，拆除了這段土牆，並將它命名為牆街（Wall Street），中文音譯就是「華爾街」。

十八世紀後期，紐約的一些證券經紀人和投機者，開始在華爾街街腳的一棵梧桐樹下，進行非正式的證券買賣。每天從上午十點到下午四點，他們以固定的價格收購國債，再以另一個略高的價格賣出。為了防止同行間的惡意競爭，1792 年，這些人在這棵梧桐樹下共同訂立了一項協議，將非正式的買賣轉化為正式聯盟，約定所有簽訂協議的成員在進行證券買賣時，都要收取不低於 0.25% 的傭金，後來人們把這項協議稱為《梧桐樹協議（Buttonwood Agreement）》。《梧桐樹協議》是華爾街作為美國金融中心正式起步的標誌，經過三百年的發展，現在的華爾街已發展成為舉世聞名的金融聖地。在這條不足五百公尺的街道兩旁，有兩千九百多家金融和外貿機構，著名的紐約證券交易所和美國證券交易所就是設在這裡。

縱觀華爾街的歷史，它一直都與美國乃至世界的政治、經濟和社會發展中的各種重大事件糾纏在一起。十九世紀末，隨著美國鋼鐵工業的崛起，華爾街發揮了巨大的融資作用。以摩根大通（JPMorgan Chase）為例，它在 1901 年重組美國鋼鐵公司時，

融資總規模達 14 億美元，相當於當時美國 GDP 的 7%，而這些資金都來自華爾街。

伴隨著美國經濟的崛起，華爾街在世界金融體系中的地位也逐漸提升。1944 年，布列敦森林會議召開，確定了新的國際貨幣體系，即美元和黃金掛鉤，其他貨幣和美元掛鉤。整個世界開始進入「美元本位」時代，世界金融中心也由歐洲的倫敦轉移到美國的華爾街，美國人取代英國人成為新的世界經濟盟主。華爾街作為當代世界金融中心，一些風吹草動很快就能影響整個歐美市場，並波及全球。

雖然地理概念上的華爾街非常小，但在實際意義上，華爾街是美國的資本市場、乃至金融服務業的代名詞。毫無疑問，現在當我們說起華爾街，是指金融意義上的華爾街，早已遠遠超越了這條小街，也超越了紐約市最繁華的市區──包括華爾街在內的紐約金融服務區，發展成為一條遍布全美國的金融服務網路。真正意義上的華爾街，不僅包括每天在華爾街上忙忙碌碌的幾十萬人，也包括遠在佛羅里達的基金經理、加州矽谷的風險投資家，或美國投資銀行在倫敦的交易員等等。在世界經濟一體化的今天，華爾街已經跨越了國界，擴展到全球的各個角落。

華爾街的光榮與淚水

在華爾街三百多年的歷史中，有過輝煌的成長，也有過黑暗的低谷，經歷過許多次的金融風暴，其中破壞力和影響力最大的一次是 1929 年。當時華爾街的過度投機行為，到了令人匪夷所思的程度──投資者們只要支付 10% 的錢就可以買股票，過分

投機醞釀了巨大的風險。

1929 年 10 月 24 日，是美國金融史上著名的「黑色星期四」，股市一開盤就開始狂跌。一個小時內，十一個投機者自殺身亡。在接下來的幾天裡，道瓊成分股一路下跌；10 月 29 日（黑色星期二）跌幅更是高達 22%。這就是華爾街歷史上最讓人痛心疾首的股市大崩盤。

1929 年，華爾街大崩盤後，美國和全世界的經濟都陷入了大蕭條。1932 年夏天，大蕭條到了「谷底」，而此時的道瓊工業成分股與 1929 年相比，大幅縮水 90%。到 1933 年底，美國的國民生產總值還不及 1929 年的 1/3；更嚴重的是，股市崩盤徹底打擊了投資者的信心，直到 1954 年，美國股市才恢復到 1929 年的水準。

由於華爾街附近擠滿了古舊建築和歷史文化街區，道路也像蜘蛛網一樣難以辨認，從長遠來看，它的地理空間已經無法滿足現代金融機構業務發展的要求。1980 年代以後，人們對華爾街的地理意義逐漸淡漠，許多金融機構開始離開地理意義上的華爾街，搬遷到交通方便、視野開闊的曼哈頓其他街區去了；而 2001 年的「911 事件」，更是從根本上改變了華爾街周圍的格局。有些金融機構乾脆離開了紐約這座危險的城市，搬到了清靜安全的紐澤西。現在，除了紐約聯邦準備銀行之外，沒有任何一家銀行或基金把總部設在華爾街。在著名的「華爾街巨人」中，只有高盛集團還堅守在離華爾街不遠的地方，而其他都已經搬遷到紐約的洛克菲勒中心、時代廣場或中央火車站周圍的繁華商業區。

　　但是，人們寧願把這一切稱為「華爾街」。在洛克菲勒中心的辦公室裡，人們閱讀的仍然是「華爾街日報」；在國會聽證會上，聯邦準備系統主席，仍然關心著「華爾街的態度」；在大洋的另一側的歐亞大陸，企業家最高夢想仍然是「在華爾街上市」。無論地理位置相隔多遠，人們在精神上仍然把自己歸屬於華爾街。在這條街道上，所羅門兄弟曾經提著籃子向證券經紀人推銷債券；J.P. 摩根曾經召開拯救美國金融危機的祕密會議；米爾肯（Michael Milken）曾經向全世界散發他的垃圾債券……在這些神話人物過世幾十年之後，他們的靈魂仍然君臨紐約上空，附身在任何一個年輕的銀行家、分析師、交易員、經紀人或基金經理的身上，隨時製造出最新的金融神話。

私有的中央銀行：美國聯邦準備系統

短命的第一銀行和第二銀行

　　在西方各國的中央銀行發展史上，美國建立中央銀行所花費的時間最長、遇到的挫折也最大。由於受自由市場經濟思想的影響，二十世紀以前，美國人對建立中央銀行一直抱有敵意。出於對中央銀行壟斷金融和貨幣大權的擔心，美國政府兩次建立中央銀行的行動都以失敗告終。

　　1791 年，美國建立第一銀行，資本金 1,000 萬美元，其中政府出資 20%，私人出資 80%，營業期限為二十年，並開設八家分行。其主要業務內容是發行貨幣、接受政府存款、向政府提

供貸款、辦理票據貼現，與接受私人存款，同時透過拒收過度發行銀行券的州立銀行券或要求發行銀行兌換黃金，達到管理州立銀行、整頓貨幣發行紀律的目的。第一銀行對政府存貸款業務的壟斷以及對州立銀行的限制，引起了普遍的不滿和反對。1811年，美國第一銀行的經營許可期滿，美國國會以一票之差否決了第一銀行的展期申請，第一銀行被迫解散。

1812 年，美英爆發第二次獨立戰爭，美國各州立銀行紛紛向政府提供貸款，造成貨幣泛濫、物價瘋漲。為了整肅金融秩序，1816 年，美國國會向美國第二銀行頒發了經營許可證。第二銀行的資本金為 3,500 萬美元，聯邦政府持股 20%。由於第二銀行的職責和權限與第一銀行基本相同，它也難逃再次被解散的命運。

1836 年，美國總統安德魯·傑克森（Andrew Jackson）否決了美國第二銀行要求延長經營期限許可證的請求。

聯邦準備系統的誕生經過

美國第二銀行關閉後，由於缺少向商業銀行提供準備金支持、並使之避免銀行業恐慌的最後貸款人，美國金融業在 1837年到 1907 年的七十年間，多次爆發金融危機和擠兌（Bank run）風波；尤其是 1907 年發生的擠兌狂潮，造成了很多銀行倒閉，儲戶存款因此遭受了嚴重損失，慘重的代價終於使美國民眾相信，需要有一個中央銀行來防止悲劇重演。

但是，美國民眾一方面擔心華爾街可能會透過這樣一個金融

機構，操縱整個美國經濟；另一方面，也擔心聯邦政府利用中央銀行，過度干預私人銀行的事務。為了盡量不引起美國民眾的注意，1910 年 11 月 21 日，以尼爾森·奧利奇（Nelson Aldrich，參議員、國家貨幣委員會主席）、弗蘭特·萬德利普（Frank Vanderlip，紐約國家城市銀行總裁）、查爾斯·諾頓（Charles Dyer Norton，紐約第一國家銀行總裁）、保羅·沃伯格（Paul Warburg，庫恩－勒布公司高級合夥人）為代表的美國金融界精英，祕密聚集到喬治亞州的哲基爾島（Jekyll Island），就成立美國中央銀行的事情舉行會議，並形成了一樁初步議案。為了盡可能減少麻煩，他們在這個議案中，沒有使用中央銀行這個名稱，而用了「聯邦準備系統」這個稱謂。不久，一套精心設計、帶有制約和平衡特點的「聯邦準備法案」被送交國會討論。

1913 年 12 月 23 日，美國國會通過了《聯邦準備法案（Federal Reserve Act）》，這是美國銀行制度劃時代的創舉，為中央管理和地方管理、自願參加和強迫參加、政府所有和私人所有、政府管理和私人管理的相互平衡和折衷，提供了成功的範例。美國的中央銀行——聯邦準備系統（簡稱美聯儲）從此得以正式建立。

機構複雜的聯邦準備系統系統

聯邦準備系統的目標十分明確：在出現突發事件時，貸款給商業銀行，提供必要資金來避免由於無法及時償還儲戶存款，最終導致銀行破產。聯邦準備系統作為美國的中央銀行，自 1913 年成立至今，對美國經濟、乃至世界經濟都有舉足輕重的作用。

聯邦準備系統不同於其他國家的中央銀行，它的組織機構比較複雜，主要由聯邦準備委員會、聯邦準備銀行、聯邦公開市場委員會、聯邦諮詢委員會以及大約四千八百家成員商業銀行組成。其中，聯邦準備委員會、聯邦準備銀行和聯邦公開市場委員會是核心機構。

聯邦準備委員會，是聯邦準備系統的最高權力機構，由包括主席、副主席在內的七名董事組成，他們由總統任命，並由參議院批准，總部設在華盛頓特區。聯邦準備委員會的職權，主要包括投票決定公開市場操作、制定法定準備金率、審查決定貼現率等貨幣政策。

聯邦準備系統共有十二家聯邦準備銀行，位於全美的十二個聯邦準備區：紐約、波士頓、費城、克里夫蘭、史坦頓島、亞特蘭大、芝加哥、聖路易斯、明尼亞波里斯、堪薩斯、達拉斯和舊金山。這些聯邦準備銀行屬於準公共機構（部分私有、部分政府共有），它們的股東來自所在準備區的成員商業銀行，這些成員銀行有權為各個聯邦準備銀行選舉六名董事，加上另外三名由聯邦準備委員會任命的董事，由這九人來決定各聯邦準備銀行的行長（需經聯邦準備委員會批准）。

由於紐約在美國金融市場上的特殊地位，紐約聯邦準備銀行也自然與眾不同。這主要表現在：第一，設有公開市場交易室，直接接受來自聯邦公開市場委員會的指令，買賣債券和外匯來實施公開市場操作；第二，紐約聯邦準備銀行的行長，是唯一一位聯邦公開市場委員會的永久會員，並擔任該委員會的副主席；第三，紐約聯邦準備銀行，還是唯一一家成為國際結算銀行會員的

聯邦準備銀行。由於紐約聯邦準備銀行的特殊地位，其行長也成為聯邦準備系統中的三巨頭之一（另外兩位是聯邦準備系統主席和副主席）。2009 年上任的美國財政部長蓋特納（Timothy Franz Geithne），就曾擔任紐約聯邦準備銀行行長。

聯邦公開市場委員會，負責聯邦準備系統公開市場操作的決策，因而地位非常重要。公開市場委員會由十二人組成：七名聯邦準備委員會董事、紐約聯邦準備銀行的行長，和另外四位其他準備區的行長（由剩餘的十一家聯邦準備銀行行長輪流擔任）。公開市場委員會做出的公開市場操作的決策，直接發給紐約聯邦準備銀行的公開市場交易室執行。

最初，聯邦準備系統的設計者，故意將它的組織機構設計得十分複雜，讓人一頭霧水，為的是能夠減少美國人對它的敵意和反感，從而在國會獲得批准通過。多年來，聯邦準備系統一直對它的內部事務諱莫如深。其實說到底，聯邦準備系統就是一個由十二個聯邦準備銀行組成的中央銀行，其中，紐約聯邦準備銀行的地位和作用最為重要。根據 1983 年公布的一份資料可以知道，紐約聯邦準備銀行的注冊資本為 1.43 億美元，持有股份最多的五個股東分別是：花旗銀行 15%，大通銀行 14%，摩根信託 9%，漢諾威 7%，華友銀行 8%。美國政府沒有出資，這與 1791 年的第一銀行和 1816 年的第二銀行的股份構成（美國政府均持股 20%）有很大的不同，聯邦準備系統完全是一家私人性質的中央銀行。美國民眾最初擔心的事情還是發生了：美國乃至世界的經濟，完全被金融巨頭們控制了。

美元發行機制與美國國債鐘

國會發國債，聯邦準備系統印鈔票

　　1913 年，美國《聯邦準備法案》規定：美元的發行權歸聯邦準備系統所有。美國政府沒有發行貨幣的權力，只有發行國債的權力；不過，美國政府可以用國債到私有的中央銀行——聯邦準備系統抵押，透過聯邦準備系統及商業銀行系統取得美元貨幣，聯邦準備系統對此不能拒絕。因此，美國政府實際上是透過發行國債，間接發行貨幣，美元的源頭是在美國國債上。其大致過程是：首先，由美國國會批准國債發行規模，然後財政部將設計好的不同種類的國債債券拿到公開市場上拍賣，最後財政部將拍賣交易中沒有賣出去的國債全部送到聯邦準備系統，聯邦準備系統照單全收，並將相應的美元現金交給財政部。簡單來說，就是美國財政部負責印國債債券，聯邦準備系統負責印美元鈔票，然後財政部把國債賣給聯邦準備系統取得現金，聯邦準備系統透過買進國債獲得利息，兩全其美，皆大歡喜。

　　看上去，這一切都完美無缺，因為國債由美國政府以未來稅收作為抵押，只要美國政府不倒台，美國國家不破產，它就一直可以收稅，並償還國債，因此美國國債被認為是世界上「最可靠的資產」，受到全世界的普遍歡迎。美國政府當然很高興，因為它印刷國債幾乎不用花多少成本，卻可以換來能當真金白銀使用的美元；聯邦準備系統也同樣偷樂，因為它印刷美元同樣不需要花多少成本，卻可以坐享國債利息的收入。

對於這種無本萬利的生意，美國政府和聯邦準備系統當然願意一直做下去。可問題是，如果美國政府的國債一直印下去，聯邦準備系統的鈔票也一直發下去，那麼最後吃虧的是誰呢？毫無疑問，那就是全世界美元現金和美元資產的持有者。因為隨著美元越發越多，不可避免會引起全球性的通貨膨脹，導致美元購買力下降和美元資產縮水。世界各國都寄望於美國能夠適當克制印鈔票的衝動，保持美國的國家信用。但這只是一種美好的願望，而沒有實際的約束力，也缺乏可以操作的約束工具。

當然，美國財政部大多數新發的國債，並沒有直接進入聯邦準備系統的銀行系統，而是被外國中央銀行、美國的非金融機構和個人所購買。在這種情況下，這些購買者花的是已經存在的美元，所以並沒有「創造出」新的美元。只有當聯邦準備系統及其準備銀行系統購買美國國債時，才會有新美元產生（即新發行的美元），這也是美國的通貨膨脹一直控制在比較溫和程度的原因。

從理論上來說，美國政府的國債遲早都是要連本帶息償還；但事實上，美國政府從來就沒有打算還清所有的國債（如果硬逼著美國政府還清所有的國債，那麼美國將遭遇破產的命運，不過沒有任何國家能逼迫美國這麼做），美國政府也沒有因此背上「賴帳」的罵名。這是為什麼呢？原來，美國政府一直在玩一種普通人都會玩的借債遊戲──借新債還老債。這一點從近年來美國國債不斷攀升的數字中可以得到印證。

紐約時代廣場的國債鐘

　　為了提醒美國政府時刻記住它背負的巨大債務，1989 年，紐約房地產商人賽梅爾‧杜斯特（Seymour Durst）在離時代廣場不遠的街區，安裝了一個即時顯示美國國債的國債鐘。賽梅爾一直以來都很關注美國政府的公共債務，他在每年送給美國國會參眾兩院議員的賀卡中，都寫著「新年快樂，您負擔著×××× 美元的國債」。1995 年，賽梅爾去世後，他的兒子道格拉斯‧杜斯特繼續維持著國債鐘的運轉。

　　1989 年，國債鐘開始啟用時，美國國債為 2.7 兆美元。2000 年 9 月，因為美國國債數字下降，國債鐘計數器不能準確顯示債務下降，國債鐘曾被關閉，當時顯示的美國國債數字為 5.7 兆美元，平均每個美國家庭分攤 7.3 萬美元。不到兩年時間，2002 年 7 月，國債鐘再度啟用，此時的美國國債數額已上升至 6.1 兆美元。2004 年，杜斯特公司對國債鐘進行了現代化改裝，新國債鐘可以「進退自如」顯示國債數字，並將其從原來的位置移到了時代廣場杜斯特總部大樓的外牆上，此後國債鐘就再也沒有關閉過。

　　國債鐘顯示的美國國債，每分每秒都在不停滾動增加，自2007 年 9 月以來，每天的增速約為 34 億美元。到 2008 年 9 月30 日，美國國債數字達到 10 兆美元。由於國債鐘當初設定的數字只有 13 位，所以當轉到 9,999,999,999,999 元時，國債鐘戛然而止；直到 10 月 9 日，杜斯特公司才想出一個臨時的補救方法，即在第一格的美元符號 $ 後面增加一位數字，此時顯示的數字為 10,250,000,000,000，清晰告訴人們：美國的國債已經高

達 10.25 兆美元！而 1989 年設定此鐘時，美國的國債只有 2.7 兆美元。不到二十年時間，美國國債增加了 7.5 兆美元，翻了兩倍。據統計，在 1981 年至 1989 年雷根總統執政時期，美國國債占美國 GDP 的平均比重約為 33.3%；而在 2001 年至 2008 年小布希總統執政期間，這一數字上升到了 67.5%。

失控金融史

在這個金錢至上的世界，遊戲規則就是沒有規則

第 2 章
世界著名的證券交易所

　　證券交易所，是現代市場經濟體系中一種特殊的經濟組織形式，是證券交易市場的組織者和監管者。隨著資訊技術的發展和經濟全球化的加速，證券交易所的發展步入了一個大變革和大重組的時代，突出表現之一就是交易所從傳統的會員制組織轉向公司制企業。證券交易所公司化浪潮，為全球證券市場帶來了新的活力，大大加強了交易所的競爭力，鞏固了交易所在證券市場中的核心地位。

倫敦證券交易所

　　倫敦證券交易所，是世界上歷史最悠久的證券交易所之一，它的前身是十七世紀末倫敦城交易街上，主營咖啡飲品業務的露天大市場上，一間名為 Jonathan 的咖啡店，這裡是當時買賣政府債券的「皇家交易所」。1761 年，倫敦一百五十名股票交易商在這裡自動組成一家俱樂部，以買賣股票和債券。1773 年，這個咖啡店從露天大市場遷入倫敦城司威丁街的室內，並正式改名為「倫敦證券交易所」。1802 年，倫敦證券交易所獲得英國政府正式批准，喬治三世頒發了「皇家特許經營許可證」。

　　倫敦證券交易所的成立，為英國工業革命提供了重要的融資管道，為促進當時英國經濟的繁榮發揮了重要作用；而英國經濟的強勁發展，也促進了交易所自身的壯大，從而確立了英國世界金融中心的地位。第一次世界大戰之前，倫敦交易所一直是世界第一大證券交易市場。隨著英國經濟的發展，在英國其他地方也出現很多證券交易所，高峰時期達三十餘家。

　　1967 年，英國各地交易所組成了七個區域性的證券交易所。1973 年，倫敦證券交易所與設在英國格拉斯哥、利物浦、曼徹斯特、伯明罕和都柏林等地的交易所，合併成大不列顛及愛爾蘭證券交易所。隨後各地證券交易所逐漸停止運作，全部業務都集中到倫敦交易所。

　　1980 年代以後，隨著英國國內和世界經濟形勢的深刻變化，倫敦證券交易所由於其濃重的保守風格，特別是一直沿襲下來的陳規陋習，嚴重阻礙了英國證券市場的發展，並影響了它在

全球金融市場上的競爭力。在這一形勢下，倫敦證券交易所於
1986 年 10 月進行了重大改革，其中包括改革固定傭金制、允
許大公司直接進入交易所交易、放寬對會員的資格審查、允許批
發商與經紀人兼營、證券交易全部電腦化，與紐約、東京交易所
連線，實現二十四小時全球交易等等，這些改革措施有力鞏固了
其在國際證券市場中的地位。

　　1995 年 12 月，由於政治原因，倫敦證券交易所被分為兩
個獨立的部分，一部分歸屬愛爾蘭共和國，另一部分歸屬英國，
即現在的倫敦證券交易所。2000 年，倫敦證券交易所經全體股
東投票，決定轉變為一個公開發行公司，並於 2001 年 7 月在自
己的主板（Main-Board）上市交易。

　　作為世界三大證券交易所之一，倫敦證券交易所上市的證券
種類非常多，除股票外，還有政府債券、國有化工業債券、大英
國協及其他外國政府債券，此外還有很多地方政府、公共機構、
工商企業發行的債券也在此上市。在世界各大證券交易所中，倫
敦證券交易所的國際化程度最高，其外國公司股票的交易量和市
值，都超過了本國公司的股票，這在其他交易所十分罕見。截至
2007 年底，在倫敦證券交易所上市的公司有三千兩百多家，市
值達 4.25 兆美元，其中外國公司市值，超過交易所上市公司總
市值的一半以上。

富時 100 成分股

　　富時 100 成分股，是「倫敦股市《金融時報》一百種股票平
均價格成分股」的簡稱，最早由英國最著名的報紙──《金融時

報》編制和公布，用以反映倫敦證券交易所的股票行情變動。該成分股分三種：一是由三十種股票組成的價格成分股；二是由一百種股票組成的價格成分股；三是由五百種股票組成的價格成分股。通常所講的英國金融時報成分股指的是第一種，即倫敦金融時報三十種股票價格成分股，它是由三十種有代表性的工商業股票組成，並採用加權算術平均法計算出來的價格成分股。該成分股以 1935 年 7 月 1 日為基期日，以該日股價成分股為 100 點，以後各期股價與其比較，所得數值即為各期成分股，該成分股是國際上公認的重要股價成分股之一。

　　倫敦金融時報 100 成分股，簡稱富時 100 成分股，創立於 1984 年 1 月 3 日，是在倫敦證券交易所上市、最大的一百家公司的股票價格成分股。該成分股是英國經濟的晴雨表，也是歐洲最重要的股票成分股之一。與其相關的股票成分股，還有富時 250 成分股（除了一百家最大的公司以外，接下去的兩百五十家最大的公司的股票成分股），和富時 350 成分股（富時 100 和富時 250 成分股的結合）。富時 100 成分股的成分股每季度變動一次。截至 2005 年 12 月 31 日，股市成分股最大的六家公司分別為：英國石油公司（BP）、荷蘭皇家殼牌集團、匯豐集團、沃達豐（Vodafone）、蘇格蘭皇家銀行集團，和葛蘭素史克股份有限公司（GSK）。

紐約證券交易所

「梧桐樹協議」

美國的證券交易歷史十分悠久。早在美國獨立以前，來自歐洲荷蘭和英國的殖民統治者，就自動集中到紐約曼哈頓的華爾街進行各種證券交易，不過當時交易的品種和數量都很少。

與倫敦證券交易市場的初期一樣，華爾街的證券交易，最初也是在位於華爾街和威廉街西北角一間咖啡館裡進行。由於交易量的稀少，經紀人沒有足夠的業務來打發一天的時間，因此他們就在咖啡館一邊喝咖啡聊天、一邊尋找交易機會。

美國獨立以後，第一任財政部長亞歷山大·漢彌爾頓（Alexander Hamilton）於 1790 年，開始大規模發行政府債券，這直接導致了證券市場的活躍和交易人員激增。一些成功的經紀人就在這家咖啡館裡建立了一個拍賣行，所有參與交易的債券都可以在這裡拍賣，不過當時收取的拍賣費用比較高。漸漸，許多經紀人不再在咖啡館裡交易，他們來到這裡只是為了探聽最新的拍賣價格，然後在咖啡館外面的一棵梧桐樹下交易。由於場外交易收取的傭金要低很多，很多交易者逐漸向場外轉移，拍賣行因此關閉。

1792 年 5 月 17 日，為了規範證券交易活動，保障交易雙方的公平權益，以及各經紀人之間的公平競爭，當時最有影響力的二十四位證券經紀人，在咖啡館外面的梧桐樹下簽訂了著名的

《梧桐樹協議》，該協議的內容非常簡單，只有規定三項條款：

1. 只能與在《梧桐樹協議》上簽字的經紀人進行證券交易；
2. 每次交易都必須收取不少於交易額 0.25% 的手續費；
3. 在交易中履行公平公正、互惠互利的原則。

二十四位在協議上簽字的經紀人，隨即自動組成了一個獨立、享有交易特權的有價證券交易聯盟，即「華爾街現代老闆俱樂部（Wall Street Modern Bosses Club）」，由俱樂部成員共同管理證券市場的交易行為，這樣一來，既可以減少成員之間由於不正當競爭引起的糾紛和混亂，同時又可以避免政府介入造成的約束機制。《梧桐樹協議》和「現代老闆俱樂部」，就是紐約證券交易所的最初雛形，也是華爾街成為紐約證券交易場所的正式標誌。雖然原來的梧桐樹，在 1865 年一次暴風雨中吹倒死去，但「梧桐樹」的名稱卻延續了下來，直到現在，倫敦《經濟學人（The Economist）》的金融專欄仍名為「梧桐樹專欄」。往後的經濟學家和歷史學家，也通常把 1792 年 5 月 17 日看作是紐約證交所的誕生日。

1817 年 3 月 8 日，「華爾街現代老闆俱樂部」聯盟會員，在「梧桐樹協議」的基礎上再次簽訂了《紐約證券和交易管理處條例》，並成立了紐約證券和交易管理處，一個集中的證券交易市場基本形成。隨後，他們以年租金 200 美元的價格，在華爾街四十號租下了大樓的第二層，作為各種有價證券交易的地點，這也是美國證券史上第一個正式的證券交易場所。1863 年，紐約證券和交易管理處正式改名為紐約證券交易所。

在 1870 年代以前，紐約證券交易所一直都是以國債、地方

政府債和企業債券的交易為主。第二次工業革命前後，隨著大量的美國鐵路股票在此上市，紐約證券交易所開始從過去的債券市場向股票市場轉化，股票交易才開始迅速發展，並成為華爾街的主角。

　　1895 年至 1904 年間，美國發生了第一次兼併收購的浪潮，大工業家和銀行家聯合起來組成了工商業信託，並透過紐約證交所融資。從 1900 年起，工業股票成為紐約證券市場交易的主體，這標誌著紐約證交所發展進入一個全新的階段。1903 年，紐約證交所搬進位於華爾街十一號的總部大樓，並一直在此辦公。雖歷經百年滄桑，但它宏偉輝煌的氣概和厚重長久的歷史，讓全世界的投資者和遊客都對它景仰有加。

世界最大的證券交易所

　　1914 年，第一次世界大戰爆發後，紐約證交所於這一年的 7 月被關閉，但隨後在 11 月又重新開放，各種政府債券的自由交易，為美、英、法等協約國贏得第一次世界大戰，提供了有力的財力支持。從此以後，即使在第二次世界大戰期間，紐約證交所也沒有關閉。不過這期間發生的兩次嚴重股災（1929 年和 1987 年），以及其造成的嚴重影響，讓經歷過的人永生難忘。

　　1934 年 10 月 1 日，紐約證交所在美國證券交易委員會注冊為一家全國性證券交易所，並設立由一位主席和三十三位成員組成的董事會。1971 年 2 月 18 日，紐約證交所轉為非營利法人團體，董事會成員的數量減少到二十五位。2005 年 4 月，紐約交易所收購電子交易電信業者 Archipelago 控股公司，從而又

由非營利性法人團體轉化為營利性股份公司，合併後新公司的正式名稱，為紐約證券交易所集團公司，隨後該集團的股票在自己的主板市場掛牌上市。

2006 年 6 月 1 日，紐約證券交易所宣布，與泛歐證券交易所合併組成紐約－泛歐證券交易所。2007 年 4 月 4 日，紐約－泛歐證券交易所正式成立，總部設在紐約，由來自五個國家的六家貨幣股權交易所、以及六家衍生產品交易所共同組成。截至 2006 年底，在紐約－泛歐證券交易所上市的公司總數超過四千家，總市值高達 28.5 兆美元（約合 21.5 兆歐元），日平均交易量接近 1,020 億美元（769 億歐元）。

儘管紐約－泛歐證券交易所誕生了，但紐約證券交易所並沒有因此消失，它不僅在過去和現在存在，而且將來也會一直存續下去。在人們的潛意識中，不自覺會將全球證券市場劃分為北美、歐洲和亞太三個區域。2007 年底，紐約證交所以 15.65 兆美元的總市值和 29.91 兆美元的成交額，再次在全球證券交易所中蟬聯第一。

紐約道瓊成分股

1882 年，兩位年輕的記者查爾斯·道（Charles Henry Dow）和愛德華·瓊斯（Edward Jones），在華爾街創立了道瓊公司，其最初的工作是每天根據紐約證交所的證券交易情況，撰寫財經評論和證券投資分析報告，並快遞給每一位訂閱者。後來，他們將這種定期的財經分析報告取名為《客戶晚函（Customer's Afternoon Letter）》。

　　從 1884 年起，道瓊公司開始根據紐約證交所的股票收盤價格，編制道瓊股票價格平均成分股。由於當時的股票交易主要以鐵路股票為主，所以他們選擇了十一種最有代表性的鐵路公司股票，採用算術平均法計算，得出每天的道瓊股票價格平均成分股（股票價格平均數 = 入選股票的價格之和 ÷ 入選股票的數量），並公布在《客戶晚函》上。

　　1889 年，隨著事業的發展，公司職員不斷增加，道瓊公司決定將原來的《客戶晚函》改名為《華爾街日報（The Wall Street Journal）》。1889 年 7 月 8 日，第一份《華爾街日報》問世。

　　隨著紐約證交所上市的工業股票越來越多，自 1896 年起，道瓊股票價格平均成分股，開始分成工業與運輸業兩大類，其中工業股票價格平均成分股包括十二種股票，運輸業平均成分股包括二十種股票。1896 年 5 月 26 日，《華爾街日報》首次發表了這兩種股票價格平均成分股。

　　1928 年，道瓊公司將十二種工業類股票增加到三十種，並將成分股的計算方法進行了重大改革：

1. 捨棄了算術平均法得出的絕對價格指標，而使用採取加權平均法計算的相對價格指標，並以 1928 年 10 月 1 日為基期（因為這一天收盤時的道瓊股票平均價格恰好約為 100 美元），比較以後每天的股票價格水準同基期，從而計算得出一個百分比，就成為每天的道瓊股票價格平均成分股。

2. 由於股票經常會出現除權除息的情況，使股票價格走勢發生不連續的現象，因此道瓊公司對股票價格在除權除

息時採用連接技術，以保證股票價格的連續性，完善股票成分股。

1929 年，道瓊股票價格平均成分股又增加了公用事業類股票（最初是六種股票，後增加到十五種），並根據工業類、運輸類和公用事業類全部六十五種股票價格水準，編制道瓊股票價格綜合成分股。至此，四組道瓊股票價格平均成分股全部誕生。

第一組：以三十家著名的工業類股票為編制對象的道瓊工業股票價格平均成分股；

第二組：以二十家著名的運輸業類股票為編制對象的道瓊運輸業股價平均成分股；

第三組：以十五家著名的公用事業類股票為對象的道瓊公用事業股價平均成分股；

第四組：以上述三種股票價格平均成分股所涉及的六十五家公司股票為編制對象的道瓊股票價格綜合平均成分股。

在以上四組道瓊股價成分股中，以道瓊三十種工業股票價格平均成分股最為著名，被大眾傳媒廣泛報導，並作為道瓊成分股的代表加以引用。

道瓊成分股目前被公認為是世界上影響最大、最有權威性的股票價格成分股。它所選用的股票具有非常廣泛的代表性，這些股票的發行公司都是本產業內最具影響力的企業，其股票行情為世界股票市場矚目，各國投資者都極為重視。為了保持這一特點，道瓊公司經常調整其選用的樣本股票，不斷用更有活力、更有代表性的公司股票，替代那些失去代表性的公司股票。

　　但是，由於道瓊股票價格成分股是一種成分股成分股，它包括的公司僅占目前兩千五百多家上市公司的極少部分，而且多是熱門股，並未將近年來發展迅速的服務業和金融業公司包括在內，所以它的代表性近來也開始受到人們的質疑。

那斯達克股票市場

　　那斯達克是指美國「全國證券交易商協會自動報價系統」，英文全稱為 The NationalAssociation of Securities Dealers Automated Quotation System，縮寫為 NASDAQ，中文音譯為那斯達克。

　　「全國證券交易商協會自動報價系統」始於 1971 年，它是一套電子資訊系統，專門收集和發布證券自營商買賣非上市證券的報價。在此之前，這些場外交易的非上市證券行情是透過美國國家報價局（National Quotation Bureau）的印刷單公布，其中粉紅單公布股票行情，黃色單公布公司債券行情。由於這些公告每天只印刷一次，投資者不能隨時掌握變動著的市場行情，因而很不利於非上市證券的交易。為了解決場外交易中的資訊不靈敏和價格不透明等問題，1964 年，美國全國證券交易商協會（NASD）委託一個叫亞瑟·D. 理特（Arthur D. Little）的工程師設計自動報價系統。

　　1971 年 1 月，自動報價系統開發成功。1971 年 2 月 8 日，那斯達克交易系統正式啟動，從而把五百多個造市商（Market maker）的交易終端，和位於康乃狄克州的數據中心連接，形成

一個數據交換網路，並從大量的非上市證券中挑選出兩千五百家規模、業績和成長性都名列前茅的股票，規定造市商必須將這些精選股票報價列示於該系統，供投資者參考。這樣一來，那斯達克就透過電腦網路將股票經紀人、造市商、投資者和監管機構聯繫，從而成為世界上第一個電子化證券市場，那斯達克證券交易市場由此形成。

那斯達克證券交易市場利用現代最新的電腦和電子通訊技術，連接全美所有市場參與者，並使各家證券公司在電腦螢幕的無形化市場上相互競爭，其功能包括行情查詢、委託及交易、結算、資訊傳播和市場監控等。那斯達克市場與紐約證交所相比，具有交易時間長、速度快、收費低等優點。

那斯達克全國市場和小額資本市場

1975 年，美國全國證券交易商協會（NASD）首次提出了那斯達克的上市標準，規定只有在那斯達克上市的股票才能在該系統報價，從而形成一個完全獨立的證券交易場所。1992 年，NASD 又把那斯達克證券市場中的高市值股票，與其他小型股票分開，組成那斯達克全國市場和那斯達克小型資本市場，從而形成了兩個層次的上市場所。

那斯達克全國市場（Nasdaq National Market，簡稱 NNM），是那斯達克證券市場中交易量和活躍度都非常高的股票市場，有超過四千家公司的股票在此掛牌交易。這些公司基本上都是世界上最大、最知名的高科技公司，如微軟、Intel、戴爾和思科等等。而且，要想在那斯達克全國市場掛牌，這家公司就必須滿足

嚴格的財務、資本額和共同管理等指標。

　　那斯達克小額資本市場，是那斯達克專為成長型公司提供的市場，有一千五百多支股票在此掛牌交易。在那斯達克對小額資本市場的上市標準中，財務指標要求沒有全國市場那樣嚴格，但他們共同管理的標準是一樣的。當成長型的小額資本公司發展穩定後，他們通常會提升至那斯達克全國市場。

　　那斯達克在成立之初的目標，定位在中小企業，但是由於企業的規模隨著時代越來越大，後來那斯達克反而將自己分成了一塊「主板市場」和一塊「中小板市場」。

　　那斯達克市場作為全球第一家、也是最大的電子證券交易系統，在五十五個國家和地區設有二十六萬多個電腦實體銷售。它不同於傳統有形的股票交易所，如紐約證交所、美國證交所和其他地方性證券交易所，那斯達克沒有固定的交易場所，完全透過電腦報價和下單（也可透過電話下單）。

　　雖然那斯達克是一個電子化的股票交易市場，但它仍然有個代表性的「交易中心」存在，該「交易中心」坐落於紐約時代廣場旁邊四號的康泰納仕大樓（Condé Nast Building），這裡並沒有一般證券交易所常見的各種硬體，取而代之的是一個大型的攝影棚和投影螢幕，經常有歐美各國主要財經新聞電視台的記者，在此進行即時股市行情報導。

　　那斯達克作為全球最大的電子化交易市場，1994 年年初以美元計價的成交額已超過倫敦和東京，名列世界第二，上市公司數量已名列世界第一。2000 年初，那斯達克的成交額和總市值一度超過紐約證券交易所，達到世界第一。網際網路泡沫破滅

後，那斯達克市場的成交額和總市值大幅下滑，但仍然居世界前列。由於那斯達克使投資者可以在任何時間、任何地點透過電腦系統進行證券交易，因而被許多人看作是未來全球交易市場的發展方向。

那斯達克證券交易所

2000 年 11 月，那斯達克股票市場公司向美國證券交易委員會（SEC），提交了註冊交易所牌照的申請。經過五年的努力，2006 年 1 月 13 日，美國證券交易委員會（SEC）正式宣布：批准那斯達克註冊成為繼紐約證券交易所和美國證券交易所之後的美國第三家全國性證券交易所。這意味著，那斯達克逐漸由過去的虛擬市場，轉為一家獨立的證券交易所實體──那斯達克證券交易所。儘管對於投資者和上市公司而言，此舉可能不會帶來太大影響，但對於那斯達克自身而言，脫離了美國證券交易商協會（NASD）則意味著獲得更多自主權，從而更容易與紐約證交所等對手競爭。

2006 年 2 月，那斯達克宣布將股票市場分為三個層次：那斯達克全球精選市場（NASDAQ GS）、那斯達克全球市場（NASDAQ GM），以及那斯達克資本市場（NASDAQ CM，即原來的那斯達克小額資本市場），從而進一步優化了市場結構，吸引不同層次的企業前來上市。

那斯達克成分股

　　從那斯達克證券市場誕生日的 1971 年 2 月 8 日起，它就開始編制反映股票價格變動的那斯達克成分股，並將第一天收市的股票價格水準作為基數，定為 100。在那斯達克成分股體系中，最具代表性和影響力的成分股，是那斯達克綜合成分股（NASDAQ Composite），它幾乎涵蓋所有在那斯達克上市的股票。

　　此外，還有特定產業的股票成分股，主要包括生物工程、電腦、銀行、金融、工業、保險、通訊、交通等八大類。從 1985 年 2 月 1 日起，那斯達克成分股體系中，又加入了那斯達克 100 成分股（NASDAQ 100 Index），它包括了一百家在那斯達克全國市場上市的最大非金融企業，該成分股以 1985 年 1 月 31 日為基期，基數為 250 點。

　　經過三十多年的發展，那斯達克成分股從最初的 100 點，迅速成長到 2000 年 1 月 10 日的歷史最高點 5,048 點，其間除了在 1987 年 10 月 19 日的全球股災中遭遇挫折（單日跌幅達 11.5%）外，那斯達克成分股表現一直都很搶眼。不過 2000 年 4 月網際網路泡沫破滅後，那斯達克成分股開始急轉直下，2002 年 10 月 10 日跌至 1 108 點，創出 2000 年調整以來的歷史最低點。此後，那斯達克成分股就一直在 2,000 點上下浮動。

　　從以上的敘述可以看出，那斯達克是個比較複雜的概念，它代表的含義包括：全（美）國證券交易商協會自動報價系統、那斯達克證券（股票）交易市場、那斯達克成分股、那斯達克股票

市場公司、那斯達克證券交易所。這些概念既相互聯繫，又不盡相同。

東京證券交易所

　　1868 年，日本開始明治維新，拋棄了延續一千多年「師從中國」的傳統，開始脫亞入歐，全面參照西方國家資本主義模式，發展日本經濟，工商業、金融業、運輸業等各行各業快速起步。在這種社會經濟背景下，1878 年 5 月，日本政府制定了《股票交易條例》，並以此為基礎設立了東京、大阪兩個股票交易所，其中的東京股票交易所（日文為「東京株式取引所」）是東京證券交易所的前身。1878 年 6 月 1 日，東京股票交易所正式開始交易。

　　東京股票交易所從誕生，到第二次世界大戰爆發的六十多年間，由於日本重工業、兵器工業均由日本政府壟斷經營，紡織、海運等產業也由國家控制，所以東京股票交易所發展一直都比較緩慢。在二戰期間的 1943 年 6 月，日本軍國主義政府將東京股票交易所和其他城市的十個交易所合併，成立了半官方的日本證券交易所（日文名稱為「日本證券取引所」），希望藉此為戰爭融資和發展經濟。1945 年 8 月 6 日，日本長崎遭到美國核彈轟炸後，日本證券交易所隨即被關閉重組。二戰結束以後，美國單方面占領日本，大批的日本財團和金融機構被解散，這其中也包括日本證券交易所。

　　隨著戰後美蘇冷戰開始，美國對日本的占領政策，從削弱日

054

本工業能力，轉向扶持日本經濟重建。1949 年 1 月，美國同意東京證券交易所重新開業。在戰後日本經濟復甦的過程中，企業籌資對證券市場的依賴大大增加，在 1955 年至 1961 年的「神武景氣」和「岩戶景氣」期間，日本股票市場急劇擴張，年股票交易量從 35 億股猛增至 315 億股。東京證券交易所也隨之迅速壯大，並在此後的三十年中，一直保持了這種高速成長的勢態。尤其在 1983 年至 1990 年間，東京證券交易開創了設立以來最輝煌的時代。

1990 年，東京證券交易所吸引了全世界 60% 的股票市場資本，超過美國的紐約證券交易所，位居當時世界第一。不過隨著 1990 年代初日本的泡沫經濟的破滅，東京證券交易所的成交額和總市值急速下滑，但是它仍然位列世界三大交易所之一。

國際化程度稍嫌不足

在東京證券交易所的發展史上，曾經在 1965 年、1990 年和 1997 年爆發過三次大「證券危機」，而經過這三次「證券危機」的洗禮後，東京證券交易所日趨成熟。在此後，東京證券交易所實施的各項改革中特別值得一提的是，1999 年在原有的市場第一部（第一板）、市場第二部（第二板）的基礎上，新設立了面向新興企業的 Mothers（創業板）。

1999 年 4 月 30 日，東京證券交易所關閉了場內交易系統，而將電子化交易應用到所有交易過程中。一個叫做 TSE Arrows 的新交易系統，於 2000 年 5 月 9 日開始運轉。2001 年，東京證券交易所將組織形式改造為有限責任公司，而此前，它一直是

作為一個會員制的組織形式存在。

東京證券交易所針對企業的股票上市，制定了嚴格的標準，符合該標準的企業方能上市。

東京證券交易所目前有三個市場，即市場第一部、市場第二部、Mothers。市場第一部與市場第二部是較早存在的市場，具有一定規模的大中型企業在此上市；與此相比，Mothers 則是面向新興企業的市場，不同的市場其上市標準各異。

東京證券交易所上市制度規定，企業要先在市場第二部或 Mothers 上市，不過，對於被公認的上市股票數眾多、且經營情況特別良好的企業，也可作為特例在上市時首先在市場第一部上市。在市場第二部上市後，如果上市股票滿足市場第一部指定的股票品種標準，則可以被選為市場第一部的上市股票。同時，在 Mothers 上市後，如果滿足一定的標準，則可以轉到市場第二部或市場第一部上市。在第一部市場上市的股票，如果其指標下降且低於市場第一部上市標準，就有可能降到市場第二部。

相對而言，東京證券交易所的債券市場比股票市場發達。由於日本是後起的工業國家，經濟跨越式發展的大量資金，必須依靠國家籌集和分配，長期以來，國債一直是東京證券交易所最主要的交易對象。此外，東京證券交易所與紐約證交所、那斯達克以及倫敦證交所相比，其國際化程度仍然不高，不過這一情況正在逐漸改變。1988 年，日本政府開始允許外國資本在東京證券市場進行場外交易，1989 年允許外國證券公司進駐東京證券交易所。

截至 2007 年 12 月 31 日，東京證券交易所共有兩

千四百一十四家上市公司（其中二十五家為外國公司）。其中，
市場第一部一千七百四十七家（外國公司二十二家），市場第二
部四百七十家，Mothers（創業板）一百九十七家，所有股票總
市值約合 4.5 兆美元。

日經 225 成分股

日經 225 成分股，也稱為日經平均股價成分股、日經 225
平均成分股，其前身為「東證修正平均股價」，是由日本經濟新
聞社推出的東京證券交易所的兩百二十五個品種的股票價格成分
股，每天由《經濟新聞》發布。

日經 225 成分股，以東京證券交易所第一部上市股票中，
成交量最活躍、市場流通性最高的兩百二十五支股票為樣本，以
修正式算術平均計算出來的股票價格成分股，每年重新審核並更
新一次。日經 225 成分股選取的股票，雖只占東京證券交易所
第一板股票中 20% 的股數，但它們卻代表第一板股票中 60% 的
交易量和 50% 的總市值。具體而言，就是從產業分類中選擇技
術、金融、運輸、公共、消費類等具有高流通性的股票，由一個
委員會負責選擇股票進入成分股。因這種成分股延續時間較長，
具有很好的可比較性（comparability），從而成為考察日本股票市
場股價長期演變及最新變動，最常用、最可靠的指標，也是各種
傳媒通常引用的日經成分股。

日經 225 成分股從 1950 年 9 月 7 日開始計算編制，並以這
一天為基期，以這一天兩百二十五種股票的平均收盤價格 176.2
日元為基數，計算以後每天的日經 225 成分股，該成分股當時

的名稱為「東證修正平均股價」。

1975 年 5 月 1 日，日本經濟新聞社向道瓊公司買進商標，採用美國道瓊公司的修正法計算，「東證修正平均股價」也就改稱「日經道瓊平均股價」。1985 年 5 月 1 日合同期滿十年時，經兩家商議，將名稱改為「日經平均股價成分股」，各國經濟界人士習慣稱之為「日經 225 成分股」。

1980 年代，由於日本泡沫經濟迅速成長，1989 年 12 月 31 日，日經 225 成分股創出了有史以來 38,915.87 點的最高收盤記錄。隨後由於日本泡沫經濟破滅，日經 225 成分股在長達二十年的時間裡一直走低。受 2008 年全球金融危機的影響，日經 225 成分股屢創新低。2009 年 2 月 24 日，日經 225 成分股創出了 1983 年以來的最低收盤紀錄 7,268.56 點，與 1989 年的最高點位相比，跌幅超過 80%。

自 1991 年 10 月起，東京證券交易所每年都調整日經 225 成分股的樣本股票，以流通性高的股票替代，保證日經 225 成分股的代表性。為使市場的流通性及產業結構的變化能進一步反映在股指上，2000 年 4 月 24 日，東京證交所對股票構成的選定標準進行了重大改革，現行兩百二十五種樣本股票中，包括 Panasonic 電器、京都陶瓷、豐田汽車、TDK、佳能（Canon）、電裝（DENSO）、花王等一大批知名企業。

在日經 225 成分股的發展史上，1986 年 9 月，新加坡國際金融交易所（SIMEX）推出日經 225 股票成分股期貨，這是一個意義和影響都非常重大的歷史性事件。在 SIMEX 首開日經 225 成分股期貨交易先河後，1988 年，日本大阪證券交易所（OSE）

正式推出了日經 225 股指期貨交易。隨後，美國的芝加哥商業交易所（CME）在 1990 年也開始推出日經 225 成分股期貨交易，形成三家共同交易日經 225 成分股的局面。而在競爭中，由於 SIMEX 推出的時間最早，而掌握了一定優勢，因此一直保持領先地位。

1995 年初，由於英國霸菱銀行的期貨交易員尼克·李森（Nick Leeson），在日經 225 成分股期貨投機交易中的違規操作，導致霸菱銀行 倒閉，市場對 SIMEX 的日經 225 成分股產生了信心危機，資金開始回流日本市場，OSE 趁機奪回了主導權。但是整體來說，日本在本土推進日經 225 股指期貨交易，還是長期處於尷尬地位。從 2005 年的數據來看，全球日經 225 成分股期貨市場中，日本本土只占有 55.05% 的份額。由於新加坡的日經 225 成分股期貨價格，嚴重影響日本本土的日經 225 成分股價格，因此，新加坡的日經 225 成分股期貨擁有了相當分量的定價權。

香港聯合交易所

香港最早的證券交易，可以追溯至 1866 年，在香港開埠初期就已出現。1891 年，香港第一家證券交易所——香港股票經紀協會成立，1914 年改名為香港證券交易所。1921 年，香港又成立了第二家證券交易所——香港證券經紀人協會。1947 年，這兩家交易所合併為香港證券交易所有限公司。當時的香港證券交易所主要由英國人管理，上市公司也多屬英資企業。

　　1960 年代後期，隨著香港經濟的起飛，華資公司對上市集資的需求越來越大，香港原有的一家交易所已滿足不了股票市場的需求。1969 年以後，以華資為主的遠東交易所（1969 年）、金銀證券交易所（1971 年）及九龍證券交易所（1972 年）相繼成立，香港證券市場進入四家交易所並存的所謂「四會時代」。

　　一個城市擁有四家交易所，世所罕見，而且也帶來行政與監管上的難題。1973 年至 1974 年的股市暴跌期間，充分暴露了香港證券市場四會並存局面所引致的各種弊端。如四會之間的競爭造成上市公司品質下降、四會各自獨立運作導致交易效率降低、當局監管不易、市場投機成分過重等情況出現。

　　為加強對香港證券市場的統一管理，1974 年，當時的香港政府提出了四大交易所合併的設想。1980 年，香港聯合交易所有限公司註冊成立。1984 年，中、英兩國關於香港回歸的聯合聲明簽署後，香港同時並存的四家交易所關於組建聯合證券交易所的談判，隨即進入了實質性階段。1986 年 3 月 27 日，四家交易所共同宣布，全部合併到香港聯合交易所名下。4 月 2 日，香港聯交所正式開業，由此成為香港唯一的證券交易機構，並開始享有在香港建立、經營和維護證券市場的特許權。香港聯交所的交易大堂設在香港交易廣場，並開始採用電腦輔助交易系統進行證券買賣。隨著香港聯交所的正式成立，香港證券市場的發展進入了一個全新的時代。1986 年 9 月 22 日，香港聯交所被接納為國際證券交易所聯合會的正式成員。

　　香港聯合交易所成立初期，出於對香港回歸中國後經濟發展的擔憂，香港股市一直表現比較低迷；1987 年的全球股災，更

是對香港股市造成了巨大衝擊。1987 年 10 月 20 日，受美國紐約股市巨幅下挫（跌幅高達 22.6%）的影響，香港股市暴跌 420點，儘管香港聯交所緊急停市四天，但等到重新開市時，被積壓的賣單洶湧而出，一天之內香港股市暴跌 1,120 點，跌幅高達33%，創造了世界證券史上單日最大跌幅的歷史記錄。

1990 年代後，中國對香港經濟的推動作用開始顯現，香港股市也因此迎來了史上最好的發展時期。1993 年，青島啤酒在香港聯交所成功上市，成為香港股市第一支中國紅籌股（Red Chip）。出於對中國未來經濟發展的良好預期，紅籌股開始受到香港股民熱烈追捧。1997 年是香港回歸年，大量紅籌股在香港上市，因而這一年也被稱為香港證券史上的「紅籌股年」。據香港聯交所統計，1997 年香港證券市場的籌資金額打破歷史紀錄，全年籌資超過 800 億港元，其中超過 90% 為紅籌國企公司所籌。

不過隨後不久，香港股市再次在 1998 年的亞洲金融風暴中遭遇洗禮。雖然在政府的努力下，港幣成功擊退了國際熱錢的襲擊，但香港股市卻受到重創。

香港交易及結算有限公司

1999 年，時任香港特區財政司司長的曾蔭權提出，對香港證券及期貨市場全面改革，以提高香港的競爭力，迎接經濟全球化所帶來的挑戰。根據改革方案，香港聯合交易所有限公司與香港期貨交易所有限公司（1976 年成立）實行股份制聯合，並吸收香港中央結算有限公司（1989 年成立，1992 年開業）加入，

組成一個集股票、債券、期貨交易以及結算於一體的聯合機構。2000 年 3 月 6 日，三家公司完成合併，共同組成香港交易及結算所有限公司，不過人們還是習慣稱它為香港聯交所。2000 年 6 月 27 日，香港聯交所以介紹形式，在自己的主板市場掛牌上市。

隨著在香港上市的的紅籌股越來越多，香港聯交所在全球證券市場上的影響力也越來越大。2000 年以後，香港聯交所每年的籌資額、交易額和總市值等各項指標，均位居全球十大交易所之列，尤其是籌資額一項更是名列前茅。其中，2006 年香港聯交所主板市場的集資額超過紐約、倫敦和東京，在全球主要營運的資本市場排名第一。

香港市場對於中國企業的吸引力，主要在於它是在同一文化背景下最成功的國際資本市場，與投資者比較容易溝通；同時由於香港聯交所和美國那斯達克在 2000 年 3 月 31 日簽署了合作協議，一些股票可以同時在香港和美國兩地上市交易，這無疑為渴望更大規模融資的中國企業，打開了通向國際資本市場的又一扇大門。

香港恒生成分股

1964 年，香港恒生銀行為了及時掌握香港經濟基本面狀況以及未來的發展趨勢，從香港證券交易所上市的全部股票中，挑選出三十種總市值和活躍度都很高的股票作為樣本股（即成分股），開始編制反映香港股市行情變動的恒生成分股。

恒生成分股以 1964 年 7 月 31 日為基數日，基數點 100 點。在一開始的幾年內，恒生銀行一直未將恒生成分股的數據對外正式公布，而僅供恒生銀行內部人士參閱。隨著恒生成分股越來越受到廣大證券投資者的關注，1969 年 11 月 24 日，恒生銀行首次對外公布恒生成分股，此時的點數為 150 點，相比於 1964 年的 100 點，已經上漲 50%。

1984 年初，恒生銀行全資下屬機構——恒生成分股服務有限公司正式成立（2007 年改名為恒生成分股有限公司），並對恒生成分股體系及成分股進行了重大調整，將原來的三十支成分股擴充為三十三支，同時將這三十三支成分股按照不同的產業，分別編制恒生金融分類成分股、恒生公用事業分類成分股、恒生地產分類成分股、恒生工商業分類成分股，從而完善恒生成分股體系。新的恒生成分股以 1984 年 1 月 13 日為基期，起點為975.47 點。

1985 年 1 月 2 日，調整後的恒生成分股和四個分類成分股正式對外公布。為了保證恒生成分股的代表性，恒生成分股服務有限公司每季度都會檢視成分股，並隨時公布成分股的調整結果。

由於三十三種成分股代表了香港股市 70% 的流通市值和交易額，恒生成分股被視為反映香港經濟發展水準最重要的指標。

1986 年 5 月 6 日，香港期貨交易所首次推出了恒生成分股期貨，從而為投資者提供了避險工具。1992 年 8 月 4 日，中信泰富成為首支躋身恒生成分股成分股的紅籌股。

2001 年 10 月 3 日，恒生成分股服務有限公司推出恒生綜

合成分股，綜合成分股包括在香港股市市值前兩百名的上市公司，共代表香港聯交所上市公司的 97% 市值，從而為投資者提供更具廣泛代表性的股市指標。隨後恒生中國企業成分股、恒生香港成分股、恒生中國內地成分股等一系列成分股相繼推出。

2006 年 9 月以前，恒生成分股的成分股一直保持在三十三支，此後由於建設銀行、中國銀行、工商銀行、中國人壽、中國平安、交通銀行、中國石化、中國石油等大量中國大盤績優股在香港聯交所上市，恒生成分股的成分股逐漸由三十三支擴大到四十三支。

為了避免成分股受個別大市值成分股（如匯豐控股）所左右而失去代表性，恒生成分股有限公司曾三次調整成分股的比重上限：第一次是 2006 年 9 月 8 日，規定每支成分股的比重上限為 25%；第二次是 2007 年 3 月 9 日，每支成分股的比重上限調整為 20%；第三次是 2007 年 9 月 7 日，將每支成分股比重上限再次調整為 15%。

2010 年 2 月 5 日，恒生成分股公司公布的四十三支成分股中，對恒生成分股影響最大的成分股是匯豐控股（15.00%），其次是中國移動（9.09%）、中國建設銀行（6.77%）、中國工商銀行（6.22%）和中國人壽（5.11%）。

芝加哥交易所集團

芝加哥商品交易所

．．．．．．．．．．．．．．．．．

芝加哥商品交易所（Chicago Mercantile Exchange，英文名稱縮寫為 CME），是世界上最大的衍生性金融商品交易市場。

芝加哥商品交易所創立於 1874 年，其前身為農產品交易所，由一批農產品經銷商創建。當時，該交易所上市的主要商品為奶油、雞蛋、家禽及其他不耐儲藏的農產品。1898 年，奶油和雞蛋經銷商退出農產品交易所，組建了芝加哥奶油和雞蛋交易所。1919 年，奶油和雞蛋交易所改名為芝加哥商品交易所，並吸納了許多種新商品，如生豬、活牛等商品的期貨合約。此後，芝加哥商品交易所（CME）的名稱就延續下來。

1972 年，CME 成立了國際貨幣市場分部（International Monetary Market，簡稱 IMM），主要進行美元、英鎊、加幣、馬克、日元、瑞士法郎等貨幣期貨交易，此後又增加了九十天的短期美國國庫券，和三個月歐洲美元定期存款期貨交易。1982 年，CME 成立了成分股和選擇權市場分部（Index and Option Market，簡稱 IOM），主要進行股票成分股期貨和選擇權交易。最有名的成分股合約，為標準普爾 500 種價格綜合成分股及選擇權合約。

1980 年代以後，芝加哥商品交易所的主要交易對象，已經從最初的農產品轉為了衍生性金融商品交易，該交易所每日交易

量達五十五萬份合約，其中三萬份為農產品合約，其餘均為金融期貨合約。CME 主要交易對象包括利率、外匯、股票成分股和農產品等四種期貨和選擇權，分別由國際貨幣市場分部、成分股和選擇權市場分部以及農產品分部負責交易。

1984 年，芝加哥商品交易所與新加坡國際貨幣交易所建立了世界上第一個跨交易所的期貨交易聯絡網，交易者可以在兩個交易所之間進行美元、日元、英鎊和德國馬克的跨交易所期貨買賣業務。

芝加哥期貨交易所

芝加哥期貨交易所（Chicago Board of Trade，英文名稱縮寫 CBOT），是世界上最早和最大的農產品交易所。

十九世紀初期，芝加哥是美國最大的穀物集散地。隨著穀物交易的不斷集中和遠期交易方式的發展，1848 年，由八十二位穀物交易商發起組建了芝加哥期貨交易所。該交易所成立後，對交易規則不斷完善，於 1865 年用標準的期貨合約取代了遠期合同，並實行了保證金制度。芝加哥期貨交易所的玉米、大豆、小麥等品種的期貨價格，不僅成為美國農業生產、加工的重要參考價格，而且成為國際農產品貿易中的權威價格。

CBOT 早期的交易品種，僅限於農產品，如玉米、小麥、燕麥和大豆等，經過多年的發展，CBOT 的交易對象演變為非保存性農產品和非農產品（如黃金和白銀）。1975 年 10 月，CBOT 推出第一種金融期貨合約，該合約為基於政府抵押擔保證券的期

貨合約。隨著第一種金融期貨合約的推出，期貨交易逐漸被引進到多種不同的金融工具中，其中包括美國中長期國債、股價成分股和利率互換等。1982 年，CBOT 又推出另一個金融創新——期貨選擇權。

總體來看，CBOT 的期貨交易品種，主要包括農產品和金融期貨，但比較起來，農產品期貨是它交易的主要對象。CBOT 的金融期貨主要以債券為主（包括抵押資產債券和美國國債等），品種和範圍相對比較小，其規模和影響力遠低於芝加哥商品期貨交易所（CME）。

芝加哥交易所集團

2006 年 10 月 17 日，美國芝加哥商品交易所（CME）和芝加哥期貨交易所（CBOT）宣布就合併事宜達成最終協議，兩家交易所合併成全球最大的衍生品交易所——芝加哥交易所集團（CME，沿用芝加哥商品交易所的名稱）。按照該協議條款，CBOT 的股票持有者將獲得每股 0.3006 個 CME 的 A 級普通股票，或者與之等額的現金。

合併後的芝加哥交易所集團（CME），總部仍然設在芝加哥，其資產總額達到 250 億美元，其中，CME 約占 180 億美元，CBOT 約占 70 億美元。由原 CME 主席 A.Duffy 擔任合併後新公司的主席，原 CBOT 主席 Charles P.Carey 被任命為副主席，原 CME 執行長 Craig S.Donohue 成為新公司的執行長，原 CBOT 的執行長 Bernard W .Dan 被委派負責監管 CBOT 的業務直到合併完成。新公司的董事會由二十九名董事組成，其中

CME 委派其中的二十名，CBOT 委派其中的九名。

合併後的芝加哥交易所集團，其交易品種涉及利率、外匯、農產品、工業品、能源等各種衍生產品。CME 表示，由兩個產業內領先的公司合併為一個公司，有助於鞏固其在競爭日益激烈的環境中的成長能力。事實的確如此，合併後的新公司作為世界上最大和最活躍的交易所集團，平均每天 900 萬手的合約交易量和 4.2 兆美元的成交金額，遠遠超過包括紐約、倫敦、東京等世界各地的其他期貨交易所，從而在利率期貨、成分股期貨等衍生性金融商品交易及農產品期貨交易等市場，擁有競爭對手難以匹敵的規模優勢。

倫敦金屬交易所

十九世紀中期，英國曾是世界上最大的金屬銅和錫的生產國；但隨著時間的推移，工業需求不斷成長，英國迫切需要從南美、非洲和遠東地區新開發礦區進口原料。在當時的條件下，穿越大洋運送銅和錫，無論如何都是一種貨物與資金的冒險，一些貨船可能會延期到達，還有一些則根本不會到達。於是商人們開始對這些「未來到貨」的物品，採取預約價格的辦法交易。預約價格的確定，主要來自於商人們對未來貨物產量和運輸情況，以及屆時用戶需求的判斷估計。為了盡可能掌握「未來到貨」物品的市場供需情況，金屬商開始聚集到倫敦皇家交易所附近的一些咖啡館裡探聽行情和交易。當時的交易，主要採取公開喊價和商人之間私下交易兩種方式。

　　1876 年 12 月，在一些大金屬商的倡導下，倫敦交易有限公司（倫敦金屬交易所的前身）正式成立，1877 年 1 月開始營業，辦公地點選在倫敦城倫巴底街的一家服裝商店樓上，並安裝了電報和電話等通訊設施。從此以後，倫敦金屬交易開始有了統一的組織，但那時還沒有正式的標準合約。儘管當時智利的銅棒和馬來西亞的錫塊分別作為銅和錫的基準級別，以及三個月作為運期合同的交貨期（當時從智利和馬來群島到英國的航行時間約為三個月）已確定了下來，但對於鉛、鋅和生鐵的具體規格要求仍由洽談確定（1920 年，生鐵退出了倫敦金屬交易所，此後，該交易所的交易品種一直限定為有色金屬）。

　　由於董事會和會員之間對於價格報告方法、以及對於圍繞交易圈進行公開交易的做法意見不一致，1881 年，會員們組織了一個委員會並建立了一個新公司，即倫敦金屬交易所有限公司（英文名稱縮寫 LME），並接管了原公司的資產。1882 年，倫敦金屬交易所搬到倫敦城惠延頓路的一幢大樓裡，並在那裡一直待了九十八年（1980 年遷至倫敦種植園大樓）。

　　在倫敦金屬交易所成立初期，由於交易管理條例禁止在正式交易時間結束後繼續場內交易，使得一些金屬商們只好到大樓外面的街道上交易。但是，在街道上交易容易引起警方干預，於是交易所修改了這個規定：允許在正式交易時間結束後的一定時間內，繼續在場內進行非正式的交易，由此引出「場內交易」這個詞彙，並一直沿用下來。

　　從 1899 年起，倫敦交易所規範了金屬交易的時間，即分上下午兩場，每場又分為兩輪交易：上午第一輪 11:40-12:20，

第二輪 12:30-13:10；下午第一輪 15:10-15:50，第二輪 15:55-16:35（注：此時間為英國格林威治時間），這一場內交易時間的安排一直延續到現在。

倫敦金屬交易所期貨成分股 LMEX

　　倫敦金屬交易所自 1877 年開業以來，除了在兩次世界大戰期間曾短暫關閉以外，一直生意興隆。隨著世界工業的發展、新礦山的發掘，以及大量現貨和期貨市場的形成，各種政治和經濟因素都對世界金屬貿易帶來了巨大的影響。倫敦金屬交易所不斷適應新形勢，在交易額不斷成長的同時，根據市場需求，將更多的金屬納入其交易範圍。除了最初（1877 年）的銅和錫以外，鉛、鋅、鋁、鎳以及鋁合金等各種金屬相繼加入倫敦金屬交易所：鉛和鋅的交易開始於 1920 年；鋁的交易開始於 1978 年 12 月；鎳的交易開始於 1979 年 4 月；鋁合金交易開始於 1992 年 10 月。銀的交易在倫敦金屬交易所歷史上多次進出，曾在 1897-1914 年、1935-1939 年、1968-1989 年、1999-2002 年，四次進入交易所交易，後又四次被取消。2000 年 4 月 10 日，倫敦金屬交易所在銅、鋁、鎳、鉛、鋅、錫六種金屬交易的基礎上，創立了倫敦金屬交易所 LMEX 期貨成分股，此後 LMEX 成分股一直被視為世界有色金屬交易市場最主要的指標。

　　倫敦金屬交易所作為世界上最大的有色金屬交易所，控制著全球將近 90% 的有色金屬期貨交易，該交易所公布的價格和庫存，對全世界的有色金屬生產和銷售有著重要的影響。目前世界上全部銅生產量的 70%，是按照倫敦金屬交易所公布的正式牌

價為基準交易。

　　倫敦金屬交易所從成立以來，一直都是一個會員制的非盈利機構，它透過交易手續費獲得的收入，除扣除必要的開支外，大部分都透過折扣和交易費等形式返還會員。不過隨著世界上越來越多的交易所轉為營利性的上市公司，倫敦金屬交易所也開始考慮轉制和上市的相關事宜。

第 3 章
布列敦森林體系始末

　　布列敦森林體系的建立，在戰後相當長的一段時間，帶來了國際貿易空前發展和全球經濟越來越相互依存。但布列敦森林體系存在著無法克服的缺陷，其致命的一點是：它以一國貨幣（美元）作為主要準備資產，具有內在的不穩定性。因為只有靠美國的長期貿易逆差，才能使美元輸出到世界各地，使其他國家獲得美元供應。但這樣一來，美元的幣值必然下降。

布列敦森林會議

第二次世界大戰結束以後，雖然在全球政治格局上形成了以美國、蘇聯為首的兩極對抗，並從此拉開長達四十多年的冷戰序幕。但從經濟方面來講，蘇聯、英國、法國、中國，還有德國、義大利、日本等國的經濟被戰爭嚴重破壞；而美國本土沒有受到戰爭破壞，再加上戰爭對經濟的刺激作用，經濟實力非但沒有減弱，反而加強，從而造就了美國經濟一枝獨秀、一家獨大的世界經濟新秩序。

二戰以前，西方國家大都各自為政，按照自身的特點和要求，自動參與世界經濟的發展，缺少一個從全球管理和促進世界經濟發展的規則和制度，以及由這些規則和制度確立的世界經濟秩序，而戰後該建立這種規則和秩序了。

1944 年 7 月 1 日，美國新罕布夏州的布列敦森林小鎮，打破了往日的平靜，來自美、英、法、中、蘇等四十四個同盟國的政府代表和經濟專家，一同聚集到這裡的華盛頓山旅館（Mount Washington Hotel）。而此時第二次世界大戰還在歐洲和太平洋戰場如火如荼進行，不過人們都已經預料到同盟國的勝利，只是早晚的問題而已，否則這些代表和專家也不會有這樣的興致，來到美國的這個鄉間小鎮，一起為世界的未來發展未雨綢繆。

事實上，早在這次會議召開前的 1943 年，美國就已經在策劃取代英鎊，建立一個以美元為中心的國際貨幣制度的計畫。而針對美國人的企圖，英國人也早就有了應對方案。英鎊和美元的較量，終於從半遮半掩的幕後走向了台前。英國人和美國人

分別帶著「懷特計畫（The White Plan）」和「凱因斯計畫（The Keynes Plan）」來到華盛頓山旅館的會議室。由於這兩個計畫的制訂者都是從維護本國利益的角度出發，因而不可避免產生了衝突，布列敦森林會議成為美國和英國之間的一次徹底攤牌。

凱因斯計畫和懷特計畫

「凱因斯計畫」是由英國著名經濟學家約翰·梅納德·凱因斯（John Maynard Keynes）所提出，它的正式名稱是「國際清算同盟計畫」，內容包括：

第一，建立一個相當於世界銀行的「國際清算同盟」。

第二，各會員國中央銀行在「國家清算同盟」開立往來帳戶，各國官方對外債權債務透過該帳戶用轉帳清算。

第三，順差國將盈餘存入帳戶，逆差國可按規定的份額向「同盟」申請透支或提存。

第四，「同盟」帳戶的記帳單位為「班可」（Bancor），以黃金計值。會員國可以用黃金換取「班可」，但不能用「班可」換取黃金。

第五，各國貨幣以「班可」標價，未經「國際清算同盟」理事會批准，不得變更。

第六，會員國在「同盟」的份額，以戰前三年進出口貿易總額平均值的 75% 來計算。

第七，「國際清算同盟」設倫敦和紐約兩個總部，理事會會

議由英、美兩國輪流舉行。

凱因斯計畫是基於當時英國巨額貿易逆差和缺少黃金準備的困境而制定，它在主張各國之間進行多邊清算的同時，盡量貶低黃金的功用。這個計畫裡面，實際暗含著英國對美元霸權的擔心和希望與美國分享國際金融領導權的企圖。

「懷特計畫」是由美國財政部長助理哈利·德克斯特·懷特（Harry Dexter Wh）所提出，它的正式名稱是「聯合國平準基金和世界銀行計畫」，內容包括：

第一，以基金制為基礎。基金總額為 50 億美元，由會員國按規定的份額繳納。份額的多少根據會員國的黃金外匯準備、國際收支及國民生產總值等因素決定。

第二，基金貨幣與美元和黃金掛鉤。基金規定使用的貨幣單位為「尤尼塔」（Unita），每一「尤尼塔」等於 10 美元或含純金 137 格林（1 格林 =0.0649 克純金）。

第三，表決權取決於會員國繳納的份額。各會員國在基金組織裡的發言權與投票權，同其認繳的基金份額成正比。

第四，穩定貨幣匯率。會員國貨幣都要與「尤尼塔」保持固定比價，未經所有「基金」會員國 4/5 的投票權通過，會員國貨幣不得自行貶值。

第五，取消外匯管制、雙邊清算和多重匯率等歧視性措施。

第六，調節國際收支平衡。對會員國提供短期信貸支持，以解決國際收支逆差。

　　第七，「基金」的管理和辦事機構設在擁有最多份額的國家（實際上指的就是美國）。

　　懷特計畫的意圖，是由美國控制「聯合國平準基金」，透過「基金」使會員國的貨幣「釘住」美元。這個計畫還立足於取消外匯管制和各國對國際資本轉移的限制。

　　「凱因斯計畫」和「懷特計畫」的共同點在於：都主張建立世界銀行，保持匯率穩定，實行多邊清算以及會員國擁有控制國際資本流動的權利等；但是，他們在國際信貸額度、國際收支調節、匯率制度安排、黃金國際地位等方面存在巨大差異，這主要是由於英美兩國當時在世界經濟中的地位不同所決定。

　　由於「凱因斯計畫」和「懷特計畫」分別代表著英美兩國的利益，因此在布列敦森林會議上，英美兩國代表激烈交鋒。但任何爭論和談判的背後都是以實力做基礎，我們來看一組數據：

　　從 1940 年到 1944 年，美國工業生產的平均成長率保持 15% 以上，全球工業生產的一半以上在美國的領土上進行；全球各色商品的 1/3 產自美國；全球航運的一半也在美國人的掌控之下。1944 年，美國的國民生產總值占到世界總產值的 40% 以上，擁有的黃金準備高達 200 億美元，約占當時世界黃金總準備的 60%。此外，美國的國際收支中還保持著巨額的貿易順差。而當時的英國除了各項產值與產量指標遠低於美國外，還面臨黃金準備嚴重不足、以及國際收支存在巨額逆差等問題。

　　經過激烈爭論，會議最終的結果是：一個經過稍微改動的「懷特計畫」，被絕大多數國家的代表接受：

- 各國確立本國貨幣的官方匯率，必須以黃金或某種可與黃金自由兌換的貨幣為基準。由於美國政府承諾美元與黃金之間可以自由兌換，這一條實際上要求美元以外的其他貨幣與美元保持固定比價。

- 各國可以根據本國情況，按照短期 1% 和長期 10% 的幅度干預貨幣匯率，超過這個幅度，則必須得到所有成員國 80% 以上的投票通過才能實行。由於美國擁有 25% 的投票權，這一條實際上是說，所有成員國的匯率調整，都必須取得美國的同意。

- 各國對經常項目下的貨幣流動不設限制，但可以控制資本項目下的貨幣流動。

- 各國政府在國際收支不平衡時，可以用黃金、美元等準備資產以及國際貨幣基金組織的信用額度沖銷干預。

《布列敦森林協定》

1944 年 7 月 22 日，參加布列敦森林會議的各國代表，分別在長達九十六頁的《布列敦森林協定（Bretton Woods Agreements）》上簽字，但這還僅僅是個開始，因為這個協定必須在 1945 年底以前獲得超過 2/3 以上的參與國批准，才能正式生效。驕傲的英國人面對這一事實，表現出無比的失望和無可奈何。儘管如此，英國議會還是在 1945 年 12 月 31 日批准通過了這個協定。英國人心裡很明白，雖然從此以後不能主導世界經濟的遊戲規則，但英國必須留在遊戲中，而不能置身事外。

1946 年 1 月 1 日，《布列敦森林協定》，這個由美國人主導

的遊戲規則開始運轉，一個新的世界金融和經濟體系從此確立了。按照當時與會各國的設想，在《布列敦森林協定》的組織框架內，按照「貨幣—金融—貿易」三位一體的組織機構，分別成立國際貨幣基金組織、國際復興開發銀行（即世界銀行）和國際貿易組織。在各國的努力下，國際貨幣基金組織和世界銀行於 1945 年 12 月 27 日正式成立。由於種種原因，國際貿易組織直到 1995 年 1 月 1 日才正式成立。

在國際貨幣基金組織和世界銀行這兩個機構中，美國都堅持並被認可享有決定性裁決權。當時，歐洲的重建和發展需要大量資金，此時此刻世界上唯一的有錢人就是美國。要想接受美國的資金，就必須一併接受以美元為核心的主張。

雖然布列敦森林體系的確立成就了美國的霸權，但因為它有效中止了由於第二次世界大戰所引起的國際貨幣金融領域的混亂局面，維持了世界貨幣體系正常運轉，對世界經濟的恢復和發展以及擴大各國之間的經濟往來，發揮了很大的推動作用。國際貨幣基金組織和世界銀行的成立，對世界各國的經濟發展也發揮了重要的作用。國際貨幣基金組織提供的短期融資，及時地緩和了戰後許多國家的收支危機；世界銀行提供的長期貸款和投資，解決了會員國一些戰後恢復和發展經濟的資金需求。

國際貨幣基金組織

1944 年 7 月，在美國新罕布夏州布列敦森林召開了首次國際貨幣金融會議，二十九個與會國代表共同簽署了《國際貨幣

基金協定（Agreement of the international monetary fund）》。在取得各成員國政府的批准後，國際貨幣基金組織（IMF）於 1945 年 12 月 27 日正式成立，總部設在美國華盛頓。1947 年 3 月 1 日，IMF 開始辦理業務，同年 11 月 15 日成為聯合國的一個專門機構，但它在運行、結構、資金來源等方面都保持了相對的獨立性。

英國著名經濟學家約翰·凱因斯和美國財政部長助理的哈利·懷特是國際貨幣基金組織的重要奠基人。雖然兩人剛開始時對 IMF 的構想分歧嚴重，但最後一致認為，世界需要一個官方的國際機構來促進多邊合作，以替代國家間相互封閉的經濟政策，同時彌補私人市場的固有局限性。為此他們聲稱，設立 IMF 不僅是為避免再次出現 1930 年代的經濟大蕭條，同時還要防止世界重新陷入閉關自守和保守主義，推動戰後經濟成長。

國際貨幣基金組織的主要任務是，透過促進有序調整國際支付，來維持全球金融穩定，推動建立二戰後更新、更穩定的國際經濟和金融體系，避免二戰以前數十年世界金融體制的無序發展。其主要業務活動包括：向成員提供貨款、在貨幣問題上促進國際合作、研究國際貨幣制度改革的相關問題、研究擴大基金組織的作用、提供技術援助和加強同其他國際機構的聯繫。

國際貨幣基金組織的最高權力機構為理事會，由各成員國派正、副理事各一名組成，一般由各國的財政部長或中央銀行行長擔任。每年 9 月，國際貨幣基金組織與世界銀行共同舉行年會，各理事單獨行使本國投票權（各國投票權的大小由其所繳基金份額的多少決定）。執行董事會負責日常工作，行使理事會委託的

一切權力，執行董事每兩年選舉一次；總裁由執行董事會推選，負責基金組織的業務工作，任期五年，可連任，另外還有三名副總裁，而按照慣例，國際貨幣基金組織總裁由歐洲人擔任。

　　國際貨幣基金組織是個類似於合作社形式的金融機構，成員國加入時需存入一筆認繳攤額（quota subscriptions），多寡由其經濟地位決定，參照因素包括成員國的國內生產總值、經常帳戶交易和官方準備規模等。認繳份額的大小還決定著成員國可向 IMF 借款的限額及投票權。IMF 用各成員國繳納本金組成基金庫，向陷入金融困境的成員國提供國際收支融資，幫助會員國暫渡難關，並實施經濟調整和改革。

　　隨著世界經濟和金融機制的發展，IMF 的構成和功能也發生了巨大變化。首先是成員數量大幅增加，從最初的二十九個，發展到 2010 年的一百八十六個；其次，是運行模式由開始的發放常規性的貸款，轉變成援助成員國應對國際貨幣和金融危機，其防範和解決危機的機能因此也大幅加強；第三是基金組織在全球經濟治理方面的責任明顯增強，借款成員國參與決策的廣度和深度顯著擴大。

IMF 基金份額及投票權改革

　　國際貨幣基金組織自成立以來，世界各國對它的批評聲音從來沒有中斷過。先是冷戰時期的兩大陣營對立，導致前蘇聯等國雖就創立國際貨幣基金組織達成一致，但最終卻拒絕加入或加入後又退出。冷戰後期更為廣泛的批評是：IMF 偏袒與西方關係良好的資本主義軍事獨裁者，不重視民主、人權和勞工權利等。經

濟學界長期以來的不同意見是：國際貨幣基金組織的資金援助，一般都要求受援國實施相應的經濟改革，從而影響了相關國家的社會穩定，效果往往適得其反。例如，阿根廷曾因採取了國際貨幣基金組織的經濟政策改革建議，一度被推崇為國際貨幣基金組織的典範國家；然而，2001 年阿根廷的災難性金融危機，讓國際貨幣基金組織大受指責。

不少人認為：IMF 倡議的緊縮財政預算和重要資源開發項目私有化，削弱了政府維持基礎建設、社會福利以及教育服務等方面的能力；而國際貨幣基金組織成立的首要目的，正是穩定世界經濟。2008 年全球金融危機的爆發，更將 IMF 推上了拯救危機的風口浪尖。然而，職責與權能間內生的矛盾，成為阻礙 IMF 拯救金融危機的最大障礙。因此，要求從根本上改革國際貨幣基金組織的呼聲越來越高。

2008 年 4 月 29 日，國際貨幣基金組織理事會投票，批准了關於份額和投票權改革的方案，這一方案將適當增加開發中國家在該組織中的代表性和發言權。

2009 年 4 月 1 日，為共同應對全球金融危機，二十國集團在倫敦舉行金融高峰會，與會各國首腦普遍認為，應加強中國、俄羅斯等開發中的新興經濟大國，在國際貨幣基金組織中的地位和發言權，從而在全球經濟事務中發揮更大的作用。二十國集團首腦同意將國際貨幣基金組織的資金規模從 2,500 億美元提高到 7,500 億美元。

2009 年 8 月 28 日，IMF 理事會批准相當於 2,500 億美元的新增特別提款權，正式向各成員國分配，從而使基金組織成員國

分配總額從約 330 億美元，增加到約 2,830 億美元，並按各成員國原來的比例分配。

2010 年 11 月 5 日，國際貨幣基金組織執行董事會，通過了份額改革方案。根據該方案，已開發國家份額整體將降至 57.7%，開發中國家升至 42.3%，已開發國家向新興市場和開發中國家整體轉移 2.8 個百分點的份額。至此，各成員國在 IMF 的份額排名前十位的分別是：美國（17.41%）、日本（6.46%）、中國（6.39%）、德國（5.57%）、英國（4.23%）、法國（4.23%）、義大利（3.16%）、印度（2.75%）、俄羅斯（2.71%）、巴西（2.32%）。根據此次份額改革方案，各成員國的份額將從原來的 2,384 億特別提款權，增加一倍至 4,768 億特別提款權（按 2010 年的匯率約合 7,557 億美元）。IMF 總幹事卡恩（Dominique Strauss-Kahn），在隨後的新聞發布會上表示：「這意味著，目前基金組織最大的十個股東，真正代表了全球最強大的十個國家，它們是美國、日本、四個主要歐洲國家，以及金磚四國，這些國家目前的排名確實是它們在全球經濟中的排名」。

需要指出的是，IMF 各成員國投票權和份額，是兩個緊密相關、但又不完全相同的概念。各會員國擁有的份額，決定其可以從基金組織借款或提款的額度、投票權的多少，以及可以分得的特別提款權的多少。就投票權而言，每個成員國都有兩百五十張基本票，此外的投票數則按認繳份額的多少分配，每 10 萬特別提款權的份額增加一票，份額越大，增加的投票權就越多，表決權就越大，可得到的貸款也越多。因此，基金份額的決定對會員國來說至關重要。

根據 IMF 的規定，基金份額由理事會決定，每五年普查一次，並根據情況調整。

世界銀行

1944 年 7 月，在美國布列敦森林舉行的聯合國貨幣金融會議，通過了《國際復興開發銀行協定（Articles of agreement of the international bank for reconstruction and development）》。1945 年 12 月 27 日，二十八個國家政府代表簽署了這一協定，並宣布國際復興開發銀行正式成立。1946 年 6 月 25 日，國際復興開發銀行開始營業，1947 年 11 月 5 日起成為聯合國專門機構之一。其總部設在美國華盛頓，並在巴黎、紐約、倫敦、東京、日內瓦等地設立了辦事處。

最初的世界銀行，指的就是國際復興開發銀行。

世界銀行成立初期的宗旨，是致力於重建戰後歐洲和日本。1947 年 5 月 9 日，世界銀行批准了它成立後的第一批貸款——向法國貸款 2.5 億美元，是世界銀行所提供最高的貸款之一。1948 年後，世界銀行逐漸轉向提供世界性的經濟援助，透過向生產性項目提供貸款和引導改革，幫助未開發成員國實現經濟發展。

隨著世界銀行在世界經濟發展中的影響力越來越大，規模也不斷擴大，除了國際復興開發銀行外，國際金融公司（1956年）、國際開發協會（1960 年）、國際投資爭端解決中心（1966年）、多邊投資擔保機構（1988 年）等機構先後成立，它們一起

構成了世界銀行集團。其中，國際復興開發銀行和國際開發協會，是世界銀行集團的核心機構。一般來說，現在所說的世界銀行指的就是國際復興開發銀行和國際開發協會。國際復興開發銀行和國際開發協會在全球減少貧困及提高生活水準方面，分別發揮著不同的支持作用。國際復興開發銀行側重於幫助中等收入國家和信譽良好的貧困國家，而國際開發協會則側重幫助世界上最貧困的國家。

由於世界銀行的信用非常高，它可以以非常低的利率籌集資金和發放貸款。世界銀行的資金主要來源於：各成員國繳納的股本金；向國際金融市場借款；發行債券和收取貸款利息。

大多數開發中國家的利率水準，都高於世行貸款利率很多，即使世界銀行向受貸人提取約 1% 的管理費，世行的貸款對這些國家來說仍然具有很強的吸引力。世界銀行的貸款年利率一般在 6.3% 左右，期限為十五～二十年不等，並可申請五年的寬限期；國際開發協會的基金則直接來自於成員國的貢獻，該協會向最窮的國家（人均年收入少於五百美元）提供「軟」貸款，貸款期限一般為三十年，不收利息。

技術上來說，世界銀行集團是聯合國的一部分，但它的管理結構與聯合國相差很大，每個世界銀行集團機構的擁有權在於各成員國政府，這些成員國的表決權根據其所占股份的比例而定。每個成員國的表決權分兩個部分：第一個部分所有成員國都相同；第二個部分按每個成員國繳納的會費多少而確定。因此，雖然世界銀行的大多數成員國是開發中國家，但它一直被已開發國家控制。由於世界銀行的股份比例並非一成不變，因此它的表決權也

會發生變動。

2010 年 4 月 25 日，世界銀行發展委員會通過了一項世行投票權改革方案，已開發國家共向開發中國家轉移了 3.13 個百分點的投票權，使開發中國家整體投票權從 44.06% 提高到 47.19%。而由於世界銀行任何重要的決議，都必須由 85% 以上的表決權通過才能生效，因此美國可以獨自否決任何提議。

加入世界銀行有三個限制條件：第一，只有參加國際貨幣基金組織的國家，才允許申請成為世界銀行的成員；第二，只有成員國才能申請貸款，私人生產性企業申請貸款，要由政府擔保；第三，成員國申請貸款一定要有工程計畫，貸款要專款專用。世界銀行每隔兩年會對其貸款進行一次大檢查。

世界銀行的主要機構是世行成員國理事會，它是世界銀行的最終決策者，由成員國的財政部長、中央銀行行長或級別相當的官員擔任理事，每年秋天與國際貨幣基金組織聯合召開年會。由於理事會每年只召開一次會議，因此理事會授權常駐世行的執行董事會從事具體工作。執行董事會由二十一名執行董事組成，其中五名由擁有股份最多的美、日、德、英、法委派，另外十六名由其他成員國按地區選出。按照常規，世界銀行的行長一般由美國總統提名，並由美國人擔任。世界銀行的行長同時也是國際開發協會、國際金融公司、國際投資爭端解決中心、多邊投資擔保機構的主席（或總裁）。

需要指出的是，世界銀行和傳統意義上的銀行有很大區別，它不是以盈利為目的經濟組織（不同於一般的商業銀行）。在某種程度上，它更像一個多邊合作機構，在全球為消除貧困和提高

生活品質，進行各種合作和提供經濟援助。

美元的黃金年代

　　美國政府在布列敦森林會議上承諾：「美元和黃金一樣可靠，各國政府隨時都可以按照每盎司 35 美元的價格，用美元向美國中央銀行兌換黃金。」當然美國的承諾，是以其強大的經濟實力和充足的黃金準備作保證。這樣一來，美元對世界各國的吸引力不言而喻。

　　因為黃金存放在金庫裡，除了能沾滿灰塵外再無其他好處，而擁有的美元存款則可以獲得相應的利息。因此世界各國都願意接受美元，並將美元用於國際收支的結算工具。於是，美元便成了唯一、也最可靠的國際貨幣，美元的黃金年代開始了。

　　隨著美元作為國際貨幣地位的確立，美國人獲得的第一個特權是：如果美國的國際收支出現赤字，它只要啟動印鈔機，多印一些鈔票就可以了。而對於其他國家則不是這樣，它們一旦發生國際貿易赤字，就必須採取措施減少進口，並刺激出口。由於匯率相對固定，為了增強本國產品的價格競爭力，它們不能採取貨幣貶值的方法，而只能壓縮成本或降低利潤來實現目標。

　　布列敦森林會議上確定的每盎司 35 美元的黃金價格，其實是美國 1934 年的黃金價格水準。由於黃金產量的成長遠遠趕不上世界經濟的成長速度，每盎司 35 美元的黃金定價，使黃金的價格被明顯低估；而隨著二戰以後美國大量發行美元，造成通貨膨脹和實際購買力下降，又使美元的價值被嚴重高估。

　　按照一般的貨幣價值理論，某國貨幣的高估，會造成該國商品在國際市場上競爭力降低，從而對該國出口不利。但是，這種不利完全被戰後世界各國對美國商品的巨大需求抵消，由於除美國外的西方各國，工業生產在戰爭中受到重創，生產能力嚴重不足，急需從美國進口大量物資以恢復經濟和發展生產，即使美國商品價格再高，他們也得購買，這無疑為美國企業帶來了巨大的利潤。

　　美元的高估並沒有為美國商品出口和經濟發展帶來負面影響，正好相反，美國透過被高估的美元，從其他國家獲得了各種價廉物美的工業原料、戰略資源以及金融資產。正是在這個時期內，美國用被高估的美元，從全世界換取了大量被嚴重低估的黃金。到 1949 年，美國用於準備的黃金達到了 246 億美元，占世界黃金總準備的 70% 以上。

　　1945 年一直到 1960 年代初，美國人簡直太幸福了：坐擁世界第一經濟強國的頭銜、占世界總量 50% 左右的工業生產和國際貿易，以及巨大的貿易順差。1949 年，美國國際貿易進出口達到 250 億美元，其中進口 90 億美元，出口 160 億美元，順差高達 70 億美元；而且，美國人還發現，即使他們什麼都不用做，只要多印一些美元，就可以向其他國家買到他們想要的東西，而這一切都要歸功於布列敦森林體系的確立，這個體系是美國稱霸全世界的開始。

　　美國強大的經濟實力，是布列敦森林體系誕生的前提；反過來，布列敦森林體系又強化了美國的全球經濟霸主地位。這一時期對美國人來說，世界簡直太完美了。

1960 年代的兩次美元危機

從美元短缺到美元過剩

　　二戰結束以後，在美國經濟強而有力的支撐下，布列敦森林體系對當時世界經濟的發展發揮了十分重要的促進作用。美國人民也因此迎來了最輝煌幸福的年代。由於美國一直保持對其他國家的巨額貿易順差和充足的黃金準備，使世界各國都對美元的國際貨幣地位充滿信心。

　　與此同時，遭受戰爭重創的世界其他國家紛紛重建經濟，各國恢復和發展經濟需要從美國大量購買物資和設備，而這些商品都是用美元支付。這樣一來，美元的供應一下子變得緊張。而且那些即使不從美國進口商品的國家，也願意將黃金換成美元，透過購買美國國債而獲得利息收入，這就進一步加劇了美元供應的緊張。

　　為了滿足世界各國對美元的需求，美國政府每年透過對外投資、貸款和援助等各種形式，向國際貨幣市場投放很多美元。美國實際上成了全世界的中央銀行，控制著國際貨幣的發行權。

　　但隨著世界各國經濟的逐漸恢復，歐洲國家和日本開始向美國大量輸出產品，美國的國際貿易狀況逐漸改變，貿易順差越來越小。1956 年到 1958 年，美國對歐洲的貿易順差從 23 億美元減少到了 13 億美元，對少數其他國家的貿易則出現了逆差，而且這種趨勢一發不可收拾。隨著美國國際貿易順差逐年減少，加

上美國在海外頻繁戰爭，美國的國際收支狀況開始惡化，美元開始大量外流。1958 年以後，全世界的「美元短缺」變成了「美元過剩」。由於美元的發行並沒有相應的黃金作為發行準備（美元的發行機制在本書的第一章已作過介紹），人們開始懷疑美元的真實價值。

第一次美元危機

出於對美元幣值的擔心，人們自然會想到，既然美元不再那麼可靠，那麼還是把美元換成黃金吧，這樣比較妥當。由於美國在布列敦森林會議上保證，美元隨時都可以兌換成黃金，美國中央銀行自然不能拒絕人們把美元兌換成黃金的要求。可是由於世界黃金的產量成長十分有限，因而美國乃至全世界的黃金準備並沒有增加多少。面對人們這種不斷增加的以美元兌換黃金的要求，使美國背上了沉重的包袱，曾經讓美國無限風光的美元與黃金掛鉤機制，一下子變成了美國的枷鎖。

由於當初在美國的堅持下，布列敦森林體系把黃金與美元的比價定為 1：35，存在著黃金被低估和美元被高估的情況。美國這樣做的目的是故意壓低黃金的貨幣作用，強化美元的貨幣地位。一旦人們發現美元不如黃金可靠時，這種人為壓低黃金高估美元的做法，會進一步刺激人們對黃金的需求，從而大量拋出美元買進黃金。

類似的情況，並不是美國最先遇到。第一次世界大戰後，英國為了捍衛英鎊在世界金融領域的霸主地位，曾於 1925 年恢復了英鎊與黃金掛鉤的金本位制，而且人為地低估黃金高估英鎊，

其結果是嚴重打擊了英國的出口貿易，使英國經濟發展受到了嚴重影響，最後不得不在 1931 年被迫再次取消金本位制。

美元也逃脫不了與英鎊同樣的厄運，只不過由於美國強大的經濟實力，使美元的國際貨幣地位比 1920 年代的英鎊要超出很多，所以延後了這一天的到來，但終歸還是會降臨。

1950 年代後期，美國經濟發展開始走軟，工業生產和商品出口都開始下降，黃金準備也由高峰時的 400 億美元下降到 200 億美元。1957 年 10 月，美國政府官員格里納曾指出，「在現有法定準備需要保持不變的情況下，如果將在國外流動的美元全部兌換成黃金，那麼美國的黃金準備將是不夠的」。1960 年 4 月，哥倫比亞大學教授加德納也在一篇文章中說，「美國如此大規模而且不斷發展的貿易赤字，最終可能使外國人對美元的信心徹底喪失，並因此觸發大量的美元兌換黃金」。後來發生的事情，證明了這種擔心完全有道理。

隨著 1950 年代末期美國的國際貿易逆差不斷擴大，以及在此之前，美國為緩解美元短缺而向全世界投放的大量美元，使全世界的美元過剩，而這種美元過剩導致人們對美元通貨膨脹的擔心，在各種因素的推波助瀾下，人們對美元的信心動搖了，世界各國的經濟界人士紛紛預測美元將貶值。於是，在紐約和倫敦等世界金融市場上，人們開始拋出美元，購入黃金。到 1960 年 10 月的時候，倫敦黃金市場價格猛漲到了每盎司 41.5 美元，大大超過美國規定的每盎司 35 美元的官方價格，從而引起了第一次美元危機。很顯然這種情況必須制止，否則會引起世界金融市場的混亂，影響世界經濟的發展。

為了穩定局面，重塑市場對美元的信心，美國、英國、法國、德國、義大利、比利時、荷蘭、瑞士等八國，聯手在倫敦黃金市場上賣出黃金、買進美元，以達到平抑黃金價格的目的。

有了這次應對美元危機，干預黃金價格的經驗後，1961 年 11 月，上述八國代表在倫敦召開會議，決定成立「倫敦黃金池（Gold Pool）」，希望透過這個由八國共同出資建立的金庫，保持國際黃金價格穩定。

第二次美元危機

第一次美元危機雖然被平息了，但這種靠拋售黃金買進美元的方式治標不治本，並沒有解決問題的根源。實際上問題的根源就在於布列敦森林體系天生的缺陷：美元作為國際貨幣，是以美國經濟狀況的穩定和世界各國對美元的信心為基礎，美元的發行並沒有充足的黃金保證。過慣了幸福生活的美國人，很難讓他們自動調整已經惡化的國際收支狀況，而且這種惡化由於美國對越南的戰爭進一步加大，人們不可避免再一次對美元失去信心。

1968 年 3 月，倫敦黃金市場再次出現拋售美元搶購黃金的狂潮。由於第一次美元危機留給人們的記憶還很清晰，第二次美元危機造成的黃金搶購更瘋狂了。有了上次應對危機的經驗，美國政府這次決定拿出國庫裡的全部黃金，和其他「黃金池」成員，一起在倫敦黃金市場上瘋狂賣出。美國這樣做的目的除了想平抑金價外，還想透過短期內大量拋售，引起黃金市場的恐慌，使黃金持有者跟風，從而出現更大規模的黃金拋售，迫使金價大幅下跌；等到金價觸底後，再逐漸買回黃金，希望藉此賺點差

價。但美國的如意算盤並沒有實現，美國以及其他國家大量拋售黃金的行為，根本沒有使金價下跌，它們賣出的黃金全部被市場吸收了。美國在失去 9300 噸黃金後，不得不放棄這次計畫。3月 17 日，「倫敦黃金池」也不得不宣布終止。

美國對第二次美元危機干預的失敗，使倫敦的金價一直保持堅挺。世界各國的人，也包括美國人，紛紛用美元向美國中央銀行兌換黃金，造成美國的黃金準備進一步減少。在巨大的兌換壓力下，美國政府不得不宣布，停止按每盎司 35 美元的價格在黃金自由市場上供應黃金，但各國政府可以按照這個價格向美國兌換黃金。這就是人們所說的「黃金雙價制」。這無疑與美國人在布列敦森林會議上的承諾相違背，美國人打了自己一記不大不小的耳光。與此同時，美國還同英、法、德等國家，私下達成了一個非正式約定，即各國政府要克制自己兌換黃金的衝動，原則上不再向美國要求以美元兌換黃金，以減輕美國的壓力。

布列敦森林體系的終結

美元與黃金脫鉤

1960 年代的兩次美元危機，使人們對美元徹底喪失了信心，布列敦森林體系開始面臨崩潰的危險。隨著美國外貿形勢的進一步惡化，大量的美元流向歐洲及其他海外市場。到了 1971年，歐洲各國擁有的美元數量達到了 680 億，而此時美國中央銀行的黃金準備才 100 多億美元，如果歐洲國家向美國要求把

手中的美元兌換成黃金，美國政府將要面臨破產，而這還不包括日本等其他國家在內。

1971 年，美國出現自 1893 年來第一次巨額貿易逆差，其國際貿易逆差高達 240 億美元，而黃金準備下降到 102 億美元。在此背景下，人們又一次瘋狂拋售美元買進黃金。儘管美國在此之前一直用「黃金雙價制」來捍衛美元，但是這一次好像行不通了。因為面對黃金價格的瘋長和美元價值的降低，歐洲各國與美國採取統一行動的欲望開始減退了，它們要求把美元兌換成黃金的想法越來越強烈。美國政府終於認識到，靠圍堵的方式已經不能解決問題，美元兌換黃金的洪流，很快就要沖垮美國主導的世界金融大廈，必須為美元和黃金尋找出路，才能從根本上解決這一難題，避免因此對世界金融市場和美國經濟安全的毀滅性打擊。

1971 年 8 月 15 日，尼克森總統發表電視談話，宣布實施新的經濟政策，主要內容包括：

第一，停止向外國政府按照每盎司 35 美元的價格兌換黃金，防止黃金繼續外流；

第二，對所有進口商品臨時徵收 10% 的進口附加稅，以改善美國的國際收支狀況。

美國公布的新經濟政策，使布列敦森林會議確立的「美元與黃金可以自由兌換」、「各國都應堅持自由貿易」等原則被徹底破壞，此舉讓美國人顏面掃地，但與經濟利益相比，面子又算什麼呢？美國人在過去二十多年裡，依靠布列敦森林體系已經賺到了夠多好處，現在它危害到了美國的經濟利益，該是過河拆橋的時

候了。歐洲國家對美國在未經協商通氣的情況下，單方面採取的新經濟政策十分不滿。

到 1970 年代初的時候，歐洲國家和日本的經濟已經發展起來，與二戰結束的時候相比，這些國家再也不願意對美國言聽計從，美國一言九鼎的時代已經不復存在，此時的美國當然不可能像二戰結束的時候一樣立場強硬。而隨著美國國際收支狀況進一步惡化（1971 年第三季度的收支逆差高達 93 億美元），美國被迫與其他國家進行經濟談判。談判過程十分艱苦，談判時間長達四個多月，當時美國的談判代表財政部長康納利（John Bowden Connally）威脅說：「美元是我們的貨幣，但卻是你們的問題。」

1971 年 12 月 17 日，美國同歐洲國家和日本終於在華盛頓的史密森博物館內，簽訂了被尼克森總統稱為「歷史上最重要的貨幣協定」的《史密森協定（Smithsonian Agreement）》。其主要內容是：其他貨幣對美元升值，其中日元升值 16.9%，德國馬克升值 13.6%，英鎊和法國法郎升值 8.6%，義大利里拉升值 7.48%。美元中止了兌換黃金的義務，除了加幣外的其他主要貨幣依然盯住美元，實行固定匯率。美國方面作出的妥協是，金價從每盎司 35 美元調到 38 美元，同時還取消了 10% 的進口附加稅。

從談判的結果來看，好像各國都全部、或部分實現了自己的目的。但一個重要的事實是：美元與黃金的脫鉤，使布列敦森林體系的第一個支柱坍塌了。美元從此擺脫了黃金的約束，這為後來美元泛濫所導致的全世界通貨膨脹，埋下了禍根。

固定匯率的終結

1971 年 12 月 17 日簽訂的《史密森協定》，讓美國結束了美元兌換黃金的義務，實際上是為美元鬆綁的第一步。如果能夠擺脫布列敦森林體系另外一個限制──固定匯率，那麼美元就會像脫韁野馬一樣，在全球任意馳騁。

隨著美元在全球泛濫，一股由民間力量主導的國際短期資本，也就是國際熱錢（Hot Money），從 1960 年代起就在全球的金融市場上興風作浪。據估計，1971 年，國際熱錢的數量高達 2,680 億美元，這些資本為追求短期收益而四處流動，獵殺的對象不僅包括黃金，也包括英鎊、馬克、日元等主要貨幣。國際熱錢不僅數目龐大而且嗅覺靈敏，國際市場上只要有一絲風吹草動，它們就會蜂擁而至，從而使國際貨幣市場常常處於動盪不安的混亂狀態。到 1973 年 2 月，只有馬克、日元和荷蘭盾還能維持與美元的固定匯率，其他的貨幣則因受到了國際熱錢的「狙擊」，而出現了不同程度的浮動。

國際熱錢在「狙擊」其他貨幣的同時，卻幫了美元的大忙，為美元擺脫最後的束縛──固定匯率，創造了條件。

1972 年 5 月，舒茲（George Pratt Shult）接替康納利出任美國財政部長。舒茲是個傑出的經濟學家，曾擔任芝加哥大學商學院院長，與後來的諾貝爾經濟學獎得主米爾頓·傅利曼（Milton Friedman）師出同門，都屬於信奉自由市場主義的芝加哥學派。他認為，沒有政府干預的競爭市場能使經濟最有效運行，在貨幣領域也是同樣如此。舒茲在此前擔任美國行政管理和預算局局長

時，就曾主張實行浮動匯率，而不僅僅是中止美元與黃金的自由兌換。

舒茲剛上任不久，就指示沃爾克（Paula Volcker）制定國際貨幣改革方案。1972 年 7 月，沃爾克主持完成了這項計畫，其主要內容就是：擴大匯率的波動幅度，允許貨幣在特殊情況下浮動。同年秋天，舒茲就在國際貨幣基金組織的年會上展示了沃爾克計畫，但是其他國家由於對美國前任財政部長康納利咄咄逼人的強硬氣勢，和美國在《史密森協定》簽訂前的單邊主義做法心有餘悸。他們本能的反應就是：這一定又是美國人出的鬼主意。所以沃爾克計畫一提出，就遭到強烈的反對。

1973 年初，由於國際熱錢的投機套利行為，美元市場又出現了劇烈波動，其他國家都覺得美國似乎只能屈服於市場的壓力了。但沃爾克卻不這麼認為，他覺得這是一次改變固定匯率的好機會。沃爾克提出的建議是「美元對黃金貶值 10%，日元對美元升值 10%」。尼克森和舒茲採納了沃爾克的建議，並讓沃爾克出訪日本和歐洲談判。

沃爾克首先抵達日本東京，在他軟硬兼施的手段之下，日本人只好同意美元貶值，但堅持由市場決定日元匯率。接著沃爾克又飛往歐洲，歐洲人和日本一樣選擇妥協。很快，舒茲就宣布美元貶值 10%，每盎司黃金等於 42.22 美元。著名財經雜誌《經濟學人（The Economist）》曾經對此發表評論說：「尼克森又做了一件令人難以置信的事情。」

美元第二次貶值，再次引發了市場上大量拋售美元、購進黃金，在很短的時間內，市場的金價就達到每盎司 90 美元的

水準，是官價的兩倍多。面對如此瘋狂的市場狂潮，1973 年 3 月，歐洲和日本不得不將外匯市場關閉了十七天。隨後，美、英、法、德、日等十國集團，一致同意實行浮動匯率。從此，歐洲和日本等主要已開發國家，再也沒有實行盯住美元的固定匯率。

至此，布列敦森林體系下的兩大支柱（美元與黃金的自由兌換制，度以及美元與其他貨幣的固定匯率制度）全部坍塌，布列敦森林體系在走完二十七年的歷程後徹底瓦解了。

布列敦森林體系雖然結束了，但是由此建立的美元國際貨幣地位，卻仍然在繼續。此時的美元由於擺脫了黃金的約束和固定匯率的羈絆，變得更加具有掠奪性和侵略性。美國人不用發動戰爭，只需要多印刷一些美元，就可以兵不血刃洗劫全世界的財富。

牙買加協定

牙買加會議

布列敦森林貨幣體系崩潰以後，各國普遍實行了浮動匯率。匯率的變動由外匯市場的供需情況自行決定漲落，進而加劇了國際金融市場的動盪。許多國家為避免美元匯率變動對美元外匯準備的影響，開始實行準備貨幣多元化，將美元外匯準備分別兌換成西德馬克、英鎊和日元等貨幣，以便各種準備貨幣匯率漲落可

以互相抵消，從而達到保持外匯準備的購買力，穩定外匯準備價值的目的。

　　以美元為中心的國際貨幣制度解體以後，美元雖然失去了作為國際貨幣制度中唯我獨尊的地位，但這並不意味著美元的影響和作用馬上消失。由於美國的世界第一經濟大國的地位在未來幾十年內不會改變，美元注定將繼續發揮影響力，西歐和日本等國的經濟實力雖然增強，但還不具備取代美元地位的力量，同時美國也不甘心讓美元的霸權地位就此消失，必然要採取各種措施，繼續保持美元在國際金融領域的地位，加劇了主要西方國家在國際貨幣領域激烈爭奪，使國際貨幣金融關係更加複雜化。

　　1974 年 6 月，由十一個已開發國家和九個開發中國家組成的「國際貨幣制度臨時委員會」，向國際貨幣基金組織遞交了一份「國際貨幣體系改革草案」，對黃金、匯率、準備資產、國際收支的調節等問題提出了一些原則性的建議。

　　1976 年 1 月，國際貨幣基金組織理事會在牙買加首都京士頓舉行會議，在激烈爭吵後，與會各國就有關國際貨幣制度改革問題初步達成一致意見，並建議修改《國際貨幣基金協定》相關條款。1976 年 4 月，國際貨幣基金組織理事會通過了《國際貨幣基金協定》的修改方案，隨即開始送交各成員國完成立法批准手續。

　　1978 年 4 月 1 日，修改後的《國際貨幣基金協定》正式生效。由於這個協定是 1976 年 1 月牙買加會議的產物，所以通常又稱為《牙買加協定（Jamaica Accords）》。隨著 1944 年的《布列敦森林協定》被 1976 年的《牙買加協定》代替，國際貨幣體

系也正式由「布列敦森林體系」過渡到「牙買加體系」。

過渡性的國際貨幣體系

《牙買加協定》的內容主要包括以下五個方面：

第一，增加成員國的基金份額。國際貨幣基金組織成員國的基金份額，從原來的 292 億特別提款權，增加到 390 億特別提款權，即增加 33.6%。各成員國基金份額的比重有升有降：石油輸出國的比重由 5% 提高到 10%，西德和日本也有所增加，美、英、法等其他西方工業國家都有所下降。

第二，承認浮動匯率合法化。1973 年美元危機以後，西方國家普遍實行浮動匯率制度，並成為無法改變的既定事實。由於缺乏恢復固定匯率制度的必要條件，國際貨幣基金組織只好使之合法化，成員國可以自行選擇實行固定匯率制度和浮動匯率制度。

第三，廢除黃金在國際貨幣體系中的地位和作用。新條款取消了原協定中所有的黃金條款，割斷了黃金與貨幣的聯繫，黃金不再作為各國貨幣定值的標準。廢除黃金官價，成員國之間可以在自由市場上買賣黃金。

第四，規定特別提款權作為主要國際準備資產。新協定規定，特別提款權可以作為各國貨幣定值的標準，可以供參加這種帳戶的國家用來清償對國際貨幣基金組織的債務，也可以用特別提款權借貸。

第五，擴大對開發中國家的資金融通。用按市場價格出售

1/6 的黃金所獲得的收益，設立一筆信託基金，向開發中國家以優惠條件提供援助，幫助其解決國際收支問題；擴大基金信用貸款的額度，由占成員國份額的 100% 增加到 145%；增加基金「出口波動補償貸款」的數量，由占成員國份額的 50% 提高到 75%。

從嚴格意義上來說，《牙買加協定》並沒有根本性改革國際貨幣制度，它只是一個改革的起點。如果說在布列敦森林體系下，國際金融危機是偶然、局部的，那麼在牙買加體系下，國際金融危機就成為經常、全面，且影響深遠的。

1973 年浮動匯率普遍實行後，西方外匯市場貨幣匯價的波動、金價的起伏經常發生，小危機接連不斷，大危機也時有發生。1978 年 10 月，美元對其他主要西方貨幣匯價跌至歷史最低點，引起整個西方貨幣金融市場的動盪。這就是著名的 1977 年～ 1978 年西方貨幣危機。

由於金本位與金匯兌本位制的瓦解，信用貨幣無論在種類上、金額上都大大增加。1980 年代後，西方各國的信用貨幣普遍占到廣義貨幣流通量的 90% 以上，各種形式的支票、支付憑證、信用卡等種類繁多。貨幣供應量的成長速度大大超過了國民經濟的增速，從而導致通貨膨脹逐年加劇，而國民經濟的發展對信用貨幣的依賴卻越來越深。

總之，現行的「牙買加體系」被人們普遍認為是一種過渡性的不健全國際貨幣體系，還需要徹底改革。

特別提款權

特別提款權（Special Drawing Right，簡寫為 SDR）是國際貨幣基金組織創設的一種準備資產和記帳單位，亦稱「紙黃金」，它是基金組織分配給會員國的一種使用資金的權利。會員國在發生國際收支逆差時，可用它向基金組織指定的其他會員國換取外匯，以償付國際收支逆差或償還基金組織的貸款，還可與黃金、自由兌換貨幣一樣充當國際準備。但由於它只是一種記帳單位，不是真正貨幣，使用時必須先換成其他貨幣，不能直接用於貿易或非貿易的支付。因為它是國際貨幣基金組織原有的普通提款權以外的一種補充，所以稱為特別提款權（SDR）。特別提款權不是一種有形的貨幣，它看不見、摸不到，只是一種帳面資產。

1960 年代的兩次美元危機，暴露出以美元為中心的布列敦森林貨幣體系的重大缺陷。人們認識到，以一國貨幣為支柱的國際貨幣體系，不可能保持長期穩定。從 1960 年代中期起，改革現行國際貨幣體系的呼聲漸漸被重視。1968 年 3 月，美國、英國、西德、義大利、比利時等西方十國（法國不在其中）提出了建立特別提款權的改革方案。1969 年 9 月，國際貨幣基金組織年會正式批准了這一方案，特別提款權由此誕生。

特別提款權創立初期，它的價值由含金量決定，當時規定：35 特別提款權單位等於 1 盎司黃金，即與美元等值。1971 年12 月 18 日，美元第一次貶值，而特別提款權的含金量未動，因此 1 特別提款權上升為 1.08571 美元。1973 年 2 月 12 日美元

第二次貶值，特別提款權含金量仍未變化，1 特別提款權再上升為 1.20635 美元。

1973 年，西方主要國家的貨幣紛紛與美元脫鉤。實行浮動匯率以後，匯價不斷發生變化，而特別提款權同美元的比價仍固定在每單位等於 1.20635 美元的水準上。特別提款權對其他貨幣的比價，都是按美元對其他貨幣的匯率來套算，完全失去了獨立性，引起許多國家不滿。

1974 年 7 月，國際貨幣基金組織正式宣布：特別提款權與黃金脫鉤，改用「一籃子」十六種貨幣（currency basket）作為定值標準，這十六種貨幣包括：在 1968 至 1972 年間出口額超過世界總出口額 1% 的十六個國家所發行的貨幣，即美元、日元、英鎊、西德馬克、法國法郎、加幣、義大利里拉、荷蘭盾、比利時法郎、瑞典克朗、澳元、挪威克朗、丹麥克朗、西班牙比塞塔、南非蘭特以及奧地利先令。國際貨幣基金組織每天依照外匯行情變化，公布特別提款權的牌價。1976 年 7 月，國際貨幣基金組織調整了「一籃子」中的貨幣，扣掉丹麥克朗和南非蘭特，代之以沙烏地里亞爾和伊朗里亞爾，也調整了「一籃子」中的貨幣所占比重也。

1980 年 9 月 18 日，國際貨幣基金組織又將「一籃子」貨幣簡化為美元、西德馬克、日元、法國法郎和英鎊等五種貨幣，它們在特別提款權中所占比重分別為 42%、19%、13%、13%、13%。1986 年 1 月 1 日，國際貨幣基金組織宣布，特別提款權的組成和「加權」比重每五年調整一次，以便加入過去五年可取得充分數據的貨物和勞務出口量最大的五個國際貨幣基金組織會

員國。2002 年，歐元誕生後，貨幣籃子改由美元、歐元、日元和英鎊組成，其所占比重分別為 44%、34%、11% 和 11%。

特別提款權的分配

1970 年至 1972 年間，國際貨幣基金組織創立了 95 億特別提款權，分配給一百一十二個會員國。

1978 年，國際貨幣基金組織理事會根據總裁的建議，決定在 1979、1980 和 1981 這三年內，每年分配 40 億特別提款權，使特別提款權總數達到 215 億（相當於 330 億美元）。

2009 年 8 月 28 日，國際貨幣基金組織宣布，該組織最新分配的相當於 2,500 億美元的特別提款權正式生效。其前六名的分配比例是：美國 421 億美元，日本 150 億美元，德國 147 億美元，英國和法國均為 121 億美元，中國 93 億美元。這是 1981 年以來國際貨幣基金組織首次推出特別提款權分配計畫，也是迄今規模最大的特別提款權分配計畫之一，旨在透過補充國際貨幣基金組織一百八十六個成員國的外匯準備，向全球金融系統注入流動性。

不過需要指出的是，2009 年 8 月新增的特別提款權，仍然是按各國在國際貨幣基金組織中的原有份額比例發放（美國 17.09%、日本 6.13%、德國 5.99%、英國 4.94%、法國 4.94%、中國 3.72%），因此從這個角度來說，本次增發 2,500 億美元特別提款權的分配，不會動搖新興經濟體在世界經濟領域中的發言權。只有在國際貨幣基金組織重新調整世界各國持有特別提款權

份額的比例以後，新興國家才有可能提高在世界經濟領域的話語權。儘管如此，特別提款權的增加，還是會減少各國對美元準備的過分依賴，從而有效化解準備資產單一的風險。

失控金融史

在這個金錢至上的世界，遊戲規則就是沒有規則

第 4 章
後美元時代的
世界貨幣發展

在經濟全球化過程中，過去美元在國際金融一統天下的格局，正在向多極化發展，國際貨幣體系將向各國匯率自由浮動、國際準備多元化、金融自由化和國際化的趨勢發展。隨著世界經濟的多元化趨勢不斷加強，單一的主權貨幣越來越難以滿足經濟飛速發展的需要。

歐元的前世今生

歐洲共同體

　　第二次世界大戰結束以後，遭受重創的歐洲各國開始懷念起古羅馬帝國時代：一個統一而強大的歐洲能帶給人們幸福與安寧，而一個分裂的歐洲始終存在隱患，以至於要將自身安全託付給大洋彼岸的美國，這無疑使擁有古老歷史文化的歐洲人感到屈辱和無奈。作為現代文明的先行者，歐洲人臉上再也沒有昔日的榮光，只剩下懷念、沒落和沮喪充斥著他們的血液和靈魂。在這種精神和文化背景下，歐洲人開始迫切希望再次回到統一的歐羅巴合眾國（United States of Europe）時代。

　　歐洲人意識到，歐洲統一的步伐滿布荊棘，而且時間將會很漫長。於是他們設想了一個沿著經濟、法律、政治、軍事的路徑，循序漸進實現歐洲統一的全過程，而這一切都要從經濟統一開始，事實上歐洲人已經在這麼做了。

　　1950 年 5 月 9 日，時任法國外長羅貝爾·舒曼（Jean-Baptiste Nicolas Robert Schuman）代表法國政府，提出了「歐洲煤鋼共同體計畫」（即舒曼計畫），表示法國願意將本國的煤炭和鋼鐵產業的管理權委託給一個獨立於國家之外的機構，從而形成一個煤鋼共同市場。這個提議立刻得到了西德、義大利、荷蘭、比利時、盧森堡等國的積極響應。此後不久，法國、西德、義大

利、荷蘭、比利時、盧森堡六國圍繞舒曼計畫，開始了成立煤鋼共同體的談判。

1951 年 4 月 18 日，上述六國在法國巴黎草簽了為期五十年的《巴黎條約（Treaty of Paris）》。該條約規定，歐洲煤鋼共同體的任務是建立煤鋼單一共同市場，干預生產、銷售、流通和分配等環節。1952 年 7 月 25 日，修改後的《巴黎條約》在羅馬正式簽訂生效，歐洲第一個超國家的經濟組織──歐洲煤鋼共同體正式成立。成立煤鋼共同體雖然只是在歐洲統一道路上的一小步，但它的意義非常重大。美國前駐歐共體大使巴特沃斯（William Walton Butterworth）曾說：「毫無疑問，歷史所記住的，不是歐洲煤鋼共同體為煤鋼工業做了什麼，而是開闢了通向歐洲統一的道路。」歐洲煤鋼共同體作為局部一體化的嘗試，成功促使歐洲各國開始考慮把共同市場擴大到其他經濟領域的重要性。

1957 年 3 月 25 日，法國、西德、義大利、荷蘭、比利時、盧森堡六國在義大利的羅馬聚會，簽署了《建立歐洲經濟共同體條約（Treaty establishing the European Economic Communit）》，即《羅馬條約》。

《羅馬條約》是歐洲經濟一體化過程中，第一個重要的里程碑。1958 年 1 月 1 日，《羅馬條約》開始生效，從而宣告歐洲經濟共同體正式成立，一個統一的歐洲大市場也開始形成。歐洲經濟共同體雖然只是一個關稅同盟，但它首次強調加強各成員國在經濟政策上的聯合，強調透過制定共同的經濟政策，消除各成員間的關稅壁壘，逐漸實現商品、資本和人員在共同體內的自由流動。

1965 年 4 月 8 日，上述六國在比利時首都布魯塞爾再次召開會議，討論並通過了將歐洲經濟共同體、歐洲煤鋼共同體、歐洲原子能共同體三個組織合併，統一為歐洲共同體。在本次會議上，6 國代表共同簽署了《合併條約（Merger Treaty）》。1967 年 7 月 1 日，《合併條約》生效後，宣告歐洲共同體（簡稱歐共體）正式成立。歐共體的建立，促使各成員國在關稅、貿易、勞務、資本等方面廣泛合作，從而首次實現了「歐洲自由貿易區」的構想。此後，歐共體經過三次擴張，英國（1973 年加入）、丹麥（1973 年加入）、愛爾蘭（1973 年加入）、希臘（1981 年加入）、西班牙（1986 年加入）、葡萄牙（1986 年加入）先後加入，成員國數量達到十二個，成為當時世界上最大、一體化程度最高的經濟合作聯盟。

《維爾納報告》

早在歐共體成立之前的 1957 年，法國、西德、義大利、荷蘭、比利時、盧森堡六國簽署《羅馬條約》的時候，就提出了「建立經濟和貨幣同盟」的設想，希望設立一種統一的歐洲貨幣，以提高各成員國之間經濟合作的水準和效率。1967 年，歐共體成立後，建立單一歐洲貨幣的設想浮上檯面。

1970 年，時任盧森堡首相皮埃爾·維爾納（Pierre Werner）受歐共體委託，起草建立歐共體經濟貨幣聯盟的計畫。同年 10 月，維爾納正式向歐共體理事會提交了《建立歐共體經濟貨幣聯盟的報告》（即《維爾納報告》）。該報告提出用十年時間分三個階段，完成歐洲經濟貨幣聯盟的建設。

　　第一階段從 1971 年 1 月至 1973 年 12 月，主要目標是加強各成員國之間的經濟和貨幣政策的協調，縮小各成員國貨幣匯率的波動幅度，著手建立以干預外匯市場、維持匯率穩定為目的的貨幣準備基金。

　　第二階段從 1974 年 1 月至 1976 年 12 月，主要目標是集中各成員國一定比例的黃金和外匯準備，充實貨幣準備基金，加強其穩定各國貨幣間匯率的能力，並逐漸實現歐共體內部資本的自由流動。

　　第三階段從 1977 年 1 月至 1980 年 12 月，主要目標是實現歐共體內部商品、人員、勞務、資本的完全自由流動，使匯率更趨於穩定，並開始著手單一貨幣的規劃工作，由貨幣準備基金向統一的中央銀行轉變。

　　《維爾納報告》提出時，以美元為中心的國際貨幣體系正處在風雨飄搖中。接連爆發的美元危機，使歐共體各國貨幣的匯率劇烈波動，各國政府一直為保護本國貨幣而疲於奔命。

　　1972 年 3 月，歐共體理事會決定，各成員國對美元的匯率波動幅度為 2.25%，各成員國之間的匯率波動幅度為 1.125%，即實行蛇形浮動匯率機制（Snake Floating）。1973 年 3 月，以美元為中心的國際貨幣體系徹底崩潰；當年 10 月爆發的以阿戰爭引起的第一次石油危機，使歐洲和世界經濟都深受打擊，並由此陷入了第二次世界大戰以後持續時間最長的經濟危機。在此形勢之下，1974 年，法國、義大利、英國、愛爾蘭紛紛退出了蛇形浮動匯率機制。

　　在美元危機、石油危機、經濟危機的三重打擊下，歐共體各

國為保護本國經濟，又開始實行貿易保護主義政策，建立各種各樣的非關稅壁壘，歐洲一體化的進度不進反退，建立歐洲經濟貨幣聯盟的計畫遭遇重大挫折。

儘管《維爾納報告》還沒來得及實施就夭折了，但它無疑為未來建立歐洲統一貨幣提供了一個優良的思路和框架，後來發生的一切都可證明這一點。

歐洲匯率機制

1970 年代初的美元危機，使歐共同成員國建立歐洲經濟貨幣聯盟的嘗試失敗。此後，歐洲各國都深深感受到美元霸權為本國經濟發展帶來的危害。為了擺脫美元的控制，歐洲各國意識到應加快單一歐洲匯率機制的建設，從而對抗美元霸權。

1978 年 7 月，時任法國總統的德斯坦（Valéry Giscard d'Estaing）和西德的總理施密特（Helmut Heinrich Waldemar Schmidt），在不來梅舉行的歐共體首腦會議上，聯合提出了建立歐洲匯率機制的建議。同年 12 月，法國、西德、義大利、荷蘭、比利時、盧森堡、丹麥、愛爾蘭等歐共體八國（不包含英國）在比利時首都布魯塞爾簽署協議，決定從 1979 年 1 月 1 日起，正式建立歐洲匯率機制（European Exchange Rate Mechanism，簡稱 ERM）；後由於法德兩國在農產品貿易補貼上的分歧，歐洲匯率機制延遲到 1979 年 3 月 13 日才正式建立。

歐洲匯率機制的宗旨是，透過各成員國之間的緊密合作，在歐洲形成一個穩定的貨幣區。具體來說，它包括以下三方面

內容：

第一，創立歐洲通貨單位──ECU。歐洲通貨單位是歐洲匯率機制的核心，由各成員國「一籃子貨幣」組成。各國貨幣在「貨幣籃子」中的權重，按各個國家在歐共體內部的貿易額和 GDP 所占份額加權計算確定，權重通常每五年調整一次。但如果某種貨幣的權重變化超過 25% 時，「貨幣籃子」可隨時調整。

歐洲通貨單位產生後，歐共體各成員國之間貿易和資本往來有了統一的結算手段和計算標準，並為各國政府干預外匯市場和保持匯率穩定提供了依據；同時，使歐洲在與美國的貨幣對抗中形成了一股合力，從而有效抵禦美元霸權帶來的危害。歐洲通貨單位雖然不是一種完全獨立的國際區域貨幣，但它卻是後來歐洲統一貨幣的雛形。

第二，建立穩定匯率機制。歐共體成員國之間確立了以歐洲通貨單位為中心的匯率制度，對內實行固定匯率，對外實行聯合浮動匯率，並規定了上下浮動的界限。在規定的範圍內，匯率由市場決定，一旦超出了這個範圍，則該國的中央銀行必須干預，以維護歐共體內部各成員國間匯率的穩定。

第三，建立歐洲貨幣基金。在歐洲匯率機制建立之前的 1973 年，歐共體各成員國就建立了歐洲貨幣合作基金。只是當時規模比較小，發揮的作用也很有限。歐洲匯率機制建立後，需要雄厚的資金維持其正常運轉，各成員國（包括部分參加的英國）各自拿出本國黃金和外匯準備的 20%，建立了總額為 250 億 ECU 的歐洲貨幣基金。歐洲貨幣基金的主要目的是向各成員國提供貸款或擔保，以幫助它們保持國際收支平衡和維持匯率穩

定。

歐洲匯率機制的建立，不僅穩定了各成員國貨幣間的匯率，促進了歐共體內部資本和貿易往來，還藉此創立的歐洲通貨單位，使歐洲在通往貨幣一體化的道路上前進了一大步。

《德洛爾報告》

歐洲匯率機制和歐洲通貨單位（ECU）建立後，一直都運行良好，在促進歐共體各成員國經濟發展、貿易往來以及匯率穩定方面，發揮了積極的作用。但由於西德馬克的強勢地位，使其他國家在保持匯率穩定方面往往要承擔更多義務。馬克在歐共體內部的霸主地位引起了其他國家的不滿。但這種局面是由於西德強大的經濟實力以及歐洲匯率機制內部缺陷所造成。要想改變、克服這種缺陷，唯一的辦法就是向更高程度的貨幣一體化邁進，即建立單一貨幣聯盟。

1984 年，在法國總統密特朗（François Mitterrand）的大力推薦下，雅克·德洛爾（Jacques Lucien Jean Delors）的法國人出任新一屆歐共體委員會主席（他此前的職務是法國的經濟和財政部長），建立歐洲單一貨幣體系的工作由此落在了德洛爾的肩上。1987 年 12 月，德洛爾受歐共體首腦會議委託，負責制訂建立歐洲經濟貨幣同盟的具體計畫。1989 年 4 月，一份名為《建立歐洲經濟和貨幣聯盟的報告》（即《德洛爾報告（Delors Report）》）正式頒布。同年 6 月，在西班牙馬德里召開的歐共體首腦會議批准了這一報告。《德洛爾報告》與《維爾納報告》一樣，也將建立歐洲經濟和貨幣同盟分為三個階段：

　　第一階段從 1990 年 7 月 1 日開始，其目標是要求成員國在歐洲匯率機制的基礎上進一步加強協調，取消國家外匯管制，促進資本流通，同時各成員國加入歐洲匯率機制，縮小匯率浮動；

　　第二階段自 1994 年 1 月 1 日開始，成立歐洲貨幣管理局（European Monetary Institute），進一步協調各成員國的貨幣政策並強化歐洲通貨單位，確定統一的加入經濟貨幣聯盟的標準和時間表；

　　第三階段自 1999 年 1 月 1 日開始，逐漸取消歐元區成員國的貨幣，並推廣歐洲單一貨幣，直至完全建立經濟貨幣聯盟。

　　《德洛爾報告》為歐洲經濟貨幣聯盟的建立提供了非常清晰的標竿思想、工作思路和實施步驟，該報告中的絕大部分內容都反映在後來的《馬斯垂克條約》中，它是歐洲貨幣一體化過程中的非常重要的先驅性文件。

《馬斯垂克條約》

　　1991 年 12 月 9 日至 10 日，來自歐共體十二個成員國的首腦，聚集到荷蘭東南邊陲一個名叫馬斯垂克的小鎮，進一步磋商歐洲政治、經濟和貨幣同盟的相關問題。

　　在本次會議上，與會各國領導人草簽了促進歐洲一體化的綱領性文件——《歐盟條約》，亦稱《馬斯垂克條約（Maastricht Treaty）》。《馬斯垂克條約》包括《政治聯盟條約》和《經濟聯盟條約》，1992 年 2 月 7 日正式獲得批准，1993 年 11 月 1 日開始生效。

《政治聯盟條約》的主要內容是：在歐共體的基礎上建立歐盟，加強各成員國在外交、防務和社會等方面共同政策的完善，創建歐洲公民統一身分證件，實行統一的社會發展和保障政策，建立各種社會發展基金。

《經濟聯盟條約》的主要內容與《德洛爾報告》基本相同，但更清晰、更完善。它對分三個階段建立單一貨幣體系的措施和步驟作了具體安排。

第一階段，從 1990 年 7 月 1 日至 1993 年 12 月 31 日，強化歐洲匯率機制，使各成員國之間實現資本的自由流動，真正實現統一市場，並使經濟政策完美協調。實施多邊年度加盟計畫，由歐盟經濟及財政部長會議統一安排，爭取使所有成員國加入歐洲匯率機制，取消外匯管制，為使用歐洲單一貨幣奠定基礎。

第二階段，從 1994 年 1 月 1 日至 1996 年 12 月 31 日，加強各成員國間的經濟政策的統一，建立歐洲貨幣管理局（歐洲中央銀行的前身）。歐洲貨幣管理局主席由各國中央銀行行長以外的專業人士擔任，負責協調歐盟各國的貨幣政策，為實行統一貨幣做好技術和程序上的準備。

第三階段，最早於 1997 年 1 月 1 日最晚於 1999 年 1 月 1 日起，建立統一的歐洲貨幣——歐元，並開始進入流通環節，各國原來的貨幣作為歐元的輔助貨幣繼續流通一段時間。2002 年以後，歐元將成為各成員國唯一的法定貨幣，各國原來的貨幣完全退出流通領域。歐洲貨幣管理局升格為歐洲中央銀行，為歐盟各國制訂統一的貨幣政策。

根據《馬斯垂克條約》相關規定，成員國必須滿足以下五項

標準，才能成為歐洲單一貨幣聯盟的正式成員：

第一，通貨膨脹率不得高於三個最低通貨膨脹率國家平均水準的 1.5%。

第二，匯率波動必須限制在歐洲匯率機制規定的範圍內，不能對其他成員國貨幣貶值。

第三，長期國債利率不得超過三個最低通貨膨脹率國家平均國債利率的 2%。

第四，年度財政赤字不得超過 GDP 的 3%。

第五，政府外債總額不得超過 GDP 的 60%。

《馬斯垂克條約》第一次正式提出了建立歐洲貨幣聯盟，並引入歐洲單一貨幣的構想，明確了成立歐洲中央銀行和啟動單一貨幣的時間表，並為以後加入歐洲貨幣聯盟的國家制定出示有可操作性的標準。《馬斯垂克條約》的簽訂，標誌著歐洲共同體歷史使命的終結和歐盟的誕生，從此以後，歐盟正式取代了歐洲共同體，開始在世界政治、經濟舞台上發揮作用。歐洲統一的步伐也由最初的經濟領域，開始向更高層次的政治領域發展。

《阿姆斯特丹條約》

隨著建立歐洲經濟貨幣聯盟計畫逐漸推進，歐盟各成員國對《馬斯垂克條約》中關於加入歐洲單一貨幣聯盟（即歐元區）的第四個條件「年度財政赤字不超過 GDP 3%」產生了不同意見，有的國家認為這個標準可以達到，有的國家則表示這個標準過於苛

刻。這樣一來，勢必在歐盟內部產生歐元區國家和非歐元區國家之分。

為了解決歐元區國家和非歐元區國家的匯率協調問題，歐盟各國經過協商，確立了「歐洲第二匯率機制」（ERM II）的匯率制度安排（1979 年建立歐洲匯率機制時，各成員國貨幣之間實行的固定匯率制度，被稱為「歐洲第一匯率機制」）。ERM II 規定歐盟各成員國在以歐元為中心的中央匯率基礎上，歐元區國家與非歐元區國家間匯率波動幅度控制在 15% 以內，即非歐元區國家貨幣與歐元的匯率波動控制在 15% 以內。

1996 年 12 月，歐盟首腦會議在愛爾蘭首都都柏林舉行，各成員國就 ERM II、歐元流通的法律框架、貨幣穩定與經濟成長等問題達成一致意見，簽署了《穩定與成長公約》。該公約規定：歐元區成員國年度財政赤字如果連續三年超過 GDP 的 3%，將被處以相當於該國 GDP0.2%～0.5% 的罰款，本次會議還原則通過了歐洲貨幣管理局提出的歐元設計方案。

1997 年 6 月 16 日，歐盟各國首腦在荷蘭首都阿姆斯特丹聚會，再次修改《馬斯垂克條約》和《穩定與成長公約》，並起草了《阿姆斯特丹條約（Amsterdam Treaty）》草案。同年 10 月 2 日，歐盟十五國（1995 年奧地利、瑞典和芬蘭加入歐盟）正式簽署了《阿姆斯特丹條約》。《阿姆斯特丹條約》是對《馬斯垂克條約》的技術性補充，除了規定歐盟各國經濟和貨幣政策進一步趨同外，還要求各成員國實行共同的司法、外交、安全政策，並就建立和加強歐洲議會的權利達成一致意見，從而為歐元的順利誕生和穩定運行提供了有力的法律保障。《阿姆斯特丹條約》

被視為繼《羅馬條約》和《馬斯垂克條約》之後，又一件對歐洲一體化意義深遠的重要條約。

　　1998 年 5 月 2 日，歐盟特別首腦會議在比利時首都布魯塞爾召開，本次會議決定成立歐洲中央銀行取代歐洲貨幣管理局，由荷蘭前中央銀行行長、歐洲貨幣管理局總裁維姆・德伊森貝赫（Willem Frederik Duisenberg）出任歐洲中央銀行首任行長。本次會議還宣布德國、比利時、奧地利、荷蘭、法國、義大利、西班牙、葡萄牙、盧森堡、愛爾蘭和芬蘭十一國為歐元創始國（不含英國、丹麥、希臘、瑞典），並確定了歐盟各國貨幣與歐元之間的匯率。1999 年 1 月 1 日，歐元開始流通後，歐元區國家的貨幣與歐元的匯率將固定不變。1998 年 6 月 30 日，歐盟各國代表聚集到德國法蘭克福，共同見證了歐洲中央銀行誕生的這一偉大時刻。

歐元誕生

　　1999 年 1 月 1 日，歐元作為歐盟國家的統一貨幣開始流通，這標誌著歐洲經濟和貨幣聯盟正式成立。歐洲單一貨幣區的初步形成，使歐洲一體化過程跨入了一個新的歷史階段。2000 年 6 月，希臘達到了加入歐元區規定的標準，從而在 2001 年 1 月 1 日成為歐元區第十二個成員國。不過此時的歐元主要以本票、支票、電子貨幣等形式流通。

　　隨著 2002 年新年鐘聲的敲響，歐元也走完了三年的過渡期，500 億歐元紙幣和 150 億歐元硬幣開始進入流通環節。2002 年 3 月 1 日，歐元區成員國的原有貨幣（包括本票、支票、

電子貨幣、紙幣、硬幣等）全部退出流通，歐元區三億多的「歐洲公民」從此將歐元作為唯一的法定貨幣。

隨後，歐元區國家不斷擴大：2007 年 1 月 1 日，斯洛維尼亞加入歐元區；2008 年 1 月 1 日，賽普勒斯和馬爾他加入歐元區；2009 年 1 月 1 日，斯洛伐克加入歐元區；愛沙尼亞於 2011 年 1 月 1 日加入歐元區。

挑戰美元霸權

歐元誕生後，歐洲人的慶祝還沒有結束，各種言論便紛至沓來。「歐元存在的時間不會太久」，前聯邦準備系統主席葛林斯潘（Alan Greenspan）提出了這樣的論調。美國經濟學家、諾貝爾獎得主米爾頓‧傅利曼（Milton Friedman）也持同樣的觀點。然而在一片質疑聲中，歐元卻迅速成長，並開始挑戰美元的世界霸權。

1999 年 1 月 1 日歐元正式啟動時，歐元兌美元匯率為 1 歐元兌 1.18 美元。隨後由於美國發動了科索沃戰爭（1999 年 3 月 24 日至 6 月 10 日），使剛剛誕生的歐元受到了第一次衝擊，2000 年 11 月，歐元兌美元的匯率一度跌至 1：0.8224。但此後，歐元一直保持了對美元的升勢，到 2008 年 7 月，創下 1 歐元兌 1.6035 美元的歷史高位，並開始在世界經濟舞台上占據了第二大國際貨幣的地位。

從總體經濟面來看，歐元確實具備挑戰美元霸權的實力，無論是人口總量、GDP 總值還是對外貿易額，歐盟與美國都在伯

仲之間。而在不久的將來，歐盟會擴充到包括所有歐盟成員國在內的近三十個國家。美國人明顯感覺到了歐元帶來一種前所未有的威脅。歐元異軍突起，給美國經濟帶來巨大的衝擊。為了維護美元的霸權地位，美國勢必會採取各種政治、經濟甚至軍事手段打擊歐元。

　　歐元誕生至今只有二十幾年的時間，和使用了幾百年的英鎊、美元相比，仍然顯得有些稚嫩，但是很多有識之士已經開始認為，歐洲所創造出來的這個貨幣新貴，正是未來世界貨幣的先行者，對它寄予了無限希望。雖然在可以預見的將來，歐元還無法打敗美元，但美元一家獨大的國際貨幣格局遭到削弱，卻是不爭的事實。而且，歐元的出現也為新世界經濟格局指明了方向。

　　而隨著亞洲國家的興起，人們翹首期盼「亞元」的出現。也許在不遠的將來，我們將會看到美元、歐元、亞元三分天下的世界經濟新格局。如果再將目光放得長遠一點，那麼隨著全球經濟一體化終極目標的到來，必然也會創造出一種類似「世界元」的全球通行貨幣，它將不僅超越國界，還會超越洲界，超越區域經濟體，超越窮國和富國的道道鴻溝。也正因為如此，這個世界貨幣的醞釀和誕生，一定會無比複雜、漫長，並對人類的智慧提出前所未有的挑戰。

歐元之父與「最適通貨區」理論

最適通貨區理論

從 1969 年 3 月，盧森堡首相皮埃爾·維爾納提出歐洲貨幣聯盟的設想，到 1999 年歐元正式誕生，整整經歷了三十年的時間。在這中間，一位名叫勞勃·蒙代爾（Robert Alexander Mundell）的加拿大經濟學家功不可沒。

我們先來看看，勞勃·蒙代爾到底是何許人也。

勞勃·蒙代爾，1932 年出生於加拿大安大略省，在英屬哥倫比亞大學和華盛頓大學接受大學教育，後赴倫敦政治經濟學院做理論研究。1956 年蒙代爾二十四歲時，就以一篇題為《論國際資金流向（Essays in the Theory of International Capital Markets）》的博士論文一舉成名，榮獲麻省理工學院經濟學博士學位。1961 年至 1963 年間，蒙代爾在國際貨幣基金組織的研究機構工作。1966 至 1971 年開始擔任芝加哥大學經濟學教授和《政治經濟學學報》雜誌編委，其後在 1970 年加入歐共體的貨幣委員會，並在 1972 年至 1973 年間，參加了旨在成立歐洲經濟及貨幣聯盟的研究小組的工作。1974 年以後，蒙代爾一直任教於哥倫比亞大學。此外，他還長期擔任聯合國、國際貨幣基金組織、世界銀行等國際機構的顧問。自 2002 年起，蒙代爾還兼任世界品牌實驗室主席一職。

1961 年，當時僅二十九歲的蒙代爾就在論文裡提出這樣的

觀點：「一些國家什麼時候願意放棄貨幣主權，改而使用一種共同貨幣，那麼他們都將從中獲益。」蒙代爾認為，建立共同貨幣的好處在於，貿易交易成本的下降以及相對價格不透明因素得到減少等，但他同時也指出了共同貨幣可能存在的弊病。在隨後的幾年裡，蒙代爾一直致力於「共同貨幣」和「最適通貨區」的理論研究。

　　最適通貨區（Optimum-currency area）是指匯率應固定的最佳區域。傳統上，人們認為一個國家使用一種貨幣是天經地義的事；但實際上根據蒙代爾的研究，在一個由許多國家組成的大區域內，如果勞動、資本等生產要素在國與國之間自由流動，那麼這些國家理論上應當只有一種貨幣。因為要素流動使匯率變動成為多餘，要素在區域內全方位的流動，可以在出現影響供需的擾動時，減少改變要素實際價格的壓力，從而減少將改變匯率作為改變要素實際價格的一種工具要求。由此我們可以看出，要素的自由流動是實行統一貨幣的關鍵。

　　按照蒙代爾當時的設想，西歐各國經濟水準相近，相互之間要素流動性較高，可以組成一個貨幣區，區域內各成員的貨幣相互之間實行固定匯率，甚至使用同一貨幣。

　　1969 年，蒙代爾在其發表的〈歐洲貨幣案例分析〉和〈歐洲貨幣規畫〉兩篇文章中，更加明確表達了建立共同貨幣的思想，他的「最適通貨區」理論也基本形成。恰在此時，歐共體也將建立歐洲經濟貨幣聯盟的想法重新討論。蒙代爾後來曾說：「我們（蒙代爾和歐共體國家）幾乎是同步展開了這種思路，開始設想一種共同貨幣。」

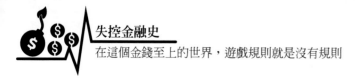

蒙代爾與歐元

1970 年，歐共體委員會正式邀請蒙代爾參加歐共體貨幣委員會，討論建立歐洲單一貨幣體系的途徑。歐共體需要蒙代爾的「最適通貨區理論」領導歐洲單一貨幣體系的建設，而蒙代爾也需要歐共體建立共同貨幣的實踐，檢驗自己的理論是否完善，雙方一拍即合。

蒙代爾在歐共體貨幣委員會工作期間（1970-1974 年），雷蒙‧巴爾（Raymond Barre，1979 年當選法國總理）曾詢問蒙代爾：「假設我們有了一項歐洲貨幣統一的政治協議，你認為（貨幣統一）多久可以實現？」蒙代爾的回答是：「創造貨幣有一些技術上的問題需要解決，你得就很多不同的事情做決定。我想，推出這種貨幣至少需要三個星期的時間。」

然而，蒙代爾當年表達的「三個星期可以推出歐元」的言論，後來被證實不是三週，而是整整三十年。這其中一個很重要的原因是，歐洲人花了二十多年的時間才在政治上達成了協議。

後來，蒙代爾雖然沒有親自參加歐元的創建，但他的共同貨幣思想和「最適通貨區」理論，指引了歐洲的決策者把歐元從一個紙上的概念變成了現實，因此人們都將勞勃‧蒙代爾尊稱為「歐元之父」。

1999 年 10 月 13 日，瑞典皇家科學院將該年度的諾貝爾經濟學獎授予了勞勃‧蒙代爾，以表彰他「對不同匯率體制下的貨幣和財政政策以及最適通貨區域的分析」的偉大貢獻。瑞典皇家科學院長達七頁的讚辭，更加肯定了他「歐元之父」的尊崇地位。

亞元，一個不太遙遠的夢想

歐元的誕生開啟了亞元的夢想

　　歐元的順利啟動，使歐洲區域貨幣一體化達到了一個新的高度。儘管歐元最初兩年的表現差強人意，匯率起伏不定，波動較大，但是不可否認的是，歐元的誕生有助於強化區內國家對區外國家的競爭優勢，增強整個歐元區的經濟、政治實力，並提高歐元區國家在世界經濟體系中的地位。歐元的成功，使亞洲人開啟了亞元的夢想。

　　1999 年歐元誕生後，有關歐元的大小消息，成為亞洲媒體爭相報導的熱門話題。亞洲興奮注視著歐洲十幾個國家同時放棄自己的民族貨幣、使用同一種新貨幣的人類創舉。許多人因此產生了樸素的聯想：歐洲有歐元，亞洲能不能也產生統一的區域貨幣——亞元？在熟悉的歷史記憶中，「書同文，車同軌」、統一貨幣、統一度量衡，這些氣勢恢弘的壯舉，是久遠野蠻的帝國時代才會有的事情，怎麼可能在二十一世紀門檻上，用和平民主的方式再現人間？

　　「歐元之父」勞勃·蒙代爾曾表示，亞洲也應該像歐洲那樣建立一個統一貨幣區。從操作上來說，亞洲目前有博鰲亞洲論壇以及東盟和東亞（即 10+3）合作機制，可以在這兩個平台上進行建立亞元的探討和操作。

　　按照「最適通貨區」理論，貨幣合作的主要成本在於成員失

去了各自貨幣政策的主導權，但隨著區域經濟一體化程度不斷提高的長遠來看，這一成本相對只會越來越小。此消彼長的必然是收益，單一貨幣能大大簡化亞洲國家間的商品流通手續、降低交易成本，還能進一步穩定匯率，徹底消除匯率波動產生的風險。亞洲金融市場的穩定，必然帶來區域內貿易、投資的興旺，促進經濟健康發展。有資料表明，統一貨幣可以使區域內貿易額提高300%。

與歐洲相比，亞洲幅員廣大，國家眾多，經濟發展、社會制度、地緣政治、價值觀差異懸殊（包括意識形態和宗教信仰差異），以及存在領土糾紛、恩怨紛爭的歷史性深刻隔閡，致使這些前提的成熟程度相去甚遠。因此，建立一個統一的亞元將是各國經歷反覆磋商磨合、艱辛、漸進、長期的過程，但可以從條件較為成熟的地方做起。這個「條件較為成熟的地方」，首先應該是包括東亞與東盟十國在內的「10+3」開始。

東亞地區的領導人，早在 2004 年就已經將「東亞共同體」作為一種長遠的目標和共同的努力方向。東盟是實行地區一體化的積極推手。東盟內部的多元性很明顯，宗教傳統、民族習慣、社會制度、政治制度等差別極大，內部常常有很多矛盾，但是東盟也善於把多元特徵作為一種正面資源利用。

1997 年的亞洲金融危機和 2008 年的全球金融海嘯，進一步促使亞洲國家充分正視建立貨幣聯盟的必要性和可行性。以東亞及東盟為代表的亞洲國家，開始討論創建亞元，設置專職機構主司其事，積極推進亞洲貨幣合作框架的設計和建設。

創建亞元面臨的重重困難

　　雖然以東亞和東盟為代表的亞洲國家都對創建亞元充滿了期待，並開始為此積極奔走。但一些有識之士也指出，實現區域共同貨幣，需要經濟領域合作到一定程度，並且人員、資源能夠自由流動，而東亞地區經濟合作尚未達到這樣的程度。雖然東亞地區加強經濟和貨幣合作是一個必然趨勢，但是亞元實現還是有相當的難度。經濟實力懸殊、發展水準迥異、政治意願不同、國家制度不一、歷史矛盾重重、宗教信仰複雜……這些都為創建亞元帶來了困難。而這其中的經濟發展水準迥異和政治意願不同，將成為創建亞元的最大障礙。

　　毫無疑問，當前亞洲各國經濟發展水準的差異很大。在這一點上，亞洲面臨的情況和當時的歐洲有所不同。經濟發展水準的差異是建立「亞元區」的關鍵性障礙。在這個區域內，既有世界經濟大國，也有以傳統農耕作業為主的經濟小國。國與國之間、甚至一國不同地區之間的總體經濟水準、居民收入水準等都有較大差距。經濟上的大體均衡發展是建立亞元的基礎性條件，沒有這個基礎性條件，亞元就無從談起。

　　部分亞洲國家對創建亞元的政治意願不高，不僅自身消極應對亞洲貨幣一體化，而且還會挫傷到其他亞洲國家的積極性。由於歷史、文化、制度差異及地理分割的影響，亞洲國家之間凝聚力一直不強。其具體表現為：一是對亞洲的歷史、現狀和未來，亞洲各國存在著認識上的差異；二是一些亞洲國家之間存在領土、領海等的主權爭議。亞元的創立意味著加入「亞元區」國家主權的部分讓渡，如果亞洲選擇了單一貨幣，意味著一種高度

的政治整合，而這種整合在缺乏共同政治意願的情況下是很難實現的。

儘管亞洲國家在創建亞元的過程中，面臨重重困難，但是我們絕不能因噎廢食。從歐洲國家創建歐元的歷史經驗來看，歐元從最初的設想到最後的誕生，同樣也遇到過很多類似的問題。

經濟實力的懸殊和經濟水準的差異，並不能成為阻礙亞元創建的理由。事實上，歐盟及歐元區國家也存在同樣的情況，東擴後的歐盟，既有已開發國家，也有開發中國家。從波蘭、斯洛伐克等東歐國家與德國、英國、法國的經濟力量對比中可以看出這一點。東亞情況也是如此，且以開發中國家居多。不過，東亞地區的貧富懸殊與經濟差異要比歐盟區更大。

至於政治制度差異、政治意願不足、歷史矛盾重重以及宗教信仰複雜，同樣也不會成為理由。英國首相邱吉爾曾有一句名言：「世界上沒有永遠的敵人，只有永遠的利益。」也許這句話可以為我們提供很好的啟示。亞洲各國在意識形態領域的不同，只是各國人民在追求幸福生活和美好家園過程中，根據國情不同而選擇的不同道路。

東亞國家的歷史特徵與西歐十分相似。在西歐，德國與英、法之間曾有過「三角」戰爭關係，德國曾在兩次世界大戰中成為歐洲的眾矢之的；在東亞也存在類似關係，在二戰中日本也是戰爭「罪犯」，曾深深荼毒東亞人民。

雖然亞元面臨的這諸多困難，在短時間內很難克服，但我們不能因此失去信心。同時，我們還必須清醒認識到，從夢想到現實將是一個痛苦而漫長的艱難過程。在這個過程中，亞洲國家

尤其是東亞國家,首先要在政治層面取得共識,再從經濟層面為形成區域共同市場和共同貨幣創造條件。亞洲各國應該立足於當前,從經濟一體化的初級階段入手,加強區域內經濟合作;同時,在金融領域注重對風險的共同防範,建立相應的金融危機防範機制,尋求亞洲各國共同穩定發展。

亞元在一片質疑聲中前行

1997 年,在東盟國家首腦會議上,基於東南亞各國,尤其是東盟成員國從東南亞金融危機中得到的直接教訓,馬來西亞總理馬哈地(Tun Dr. Mahathir bin Mohamad)在東盟國家首腦會議上,最早提出關於建立「亞元區」和「東亞元區」的設想。

1998 年 12 月,時任菲律賓總統艾斯特拉達(Joseph Ejercito Estrada)就在越南舉行的東盟首腦會議上,提出了在亞洲實行單一貨幣的設想,這是亞元的首次動議。

1999 年 11 月,東盟高峰會在馬尼拉通過了《東亞合作的共同聲明》,意在加強金融、貨幣和財政政策的協調合作。

2000 年 5 月,東盟財政部長在泰國清邁簽訂《清邁協議》,決定建立一個地區貨幣互換平台,透過雙邊互換協議,將東盟十國的外匯準備與東亞的外匯準備聯繫,以共同抵禦國際金融危機的衝擊。《清邁倡議》被普遍認為是亞洲地區金融合作的一個突出成效,被稱為亞洲金融合作發展的一個里程碑。

2001 年上海 APEC 會議期間,「歐元之父」蒙代爾發表了自己對未來世界貨幣格局變化的看法:「未來十年,世界將出現三

大貨幣區，即歐元區、美元區和亞洲貨幣區（亞元區）。」這一論斷為「亞元區」的建立帶來了生機勃勃的希望。

2003 年蒙代爾再次建議：設立由亞洲地區某一組貨幣組成的共同貨幣，爭取在每個國家不放棄本幣的情況下，能讓一種叫做「亞元」的區域性貨幣在亞洲流通，這個建議獲得了許多亞洲國家的積極響應。

2004 年 4 月 23 日下午，在第四屆博鰲亞洲論壇會議上，論壇祕書長龍永圖先生表示：「亞元是一個值得追求的長遠目標」。而於同一天先期進行的 2004 年會首場新聞發布會上，博鰲論壇理事長菲律賓前總統羅慕斯（Fidel Valdez Ramos）也向媒體表示，亞洲經濟正以全球最快速度成長，區域一體化因後發優勢而加速，亞元的重要性也日益明顯。

2006 年初，亞洲開發銀行曾推出一種名為「亞洲貨幣單位」的貨幣符號概念。它與歐元推出前的「歐洲通貨單位」相似，這不是可以流通使用的實際貨幣，而是一種根據亞洲若干國家貨幣價值、各國國內生產總值及貿易規模等的加權值制定的「一籃子貨幣」的記帳單位。但因亞洲貨幣單位應包括哪些貨幣以及它們的權重如何分配等問題上，存在政治和技術上的爭論，該計畫後來被推遲。

2007 年 5 月，在《清邁協議》的基礎上，東盟十三國財政部長會議提出了設立共同外匯準備基金的設想。

2008 年 5 月，東盟十三國按照《清邁協議》，就籌建規模達 800 億美元的亞洲外匯準備庫達成一致。建此準備庫的核心目的有兩個：一是解決區域內短期資金流動困難；二是作為現有國際

金融機構的補充。

2008 年 10 月 24 日，東盟首腦在北京達成協議，將於 2009 年 6 月前成立 800 億美元的聯合基金，以防止區域金融危機與捍衛本國貨幣，特別是針對出口蕭條等引發的美元枯竭問題，確保成立外匯的共享管道。其中由東亞提供 80% 資金，其餘 20% 由東盟會員國共同出資。

2009 年 2 月 22 日，在泰國召開的特別財政部長會議，決定將籌建中的區域外匯準備基金規模，擴大至 1,200 億美元，履行《清邁協議》的步伐明顯加速。

2009 年 5 月 3 日，東亞以外的十國財政部長，在印尼峇里島聯合宣布規模為 1,200 億美元的亞洲區域外匯準備庫，將於 2009 年底前正式成立並運作。同日，東亞各財政部長敲定籌建中的自我管理的區域外匯準備庫的出資份額。另外，東盟十國出資 240 億美元，占比 20%。2009 年 12 月 29 日，亞洲區域外匯準備庫如期成立，此舉無疑使亞洲國家向成立亞洲貨幣基金的方向邁進了一大步。

參考歐元的歷史過程，未來亞元的建立，也將循著亞洲貨幣基金─亞洲貨幣單位─亞元的軌跡前進。其中最關鍵的第一步，成立亞洲貨幣基金的計畫已經啟動。歐洲國家從開始討論共同貨幣問題到歐元的誕生，經歷了三十多年時間。但是，由於亞洲各國的經貿往來成長的速度比美國和歐洲更快，因此有人預計，亞元的誕生可能會比預想更快實現。

亞元主導權之爭

隨著亞洲貨幣基金的建立，誰將扮演未來亞元推進的主導角色，開始成為人們不得不面對的一個問題。從歷史情況來看，日本曾是亞洲金融合作的積極推進者，主導「亞元」這個遙遠的概念一直是日本的希望。

1970 年代，中國經濟學者關世雄就提出了亞洲共同貨幣的概念；1990 年代，時任野村綜合研究所高級研究員的關世雄，又創作了《亞洲貨幣一體化研究：日元區發展趨勢》一書，探討了日元是否會替代美元成為東亞主導貨幣的問題。

日本一直夢想主導亞洲貨幣金融市場，日本大藏省 1984 年就設立了「日元國際化推進委員會」，推動日元國際化。1997 年亞洲金融危機之前，日本出口貿易中以日元結算的比例已經上升到 35%，進口也提高到 23%。日元債券的發行量一度在國際債券市場上占到了 20%，日元在各國外匯準備中所占的份額也曾經達到 10% 以上。

1999 年歐元推出後，很多日本學者一直在對推出「亞元」進行各種研究，設計各種方案。日本學者對「亞元」如此感興趣，根本的目的就在於希望在日本經濟在亞洲獨占鰲頭的情況下，主導亞洲的金融市場合作。

但二十一世紀後，日本經濟發展停滯。2005 年，東亞各國GDP 總量首次超過日本，而以前日本的 GDP 一直超過東亞各國的總和。東亞經濟實力版圖發生變化，也影響到東亞貨幣和金融合作的主導權。日本對創建「亞元」的積極性逐漸下降，這一

點從亞洲開發銀行近年來推進「亞元」的態度方面也可以得到印證。由於日本是亞洲開發銀行的最大股東，亞行行長也歷來由日本人擔任，亞行推動「亞元」的政策，實際上反映了日本政府的態度。而與日本經濟停滯形成鮮明對比，中國經濟逐年蒸蒸日上。日本經濟多年來的萎靡不振，使日元充當亞洲貨幣主導的可能性逐漸變小，而中國由於經濟高速成長，已經逐漸成為亞洲經濟發展的「火車頭」。日本對建立「亞元區」積極性的減退，主要就是擔心失去亞洲老大的地位，因而失去在亞洲經濟秩序中的主導地位和既得利益。

人民幣與日元之爭，與當年的德國馬克和英鎊的爭鬥頗有相似之處。作為後起之秀的德國馬克，最終戰勝了擁有幾百年光榮傳統的英鎊，最後英鎊為了保持最後的顏面，而留在了歐元區之外。但面對中國崛起和逐漸主導亞洲經濟事務的發展趨勢，日本都無法置身事外，只能參與其中。主觀上，日本可能不願加入「亞元區」，這一點和英國較為類似。日本和英國同屬「海洋國家」，相比其他內陸國家而言，這樣的國家更傾向於在政治上投靠美國，而不願與區域夥伴聯合。

按照這樣的邏輯演繹下去，我們會發現：日本對於亞元的態度，和當年英國對於歐元的態度將會非常相似。日本雖然無法在創建亞元過程中主導，但無論如何，日本都不會離開這個「圈子」，游離於「遊戲」之外，其最終的選擇很可能選擇英國式的做法：即部分參加貨幣聯盟，保留本國貨幣。

未來國際貨幣格局猜想：美元、歐元、亞元三足鼎立

美國反對的聲音

1973 年，布列敦森林體系崩潰後，雖然在 1978 年建立了牙買加體系，但牙買加體系只是過渡時期的一種國際貨幣體系安排，而且布列敦體系開創的美元霸權，離開了黃金和固定匯率的約束，變成了一匹脫韁野馬，使國際貨幣體系一直處於動盪不安之中。1980 年代的拉丁美洲債務危機、1990 年代後期的亞洲金融危機，及隨後墨西哥、俄羅斯和阿根廷等國出現的金融危機，都是明顯的例證。由於牙買加體系本身的缺陷及不穩定性，注定要被一種全新的國際貨幣體系代替。

當今世界經濟業已形成美國、歐洲和亞洲三分天下的大格局，東亞新興經濟體是帶動全球成長的主要力量，唯有三者在現代多元化世界貨幣體系中以相當的分量共同發揮應有的作用，方能有效建立一個更為公平、公正、健康、穩定的國際經濟新秩序。

1999 年歐元的誕生，為國際貨幣體系新格局的形成，提供了優秀的思路和方向。但僅僅只有歐元還不夠，稚嫩的歐元在一段時間內還無法與美元抗衡，它還需要一個新角色出現，才能形成穩定的三足鼎立局面，亞元無疑是充當這種角色最好的選擇。亞元作為亞洲經濟體的代表，已經呼之欲出。

　　未來的亞元有理由被看好，一是因為亞洲經濟成長前景趨好，處於上升期；二是因為亞洲對外貿易是順差，有可能吸引美元、歐元資產流向亞洲。亞元的面世，將有助於國際貨幣領域公平競爭，對美元及歐元形成一種真正挑戰和制衡。整個國際貨幣體系若能出現美元、歐元和亞元三分天下的格局，將對二十一世紀的世界經濟將產生極為深遠而重大的影響。

　　就眼前利益而言，美國不會希望世界金融市場出現美元、歐元和亞元的三極化局面。這一點可以從歐元一誕生就受到美元的阻擊中得到印證，同樣在亞元開始醞釀的時候，也遭到了美國的反對。

　　1980 年代，馬來西亞總理馬哈地曾提議建立一個只限本地區國家參與（不邀請美國人參加）的亞洲經濟區，在美國政府的高壓下未果。

　　1997 年 8 月，日本宣布計劃建立 1,000 億美元的亞洲貨幣基金以穩定亞洲匯率，這是亞洲第一個進行貨幣合作的計畫，後來在美國人和國際貨幣基金組織的壓力下也流產了。

　　1998 年 12 月，菲律賓總統艾斯特拉達在越南舉行的東盟首腦會議上，提出了在亞洲實行單一貨幣的設想，這是亞元的首次動議，後來在美國人的嘲笑下沒有下文。

　　2001 年 4 月，亞洲博鰲論壇成立時，美國記者說：「博鰲論壇的中國色彩太濃厚，難以成為整合亞洲的平台。」

　　為什麼總是美國人在反對？歐元之父蒙代爾一針見血地指出，當國際貨幣改革關係到本位幣時，超級大國總是持否定意

見。「在全球化條件下，世界性貨幣是必然需要」，「世界貨幣是出於一種強勢貨幣或創造一種新貨幣，但是世界最強的貨幣從來都是統一貨幣的阻礙，十九世紀時英國反對統一貨幣案，而1943年美國拒絕統一貨幣時，英國卻積極推動」。亞洲，尤其是東亞和東南亞，實際上是泛美元區，美國在這裡具有巨大的經濟利益和政治影響力，在這種情況之下，美國當然不願意看到亞元出現。

在歐元誕生以前，美元作為唯一的國際貨幣，它可以肆意掠奪他國財富，因為全世界都需要以美元計價、準備和支付手段，美國可以直接用美元在世界金融市場上任意借貸，而不必擔心任何的匯率風險。一旦發現外債過多，美國可以不受限制自行將美元貶值，而在悄無聲息中減免自己的債務。而且只要美國願意，它可以肆無忌憚印刷美元鈔票，從而以向全世界「徵收」鑄幣收益權的形式。因此，美國阻擊歐元、阻擋亞元，保護既得利益，也就是情理之中的事了。

美國態度的轉變

無論如何，美國都不可能阻擋歷史發展的必然趨勢。隨著歐元的誕生和亞洲經濟貨幣合作的逐漸深入，在無可奈何之下，美國的立場也開始轉變。亞洲國家一再強調，亞洲一體化不會排斥美國的合法利益，而將尊重美國參與亞洲地區多邊事務的必要權利。因此，美國雖然最初表示反對，但後來反對的聲音逐漸減弱了。

2006年6月19日，美國財政部官員蒂姆·亞當斯（Tim

Adams）在東京舉行的世界經濟論壇會議上表示，美國不反對創建亞洲貨幣單位，這顯示美國對這個問題的態度開始改變。亞當斯還表示，外界有關美國對於亞洲貨幣單位的態度存在「一些混淆」，美國並不懼怕亞洲崛起中的經濟體之間加強貨幣合作。「我們並不反對創造一個亞洲貨幣，相反，我們希望能夠在此過程中發揮建設性作用，幫助亞洲貨幣成形」。其實美國人很明白，既然無法阻擋，還不如順水推舟，做個順手人情。而且，置身其中總比置身事外要好。

金融是經濟的核心，而貨幣又是金融的核心。貨幣狀況對一個國家一個地區的國際地位具有決定性影響——英鎊本位決定英國世紀，美元本位決定美國世紀。有人認為，強美元與弱日元的夾擊，是 1997 年亞洲金融危機真正的罪魁禍首。正如蒙代爾教授所說：「縱觀近兩千年歷史，世界上強勢貨幣是與強權聯繫在一起。你會發現，當中國的貨幣是世界的主要貨幣時，中國同時也是世界歷史上的強國……如果可能，可以創造新的亞洲貨幣，我想那會對中國有利。」

歐元從醞釀到誕生，花了四十多年。今天的歐元的地位雖然與美元相比還有差距，但這種差距正在縮小。從歐元的角度來看亞元，儘管亞洲金融合作至今尚無法和歐元區同日而語，但人們完全有理由相信，過程或許漫長，但前景美好。

博鰲亞洲論壇前祕書長龍永圖先生，在 2004 年回答記者提問時表示，亞元可以作為長遠目標來追求，而且值得追求，原因有二：一是現在世界上 70% 的外匯準備都在亞洲，亞洲正在存錢。如果亞洲在這種情況下有自己的貨幣，而且這種貨幣可以

保持穩定的話，這對亞洲無疑是有利的；二是過去只有美元與歐元，如果出現亞元，全球貨幣三足鼎立的局面就會形成，整個世界貨幣的體制就會變得非常穩定。

超主權貨幣：世界元夢想

蒙代爾的「最適通貨區」理論催生了歐元，並且還將催生亞元，並最終將可能形成美元、歐元、亞元三分天下的國際貨幣新格局。然而，是否這就是未來世界經濟發展的最終結局呢？

應該不是，從人類文明發展史來看，人類社會的終極目標，是全球一統、世界大同。從世界經濟和貨幣發展的角度來看，其最終的結果應該是全球貨幣的統一，從而誕生一種全世界國家都樂於接受的超主權貨幣——世界元。

超主權貨幣的概念其實並不陌生，超主權貨幣的事實也曾在歷史上演，只是人們在美元本位的情況下漸漸淡忘。

黃金：最早的「超主權貨幣」

在十九世紀以前，黃金一直在國際經貿往來中扮演著「超主權貨幣」的角色。從十九世紀初一直到第一次世界大戰之前（1914年），英鎊作為最重要的主權貨幣，進入國際貨幣準備體系（英鎊與黃金掛鉤，每英鎊兌換 7.32238 克黃金），但是黃金在國際準備貨幣中一直保持 80% 以上的份額。從一戰爆發（1914年）到二戰結束（1945年），由於戰爭及經濟大衰退

（1929-1934 年）的影響，世界貨幣體系出現了長達三十年的混亂局面，儘管如此，黃金在此期間仍然在國際準備貨幣中占有重要份額（50% ～ 90% 不等）。

　　二戰結束以後，布列敦森林體系的建立確立了以「美元—黃金」為中心的國際貨幣體系，美元逐漸取得等同黃金的國際準備貨幣地位（美元與黃金掛鉤，每盎司黃金兌換 35 美元），但此時黃金仍被視為重要的國際準備貨幣。1973 年，布列敦森林體系崩潰，隨後在 1976 年的牙買加會議上，黃金被徹底非貨幣化，從此黃金作為「超主權貨幣」的身影，漸漸消失在人們的視野之外。

　　由於黃金天生具有屬性穩定、易於分割和稀少性等特性，馬克思說「天然的貨幣就是金銀」。但隨著世界經濟的發展，貨幣需求量增加，而金礦的儲量及黃金的開採量有限，跟不上世界經濟的發展。在金本位下，為了刻意維持貨幣與黃金之間的比價，實行緊縮性貨幣政策，成為各國貨幣當局的無奈之舉。另外，隨著國際經貿頻繁往來，大規模運輸黃金也變得越來越不現實，因此黃金逐漸喪失了作為國際準備貨幣的功能。事實上，現在的貨幣形式是建立在信用基礎上，而信用的衍生能力加快了資本、商品的流通速度，為人類文明及社會發展提供了無與倫比的推動力，而黃金則不具備這種能力。

　　因此，我們可以將黃金視為最早的「超主權金屬貨幣」，而它與現在的超主權信用貨幣相比，缺少了信用擴張的功能。

Bancor：凱因斯關於超主權貨幣的設計方案

　　1944 年 7 月，英國著名經濟學家梅納德·凱因斯（John Maynard Keynes），在美國布列敦森林會議上提出了名為「Bancor」的世界貨幣方案。「Bancor」主要用於國際貿易結算，將與各國主權貨幣共存，而非取代本國貨幣的流通。

　　凱因斯方案建議成立「國際清算同盟」，發揮國際央行的作用，統一發行世界貨幣 Bancor，選擇三十種有代表性的基礎商品（糧食、石油、銅材、黃金等）組成「一籃子商品」，作為確定 Bancor 幣值的根據。國際央行按照會員國二戰以前三年的進出口貿易平均值分配 Bancor 份額，但會員國無須繳納黃金或外匯（相當於免費贈送），以後則用國際央行的利潤，按份額替各國增加分配 Bancor，或者以信貸的方式擴大 Bancor 的供應量。逆差國可按份額向國際央行借款，順差國則應將順差款項存入國際央行帳戶或購買逆差國的商品。凱因斯要求各國央行以本國擁有的「Bancor」為本位，保證本國貨幣與「Bancor」之間的幣值維持確定比例；各國自己的貨幣應與「Bancor」保持一個固定、但是可以調整的匯率。

　　「凱因斯方案」解釋起來比較複雜，也很不完善。其中一個最大的問題是：「Bancor」

　　作為一種全球性的信用貨幣，國際央行發行「Bancor」，卻沒有作為信用擔保的發行保證（如黃金、外匯等）。在當時情況下，只能向美國透支（美國當時擁有世界黃金儲量的 60%）。意味著美國將付出巨額物質財富，然後收回一大堆「Bancor」，但

這些「Bancor」在當時向一片廢墟的其他國家幾乎買不到什麼東西，美國還將因此承擔起調整巨大「順差」的義務。

與此同時，戰後負債累累的英國，不需要繳納黃金或外匯，卻能根據以前的貿易記錄（以戰前三年的進出口貿易平均值計算），憑空獲得巨大份額和一筆巨額資金：英國可占「Bancor」份額的 16%，整個大英國協則可達 35%。這無異於天上掉下大餡餅。美國人對此當然不會同意，事實也確實如此，最後美國的「懷特方案」擊敗英國的「凱因斯方案」。

不過，凱因斯提出的由三十種基礎商品組成的超主權貨幣Bancor，為超主權信用貨幣的設計提供了一個思路。

特別提款權：超主權貨幣的雛形

真正可以稱得上超主權貨幣雛形的，應該是國際貨幣基金會於 1969 年創立的特別提款權（SDR）。SDR 是幾種強勢主權貨幣組成的複合型帳面資產，沒有自身的「定值基準」，不是可以流通的真實貨幣。SDR 和美元的比價是人為規定，並不是市場化的匯率，難以真正調節市場，匯率體系因此而變得更加複雜化。SDR 在使用時，必須向國際貨幣基金組織指定的其他會員國換取美元或其他外匯，並且不能直接用於貿易或非貿易的支付，只能用於成員國政府間結算。

「特別提款權」就其本質而言，是由國際貨幣基金組織為彌補國際準備手段不足，而創立的補充性國際準備工具，其基本作用在於充當成員國及基金之間的國際支付工具和貨幣定值單位，

並未成為實際流通的國際貨幣。

　　「特別提款權」創設四十年來，發揮的作用一直不大。無論作為結算、計值貨幣或準備資產，比例都微不足道。在國際準備資產總量中，最高時候也沒有超過 5%，1971 年達到 4.5%，1976 年下降到 2.8%，1982 年重新增加到 4.8%，後來基本上沒有太大變化。

　　任何一種國際貨幣都是以它本國（或本區域）信用來支撐它的國際信用。國際貨幣基金組織不是貨幣發行機構，「特別提款權」的發行並無實質經濟的支撐，因此「特別提款權」的發行數量不會很大。若是予以擴大，國際貨幣基金組織能否具有支撐這種超主權貨幣的國際信用能力，將會受到人們質疑。

　　「特別提款權」發展緩慢的原因很多，其內在缺陷應該是決定性的因素。擴大 SDR 的應用，在一定程度上可以抑制美元獨大的「鑄幣收益權特權」，緩解美元匯率波動的困擾。因此，SDR 可以作為創建「超主權貨幣」的先導，但它還不是我們需要的「世界元」。

世界元：超主權貨幣的終極目標

　　在遠未達到世界大同，國家主權依然林立的今天，世界上近兩百個國家，各自使用著自己的主權貨幣。由於政治、經濟、宗教、文化等各領域存在差異之大，尚無可能一蹴而就，實現無國界的「世界單一貨幣」或「世界元」。最有可能的操作方式是，率先建立某種過渡性的掛鉤機制，創建一種與國家主權相分離，

專用於國際貿易計價、結算和準備的前期世界貨幣——「初級世界元」，與各國主權貨幣聯合運行，從而消除以某個主權國家的信用貨幣作為世界貨幣的不合理性，從根本上糾治「牙買加體系」中強勢美元「獨霸」全球的積弊痼疾，初步實現「協和萬邦」的世界貨幣體系改革的宏偉目標。但是，任何欲終結美元國際準備貨幣地位的嘗試，都會遭到美國反對。當然，這種可以印製其他國家都接受貨幣的特權，任誰都很難放棄。

關於超主權貨幣有一個代表性觀點，即由世界貨幣聯盟逐漸過渡到「世界元」。「歐元之父」勞勃‧蒙代爾認為，未來貨幣體系，可能以貨幣聯盟的方式向新的固定匯率制回歸，而「金融穩定性三島」則是其基本架構，即美洲、歐洲和亞洲各自形成貨幣聯盟（此舉實際上與美元、歐元、亞元三足鼎立是同一個意思），三方再形成一個聯盟。他認為，只要三方能形成一致的通貨膨脹率和分配鑄幣收益權的機制，就可以實現三方聯盟，而三方貨幣聯盟是向世界貨幣過渡的方式。

此外，蒙代爾認為還有一個與此相似的方式，也可以實現上述目的，即在形成貨幣聯盟的基礎上，以美元、歐元、日元、英鎊、人民幣五個主要經濟體的貨幣為基礎，構建一個世界貨幣，並將國際貨幣基金組織改造為可以發行貨幣的世界中央銀行。最終將靈活的國際貨幣體系、全球記帳的貨幣單位、全球統一的國際基準價位和各個貨幣區域，統一在全球貨幣體系範圍內。

這兩種方式都是強調在漸進基礎上的國際貨幣體制的變革，在以和平為主題的世界格局中具有很強的現實意義。歐洲貨幣聯盟在命途多舛中能夠得以維持下來，本身就說明了這一建議的

可行性，而正在逐漸形成的美元區和不斷強化的亞洲貨幣合作機制，也昭示著這一路徑的未來前景。在全世界建立起統一的貨幣體系，實行統一的貨幣政策，並建立統一的貨幣發行銀行來負責「世界元」的發行，是國際貨幣制度設計者的終極理想。

第 5 章
泡沫經濟之殤

　　在現代市場經濟中，經濟泡沫之所以會長期
存在，主要是由於其作用的雙重性所決定的：

　　一方面，經濟泡沫的存在有利於資本集中，
促進競爭、活躍市場、繁榮經濟；另一方面，經
濟泡沫中的不實因素和投機因素，又存在著消極
成分。

什麼是泡沫經濟

在現代金融市場上，泡沫經濟（Bubble economy）早已是盡人皆知的金融名詞。歷史上最早的「泡沫經濟」，是 1636 年的荷蘭「鬱金香狂潮」，此外還有 1719 年的法國「密西西比事件」和 1720 年英國的「南海公司事件」。這三次由於過分投機引起的泡沫事件，使人們對於泡沫經濟有了深刻的認識，而英國「南海公司事件」正式成為了「泡沫經濟」一詞的語源。在世界金融史上最具標誌性的泡沫事件，是 1929 年美國股市大崩盤，導致美國經濟泡沫破裂，造成了全世界的經濟大蕭條。其後，比較著名的泡沫經濟事件還有 1987 年的美國股災、1990 年前後的日本泡沫經濟，和 2000 年的網際網路泡沫等等。

泡沫經濟的概念

關於「泡沫經濟」的定義，經濟學界幾種常見的解釋是：

1. 泡沫經濟是投機者出於高功利預期形成的社會群體熱潮，從而引起的資產價格與收益超常規上漲的經濟現象和文化現象。

2. 高速發展帶來更高的價值期望，產生了泡沫經濟。泡沫經濟是經濟高速發展時期的一種難以避免的現象，這種現象是隨著經濟過熱而產生，也是一種合乎規律的必然現象。

3. 泡沫經濟不是任何一個時期、任何一個國家、任何一個時代都可以創造出來。泡沫經濟只能產生於經濟繁榮

的大發展時期，沒有相應的經濟發展作基礎，就不會有「泡沫」出現。

也就是說，泡沫經濟的出現是整個社會對繁榮充滿信心的表現。

《辭海》中對「泡沫經濟」作了一個相對準確的定義：泡沫經濟是指虛擬資本過度成長，與相關交易持續膨脹日益脫離實物資本的成長和實業機構的成長，金融證券、地產價格飛漲，投機交易極為活躍的經濟現象。泡沫經濟寓於金融投機，造成社會經濟的虛假繁榮，最後泡沫必定破滅，導致社會震盪，甚至經濟崩潰。

為了更深入理解泡沫經濟的含義，我們先來介紹一下虛擬經濟和實質經濟的概念。

經濟學界對虛擬經濟的概念還沒有一個統一的認識，狹義的虛擬經濟，是從馬克思的「虛擬資本」概念推導而來，即一切與股票、債券發行、流通轉讓有關的金融活動都是虛擬經濟；廣義的虛擬經濟，是指除物質生產活動及有關的一切勞務以外的所有經濟活動，包括銀行、保險、房地產、體育、文藝、博弈、廣告等。因而可以這樣理解虛擬經濟的概念：即經營非生產性的貨幣資金，以融通貨幣資金為主要任務的經濟形式。實質經濟則不然，它是指物質產品的生產、銷售及提供相關服務的經濟活動。

從概念來看，實質經濟是以實物形態存在的實實在在經濟活動，是與股票、債券等受益權利證書大相徑庭的一種經濟形態，但實質經濟是虛擬經濟的基礎。這體現在有價證券的價格，主要取決於實質經濟帶來的收益和社會信用狀況。一般來說，企業的

經濟效益越高，貨幣信用狀況就越輕鬆；利率水準越低，股票和債券市場的形勢越好。總之，從一個比較長的歷史時期來看，實質經濟的運動週期，決定了虛擬經濟的運動週期。

從以上的敘述可以看出，虛擬經濟的存在，是產生泡沫經濟的前提條件。泡沫經濟除了表現為金融證券市場上的過分投機外，在房地產市場上也常有類似的情況發生。房地產業是生產兼有消費品和生產要素雙重屬性商品的產業，因而就其本質而言屬於實質經濟。但是，房地產價格的波動幅度已遠遠超過普通商品，而價格的強波動性，正是虛擬經濟的重要特徵，這就決定了房地產業同時具備虛擬經濟和實質經濟的雙重屬性。

泡沫經濟產生的根源

泡沫經濟對國民經濟發展造成的巨大危害早已為證明，那麼，泡沫經濟到底是怎樣產生的呢？

從個體方面來看，泡沫經濟主要來源於人的預期和投資動機。預期是人們參加經濟活動時，判斷未來狀況的一種複雜心理活動，可以使未來的資產價格發生變化。預期的依據是機會成本，因而其形成的資產價格是合理的，產生合理的資產泡沫。

從總體方面來看，泡沫經濟都是發生在政府總體經濟政策比較寬鬆的時期，擴張的財政政策和貨幣政策，使貨幣供應量大增，從而為泡沫經濟的產生提供了充足的資金來源。由於市場經濟具有週期性成長特點，每當經過一輪經濟蕭條之後，政府為啟動經濟成長，常常會降低利息、放鬆銀根，刺激投資和消費需

求。一些手中握有資金的企業和個人，首先想到的是把這些資金投到有保值、增值潛力的資產項目上，這是泡沫經濟存在的社會基礎。

此外，國際金融自由化也使資本流動的交易成本大大降低，使資金從一個市場轉移到另一個市場變得非常容易，從而掀起全球的經濟成長和投資熱潮。金融自由化盛行初期的投機，是泡沫產生的最直接原因，部分人投機成功，引起缺乏風險意識和金融知識的民眾紛紛效仿，最終導致投機狂潮；而金融監管不力，則為泡沫經濟的形成和膨脹提供了巨大的空間。

房地產業泡沫的產生除以上原因外，還與其他諸多因素有關，如土地資源的稀缺性、房地產自身的不可替代性、城市化、政策的傾向性、住房制度和稅收制度的缺陷、銀行信貸機制的不健全等。從全世界來看，房地產泡沫主要產生於各國大城市。

泡沫經濟與經濟泡沫的關係

泡沫經濟與經濟泡沫既有區別，又有一定聯繫。經濟泡沫是市場中普遍存在的一種經濟現象，它是指經濟成長過程中出現的一些非實質經濟因素，如金融證券、債券、地價和金融投機交易等，只要控制在適度的範圍中，對活躍市場經濟很有益；只有當經濟泡沫過多、過度膨脹，且嚴重脫離實質資本和實業發展需要的時候，才會演變成虛假繁榮的泡沫經濟。

泡沫經濟從表面上看與一般的經濟高漲有相似之處，但又有本質上的區別。經濟高漲是以正常的需求和投資為基礎，並且是

一種週期性現象，但泡沫經濟是由虛假的高盈利預期和投機行為所帶動，繁榮往往是曇花一現。泡沫經濟中交易活躍，但生產停滯，尤其是投資機構長期不景氣，實質經濟發展不快。所以泡沫經濟是「吹」起來的，實際上並無多大經濟實績，並可能導致不健康的國民心理，極有害於經濟發展。

可見，泡沫經濟是個貶義詞，而經濟泡沫則是中性範疇。所以不能將經濟泡沫與泡沫經濟簡單畫上等號，既要承認經濟泡沫存在的客觀必然性，又要防止經濟泡沫過度膨脹演變成泡沫經濟。

荷蘭鬱金香狂潮

浪漫的愛情傳說

荷蘭有四大國寶：鬱金香、風車、奶酪和木鞋，其中尤以鬱金香最為著名。鬱金香是荷蘭國花，可是它的原產地卻不在荷蘭，而是土耳其所在的小亞細亞半島。

1593 年，一位來自維也納的植物學教授，將在土耳其栽種的鬱金香帶到荷蘭。在教授的精心培育下，這些鬱金香球莖異常漂亮，一時成為荷蘭上流社會談論的焦點。也許是物以稀為貴，也或者是愛美之心人皆有之，許多王公貴族登門拜訪教授，希望求得一盆鬱金香。在教授明確表示不會將鬱金香饋贈後，王公貴族們提出重金購買的願望，但教授根本不打算賣掉這些鬱金香，

求購者不得不空手而回。

　　人們的習慣，從來都是越得不到的東西越珍貴，於是人們絞盡腦汁想得到一盆鬱金香。一個很偶然的事件，使得鬱金香得以面世：一個小偷乘教授不備，盜走了鬱金香球莖，然後拿到市場上出售。鬱金香的繁殖率極高，很快它就成為荷蘭花園裡人見人愛的花卉品種。

　　如果事情到此為止，那這個故事也就完了，可是整個事件還遠遠沒有結束。原來鬱金香在培植過程中，常受到一種鬱金香碎色病毒（Tulipa virus）的侵襲，病毒會使鬱金香花瓣產生了一些色彩對比非常鮮明的彩條或「火焰」。荷蘭人極其珍視這些被稱為「稀奇古怪」的受感染球莖，病毒促使人們開始瘋狂投機。不久，一個公認的鑒別標準是：「鬱金香球莖越古怪，其品種就越高貴，價格也就越高！」王公貴族們為了炫耀財富和地位，都喜歡在家裡擺放稀奇古怪的鬱金香。人們甚至認為，沒有鬱金香的富翁不算真正的富翁。鬱金香作為一種時尚，走進了荷蘭人的生活。

　　由於人們的渴求，鬱金香的價格開始猛漲，在投機心理和輿論鼓吹的雙重作用下，人們對鬱金香的傾慕之情愈來愈濃，最後對其表現出一種病態的傾慕，以致擁有和種植這種花卉，逐漸成為享有地位和聲譽的象徵。人們競相效仿瘋狂搶購鬱金香。精明的荷蘭商人很快看出了中間的商機，開始大量囤積鬱金香，以便在價格暴漲之後拋出。隨著投機行為的發展，越來越多的投機者加入其中。

　　十七世紀的荷蘭正是如日中天的時候，作為世界第一經濟強

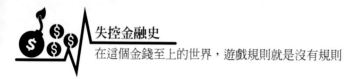

失控金融史
在這個金錢至上的世界，遊戲規則就是沒有規則

國，荷蘭控制了超過一半的國際貿易，十七世紀初設立的證券交易所和阿姆斯特丹銀行，使荷蘭成為歐洲乃至世界的金融中心，資本市場十分發達。為了方便鬱金香交易，荷蘭政府為此專門成立了鬱金香期貨交易所。一時間，鬱金香迅速膨脹為虛擬的價值符號，令千萬人為之瘋狂，價格越高，購買者越多。其他歐洲國家的投機商也紛紛雲集荷蘭，加入了這一投機狂潮。

伴隨著鬱金香狂潮，荷蘭還流傳著一則浪漫的愛情傳說：從前有位美麗的少女住在高聳的城堡裡，有三位勇士同時愛上了她。為表達愛意，一名送了皇冠，一名送了寶劍，還有一名送了金塊。但少女對三人都不鍾情，只好向花神禱告。花神深感愛情不能勉強，遂將皇冠變成鮮花，寶劍變成綠葉，金塊變成球莖，美麗的鬱金香就這麼誕生了。在每年情人節，渴望表達愛意的少男少女們，除了玫瑰，鬱金香也成了他們表達愛情的最佳選擇，這個傳說更加深了荷蘭人對鬱金香的狂熱。

燙手山芋

1636 年，一盆普普通通的鬱金香，竟然賣到了與一輛馬車相同的價格；就連長在地下、肉眼看不見的球莖，都幾經轉手交易。1637 年，一種叫「Switser」的鬱金香球莖價格，在一個月裡上漲了 485%！一年時間裡，鬱金香平均漲幅高達 5900%！有人竟然願意用一座酒坊或一幢房子，換取幾粒珍稀的鬱金香種子。

鬱金香狂潮和所有的投機事件一樣，投機泡沫總會有破滅的一天。蘇格蘭著名作家查爾斯·麥凱（Charles Mackay）在其著

作《異常流行幻象與群眾瘋狂（Extraordinary Popular Delusions and The Madness of Crowds）》中，描述了由於一起偶然的事件，宣告鬱金香狂潮的終結。

　　一位年輕的外國水手來到荷蘭，他並不知道荷蘭國內的鬱金香投機狂潮。水手離船時，順手拿了一朵名為「永遠的奧古斯都」的鬱金香球莖，這朵球莖是船主花了 3000 金幣（約合現在 3 萬美元），從阿姆斯特丹交易所買來的。當船主發現鬱金香丟失時立刻去找那位水手，在一家餐廳中找到了他，卻發現水手正滿足的就著煙燻鯡魚將球莖吞下肚。

　　水手對鬱金香球莖的價值一無所知，他認為球莖如同洋蔥一樣，不過是鯡魚的佐料。

　　價值 3000 金幣的球莖，在一名水手眼裡竟如同洋蔥，是他瘋了，還是荷蘭人太不理智了，法官也無法判斷。然而，這個偶然事件卻仿佛一枚炸彈，引起阿姆斯特丹交易所的恐慌。謹慎的投機者開始反思這種奇怪的現象，反思的結果無不例外，開始懷疑鬱金香球莖的根本價值。有極少數人開始覺得事情不妙，於是降價賣出球莖，一些敏感的人立即效仿，隨後越來越多的人加入恐慌性拋售，暴風雨終於來臨了。

　　一時間，鬱金香成了燙手山芋，無人再敢接手。鬱金香的價格宛如斷崖上滑落的土石，一瀉千里，暴跌不止。荷蘭政府發出聲明，認為鬱金香球莖價格沒有理由如此下跌，讓市民停止拋售，並試圖按合同價格的 10% 來了結所有合同，但這些努力毫無用處。一星期後，鬱金香的價格幾乎一文不值，其售價不過是一顆普通洋蔥。

一夜之間，千百萬人成為身無分文的窮光蛋，富有的商人變成了乞丐，一些王公貴族也陷入無法挽救的破產境地。人們徹底絕望了。從前那些因一夜暴富喜極而泣之人，而如今又在為突然降臨的一貧如洗仰天悲哭。

鬱金香投機狂潮，為荷蘭經濟造成了嚴重的傷害，此後荷蘭陷入了長期的蕭條中。到十七世紀晚期，荷蘭的世界霸主地位受到了英國強而有力的挑戰，歐洲經濟中心自然轉向了英吉利海峽對岸。鬱金香依然是鬱金香，荷蘭卻從世界第一強國的寶座上跌落下來，從此風光不再。

鬱金香投機狂潮雖然結束了，「鬱金香事件」卻永遠載入世界經濟史冊，成為經濟活動、特別是股票市場上投機造成價格暴漲暴跌的代名詞。

法國密西西比泡沫

十八世紀初，由於法國國王路易十四連年發動戰爭，使得法國國內經濟陷於極度困難之中，經濟蕭條，通貨緊縮。當時法國的稅制很不健全，不僅對法國王室貴族豁免稅收，而且很多地方都存在徵收漏洞。儘管法國政府不斷提高稅率，橫徵暴斂，依然入不敷出，國庫空虛，債台高築，民眾怨聲載道，國家危機重重。1715 年 9 月 1 日，路易十四逝世，繼位的法王（即路易十五）因為年幼，故由奧爾良公爵菲利普一世（Philippe de France）攝政。路易十四死後留下來的是臃腫腐敗的官僚機構，和近 25 億里弗爾（Livre，里弗爾，法國舊貨幣單位，1 金法郎

=24 里弗爾）的巨額債務，以及每年 9,000 萬里弗爾的利息負擔，這對於法國是一個十分沉重的負擔。

就在此時，貨幣理論的一代怪才約翰‧羅（John Law）來到了巴黎。約翰‧羅出生於蘇格蘭愛丁堡，青年時代受到了良好的政治經濟學教育，因在一場決鬥中殺人而不得不逃亡到歐洲大陸。

在歐洲流浪期間，約翰‧羅仔細研究了各國的貨幣銀行業務，並提出了獨特的貨幣理論觀點。他認為在就業不足的情況下，增加貨幣供給，可以在不提高物價水準的前提下增加就業機會，並增加國民產出。一旦產出增加，對貨幣的需求也會相應跟上。在充分就業之後，貨幣擴張能夠吸引外部資源，進一步增加產出。他認為紙幣本位制比貴金屬本位制更好，紙幣本位制具有更大的靈活性，提供發行貨幣的銀行更多的運轉空間和控制總體經濟的能力。而採用貴金屬本位制，發行貨幣要看手上有多少黃金白銀。如果貴金屬的產量成長跟不上經濟成長的需求，造成通貨緊縮，勢必為經濟發展帶來嚴重的阻礙；而紙幣本位制則沒有這個限制。約翰‧羅認為，擁有貨幣發行權的銀行，應當提供生產信貸和足夠的通貨來保證經濟繁榮。同時他也認識到，紙幣本位制在強化了金融貨幣政策影響力的同時，會有導致通貨膨脹的風險。

年輕的約翰‧羅在十八世紀初，就對貨幣銀行理論有如此深刻的認識，以至於兩百年後的英國著名經濟學家熊彼得（Joseph Alois Schumpeter）高度讚揚說：「約翰‧羅的金融理論，使他在任何時候都可以躋身於第一流貨幣理論家的行列之中。」

　　約翰‧羅的貨幣理論，無疑使正在發愁的法國攝政王奧爾良公爵眼前一亮，似乎法國只要建立一家能夠充分供給貨幣的銀行，就可以擺脫困境。對於手握大權的奧爾良公爵來說，只要能夠籌到錢，就是建立十家銀行也不成問題。於是在法國政府的特許下，1716 年，約翰‧羅在巴黎建立了一家私人銀行──通用銀行（Banque Générale）。通用銀行擁有發行貨幣（紙幣）的特權，它發行的貨幣可以用來兌換金屬硬幣和繳付稅款。通用銀行建立後經營的非常成功，在滿足法國政府償債和融資的同時，自身也賺取了豐厚的利潤。

　　在奧爾良公爵的支持下，1717 年 8 月，約翰‧羅取得了北美路易斯安那的貿易特許權，和加拿大的皮貨貿易壟斷權（當時這兩個地方都是法國殖民地，路易斯安那位於密西西比河流域。1803 年，拿破崙以 1,500 萬美元的價格，將路易斯安那賣給了獨立後的美國），並建立了負責北美貿易的密西西比公司。緊接著，約翰‧羅加快了在全球擴張的速度，1718 年 11 月，他改組了負責非洲貿易的塞內加爾公司，1719 年兼併了東印度公司和中國公司。約翰‧羅把這些公司全部合併到為印度公司。這樣一來，法國同海外殖民地的全部貿易，都被約翰‧羅收入囊中。

　　1718 年 12 月 4 日，通用銀行被法國政府收編，更名為皇家銀行（Banque Royale），約翰‧羅仍然擔任該銀行的主管。1719 年 1 月，皇家銀行開始發行以里弗爾為單位的紙幣。約翰‧羅在貿易和金融兩條戰線上同時出擊，節節勝利，聲望日隆。

　　1719 年 5 月，印度公司首次增發五萬股股票，每股申購價格 500 里弗爾（注：由於購買股票款可以用國債券支付，而此

時的國債券實際價值只有其面額的 20%，因此股票的實際發行價格為 100 里弗爾）。

1719 年 6 月 25 日，約翰‧羅向法國政府支付 5,000 萬里弗爾，取得了皇家造幣廠的承包權。

為了彌補這部分費用，印度公司再次發行了五萬股股票，每股 1,000 里弗爾。由於股票在市場上非常受歡迎，股價很快上升到 1,800 里弗爾（注：指以國債券衡量的股票價格，按照 20% 的折合率，其實際價格應為 360 里弗爾，下同）。

1719 年 8 月，約翰‧羅取得法國農田間接稅的徵收權。約翰‧羅認為法國的稅收體制弊病很嚴重，徵稅成本太高，漏洞太多，直接影響到了法國政府的財政收入。約翰‧羅向政府建議，由他來承包法國的農田間接稅，實行包產到戶，每年向政府支付 5,300 萬里弗爾。如果徵收的稅多於這個數字，則歸印度公司所有。由於這個數字大大高於法國政府原來的每年徵收額，奧爾良公爵當然樂意接受。

在約翰‧羅的主持之下，印度公司簡化徵稅機構、降低徵稅成本、盡力擴大稅基，並取消了對皇室貴族的免稅待遇。一時之間，印度公司在法國聲名大噪，其股票價格連連上漲。隨後，約翰‧羅的印度公司又接管了法國的直接稅徵收事務，其股票價格突破了 3,000 里弗爾。

1719 年 9 月，為了利用法國人購買印度公司股票的熱情，約翰‧羅決定以發行股票的形式，幫助奧爾良公爵償還 15 億里弗爾的國債。為此，印度公司連續三次大規模增發股票：在 1719 年 9 月 12 日、9 月 28 日和 10 月 2 日，印度公司共增發

了三十萬股的股票，每股發行價均為 5,000 里弗爾。股票一上市就被搶購一空，股票價格直線上升，到 1719 年底的時候，已經達到了每股 18,000 里弗爾。

1720 年初，約翰‧羅攀上了他人生頂峰。他一手掌管政府財政和皇家銀行的貨幣發行，另一手控制法國海外貿易與殖民地的發展。他的印度公司負責替法國徵稅，持有大量的國債。

隨後，印度公司乾脆接管皇家銀行的經營權。由於印度公司的股票價格持續猛漲，吸引了大量歐洲其他國家的資金流入法國。約翰‧羅為了抬高印度公司股市行情，宣布其股票的紅利與公司的真實前景無關。他這種深奧莫測的說法，進一步鼓勵了民間的投機活動。空前盛行的投機活動，必然大大促進對貨幣的需求。於是，只要印度公司發行股票，皇家銀行就跟著發行貨幣。每次增發股票，都伴隨著增發貨幣。1719 年 7 月 25 日，皇家銀行發行了 2.4 億里弗爾的紙幣，用以支持印度公司此前發行的 1.75 億里弗爾的股票。1719 年 9 月和 10 月，皇家銀行又發行了 2.4 億里弗爾的紙幣。

在大量增發貨幣之後，經過了一個很短的滯後期，通貨膨脹終於光臨法國。

1719 年，法國的通貨膨脹率僅為 4%；到 1720 年 1 月，迅速上升為 23%。如果說在 1720 年之前，只是一些經濟人士對約翰‧羅的政策表示懷疑，通貨膨脹則直接為廣大民眾敲響了警鐘。隨著民眾信心的動搖，1720 年 1 月，印度公司的股票價格開始暴跌。

為了維持印度公司的股票價位，約翰‧羅動用了手中所掌握

的財政大權。他將股票價格強行固定在 9,000 里弗爾，並且維持在這個價位上兩個多月。約翰·羅的政策使得股票貨幣化，進而加速了通貨膨脹。1720 年 3 月 25 日，貨幣發行擴張 3 億里弗爾，1720 年 4 月 5 日擴張 3.9 億里弗爾，1720 年 5 月 1 日擴張 4.38 億里弗爾。在 1 個多月的時間內，貨幣流通量增加了一倍。

據估算，當時流通中的紙幣有 26 億里弗爾之多，而全國的硬幣加起來還不到這個數目的一半。

到了 1720 年 5 月，約翰·羅實在支持不下去了。他發布了股票貶值令，計劃分七個階段，將股票的價格從 9000 里弗爾降到 5,000 里弗爾，同時也降低紙幣的面額，約翰·羅和他的印度公司所製造經濟奇蹟的神話突然破滅了。

約翰·羅的命令，馬上就導致了民眾的恐慌，他們為了保住自己的財產，爭先恐後地拋售股票，股價一路下滑。1720 年 9 月跌到 2,000 里弗爾，12 月跌到 1,000 里弗爾，1721 年 9 月跌到 500 里弗爾，重新回到了 1719 年 5 月的水準。

約翰·羅使出了渾身解數，希望能夠恢復民眾的信心，但是他的聲音很快就被淹沒在民眾的怒罵聲中。在股票崩盤中傾家蕩產的法國人，認定約翰·羅是歐洲的頭號騙子。約翰·羅猶如過街老鼠，人人喊打。在四面楚歌聲中，他只好出走比利時。法國的貨幣流通手段，又恢復到以硬幣為基礎的舊體制。

密西西比泡沫的破滅連累了「銀行」這個名字，在法國被詛咒了一整個世紀。

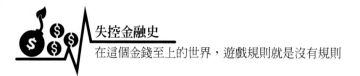

失控金融史

在這個金錢至上的世界，遊戲規則就是沒有規則

英國南海泡沫事件

英國南海公司

　　1711 年，英國政府為了向南美洲貿易擴張，而專門成立了一家公司——南海公司（South Sea Company）。

　　為了支持英國政府恢復債務信用（當時英國為與法國爭奪歐洲霸主發行了巨額國債），南海認購了 1,170 萬英鎊的英國國債，成為英國政府最大的債權人。作為報酬，英國政府對該公司經營的酒、醋、煙草等商品實行了永久性退稅政策，並給予其對南海的貿易壟斷權。

　　所謂南海，就是現在的拉丁美洲、大西洋沿岸地區。南海公司拿到這個特許權以後就開始造勢，說這個地區發現了金礦、銀礦、香料等等，這些在當時都是非常賺錢的買賣。在政府的默許下，公司管理層為南海公司編造了一則又一則美妙的故事。

　　1720 年 1 月，南海公司向英國政府提出，利用發行股票的方法來減緩國債的壓力。為了迅速籌集還債資金，不堪重負的英國政府作出了一個大膽的決定，將南海公司的股票賣給民眾。

　　南海公司當時承諾購買全部國債（超過 3,000 萬英鎊），作為交易條件，政府要逐年向公司償還債務。為了刺激人們購買股票的熱情，南海公司允許客戶以分期付款的方式（第一年僅僅只需支付 10% 的價款）來購買該公司的新股票。2 月 2 日，英國下議院通過了南海公司的提案，南海公司的股票立即從 129 英鎊

跳升到 160 英鎊；當上議院批准議案時，股票價格漲到了 390
英鎊。

很快，南海公司海市蜃樓般的利潤前景，喚起了英國人超乎
尋常的狂熱。投資者中包括半數以上的參眾議員，就連英國國王
也禁不住誘惑，認購了價值 10 萬英鎊的股票。由於購買踴躍，
股票供不應求，公司股票價格狂飆。實際上，南海公司只是一家
投機公司，為了說不清楚的目的融資，沒有人知道他們到底要做
什麼，只知道這家公司能夠賺大錢，是很好的投資對象，當時彌
漫著一種狂熱的氛圍，人們就是想要投資。

失去理性的狂熱，使南海公司的股價迅速飆升。據記載，從
1720 年 3 月到 9 月，在短短半年的時間裡，南海公司的股票價
格從每股 330 英鎊漲到了 1,050 英鎊。當時的英國正處在第一
次工業革命的前夕，大量的民間企業同樣需要籌集資本。當人們
看到南海公司發行股票十分賺錢，便開始紛紛成立公司，並背著
政府偷偷發行股票。據說，一位倫敦的印刷工人登記了一家「正
進行有潛力生意」的公司，沒有人知道這家公司的底細，他卻在
六小時之內賣出了 2,000 英鎊的股票，不久這位工人便消失得無
影無蹤。

隨著股票供給量增加，股市開始下跌，這無疑損害了南海公
司的利益。南海公司為了與民間企業爭奪有限的社會資源，他們
開始大規模活動：利用與政府之間的特殊關係遊說議會，並加以
賄賂手段，收買議員，議員可以從南海公司獲得大量的貸款購買
其股票。

英國議會在 1720 年 6 月通過了《反金融詐騙和投機法》》，

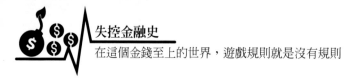
即《泡沫法（The Bubble Act）》，禁止民間組織公司。《反金融詐騙和投機法》實際上是一種諷刺，它認定民間股票是泡沫，政府用這部法律打擊民間股票的發行，同時卻助長了南海泡沫的形成。

「泡沫法」的頒布，進一步推高了南海公司的股價。可悲的是，在南海事件中所存在的大量腐敗行為，很快便擊破了南海泡沫。當人們爭先恐後購買股票的時候，當時的政府雇員——這些可以被稱為最早的內幕交易者，在股價越漲越高的時候，包括財政部長在內的許多官員，悄悄賣掉了所持有的股票。內幕人士與政府官員的大舉拋售，直接引發了南海泡沫的破滅。1720 年，南海公司的股價從最高點的 1,050 英鎊一路下跌，到 10 月中旬，已跌到 290 英鎊；到 12 月份只剩下 124 英鎊。「南海氣泡」由此破滅。

當時英國的財政部長在南海公司的內幕交易中，為自己賺取了 90 萬英鎊的巨額利潤；醜聞敗露之後，他被關進了著名的英國皇家監獄——倫敦塔。但是，比他更悲慘的卻是那些不知情的投資人，這其中還包括大名鼎鼎的科學家艾薩克·牛頓。當時牛頓正擔任英國造幣廠的廠長，由於抵擋不住股市的巨大誘惑，他也投身到購買南海股票的狂潮中。南海泡沫給牛頓造成的損失超過了 2 萬英鎊，這相當於他作為造幣廠廠長十年的薪金收入。事後，牛頓在一篇日記中不無傷感提到：我可以準確計算出天體的運動規律，卻無法計算股票市場的變化趨勢。

然而，比牛頓損失更大的則是英國的經濟，南海泡沫的破滅，使神聖的政府信用也隨之破滅了，英國沒人再敢問津股票。

從那以後的一百年，英國沒有發行過一張股票，從而為發達的英國股市歷史留下一段耐人尋味的空白。南海泡沫事件的巨大影響力和殺傷力，在世界金融史上留下了不可磨滅的印記，並成為後來「泡沫經濟」一詞的起源。

唐寧街十號

在南海泡沫事件中，英國大約有四百六十二名下院議員和122 名上院議員，因為受賄或內幕交易牽涉其中，勞勃‧沃波爾（Robert Walpole）則是當時少數未收受賄賂的大臣之一。

1720 年秋，沃波爾受國王喬治一世委託，著手整頓金融市場，採取了一系列果斷而有效的措施。南海公司的董事們紛紛被逮捕，他們的財產被沒收，並分配給無數的投資者。一場驚濤駭浪終於平息，王室的威信和議會的聲譽也得以保全。沃波爾從此聲名鵲起。1721 年 4 月，他被國王任命為第一財政大臣（政府的實際首腦），並擔任此職一直到 1742 年。在這二十年間，他依靠王室的信任和國會的支持，逐漸鞏固了自己在內閣中的首腦地位，成了英國名副其實的第一任首相。

為了獎賞沃波爾的政績並表示對他的尊重，喬治二世將距離議會大樓很近的唐寧街十號的一座磚房賜給他作為官邸。從那時起，唐寧街十號就成了英國歷屆首相辦公與居住的地方。直到今天，它依然是英國最高政治權力的象徵。

1929年美國股市大崩盤

　　1918年第一次世界大戰結束後，美國人迎來了一個前所未有的幸福時代。從1923年到1929年，美國工業生產成長近一倍，國民總收入由1919年的650億美元增至1929年的828億美元，人均收入從1919年的620美元增至1929年的681美元。美國這次經濟繁榮，主要表現為工業生產的高速成長，其中以建築、汽車、電氣和鋼鐵業的表現尤為突出。到1929年，美國的工業產值在資本主義世界的比重已達48%，超過了當時英、法、德三國的總和。當時的美國總統柯立芝（John Calvin Coolidge）聲稱，美國人民已達到了「人類歷史上罕見的幸福境界」。

　　1920年代，財富和機會對美國人特別眷顧，整個美國社會都對新技術和新生活方式趨之若鶩，「炫耀性消費」成為美國的時代潮流。1929年3月，接替柯立芝的胡佛總統（Herbert Clark Hoover）不無自豪地表示：「我們正處在取得對貧困戰爭決定性勝利的前夜，貧民窟將從美國消失。」

　　美國當時的繁榮景象，從華爾街的股票市場可以準確印證。長達十年的大牛市，把道瓊成分股從1921年的75點推到了1929年頂峰時的363點。這次大牛市在1928年3月至1929年9月表現得更加瘋狂，短短十八個月內，通用電氣公司的股票從128美元上升到396美元，美國鋼鐵公司的股票從138美元上升到279美元。美國經濟學家伯納德・巴魯克（Bernard Baruc）在1929年7月的一篇文章中寫道：「世界的經濟形勢似乎即將大幅度向前發展。」美國財政部長安德魯・梅隆（Andrew

William Mellon）也在 1929 年 9 月向民眾表示：「現在沒有擔心股市的理由，這一繁榮的高潮將繼續。」

然而，就在梅隆談話剛過去一個多月，一場規模空前的股市大崩盤，讓美國人一下子從幸福的天堂跌向災難的地獄。1929年 10 月的最後十天，集中了美國證券史上一連串讓人們痛苦不堪的「著名」日子。

10 月 21 日，紐約證券交易所一開市就遭大筆拋售，全天拋售量高達六百多萬股，以至於股市行情自動收錄機到收盤 1 小時40 分後才記錄完最後一筆交易。

10 月 23 日，形勢繼續惡化，當天《紐約時報》成分股下跌31 點，道瓊成分股下跌 24.25 點，成交量再次突破六百萬股。

10 月 24 日，星期四，這被看作是 1929 年股市大崩盤的第一天，被人們稱為「黑色星期四」。

早晨一開市，股價就如決堤之水轟然下跌，股票價格下降之快，連場內的自動行情收錄機都趕不上。早上十一點，股市已經完全聽憑盲目無情的恐慌擺布，狂跌不止，而由於承受不了股市暴跌的壓力，一小時內，十一名知名的投機者自殺身亡；中午時分，紐約幾家主要銀行迅速組成「救市基金」；下午一點，紐約證券交易所總裁理查·惠特尼（Richard Whitney）親自入場購買股票，希望力挽狂瀾。救市措施在下午取得了一定效果，到收盤時，《紐約時報》成分股只下跌了 12 點，但成交量達到了驚人的1,300 萬股，是平時的三倍。股價的巨幅波動和成交量的巨額放大，給人們脆弱的心理造成了巨大衝擊。

　　10 月 25 日星期五，胡佛總統發表文告：「美國的基本企業活動，即商品的生產與分配，是立足於健全和繁榮的基礎之上。」胡佛希望以此，刺激新一輪的投資和穩定民眾的信心。然而，人們卻再也不敢輕信這些謊話了。在經過惴惴不安的一個週末後，一切終於見分曉了。

　　10 月 28 日，星期一，股市一開盤，就開始狂跌，總統的談話絲毫沒有作用。至當天收盤時，紐約時報成分股下跌 49 點，道瓊成分股狂瀉 38.33 點，日跌幅高達 13%，「黑色星期一」由此誕生。儘管如此，這一天已經沒有人再出面救市。

　　10 月 29 日，最黑暗的一天到來了。上午十點鐘，紐約證券交易所剛剛開市，猛烈的拋單就鋪天蓋地席捲而來，人人都在不計價格拋售，經紀人被團團圍住，交易大廳一片混亂。

　　道瓊成分股一瀉千里，股價成分股已從最高點 386 點跌至 298 點，跌幅高達 22%（此紀錄直到 1987 年才被打破）。當天收市，紐約股市創造了一千六百四十一萬股成交的歷史最高紀錄。一名交易員將這一天形容為，紐約交易所一百一十二年歷史上「最糟糕的一天」，這就是史上最著名的「黑色星期二」。

　　經歷了最慘烈的「黑色星期二」以後，雖然沒有再次出現如此劇烈的跌幅，但整個 11 月份都延續了綿綿不斷的陰跌態勢。到 11 月底，道瓊成分股跌至 198 點，月跌幅達 48%。

　　據統計，從 1929 年 10 月 28 日到 11 月 13 日短短的兩個星期內，共有 300 億美元的股票市值蒸發，這相當於美國在第一次世界大戰中的軍費總支出。成千上萬的美國人眼睜睜看著他們一生的積蓄在幾週內煙消雲散。當時的紐約流行著這樣一首歌

曲：「梅隆拉響汽笛，胡佛敲起大鐘，華爾街發出信號，美國往地獄裡衝！」

　　在 1929 年至 1933 年裡，美國股市一直延續了這種「跌跌不休」的態勢，道瓊工業成分股從最高點的 381 點跌至最低點的 36 點，最大跌幅超過 90%。道瓊三十種工業股票的價格，從平均每股 364.9 美元跌落到 62.7 美元，其中，美國鋼鐵公司的股票從 260 美元下跌到 22 美元，通用汽車公司的股票從 73 美元下跌到 8 美元。

引發世界經濟大蕭條

　　小弗雷德·史維德（Fred Schwed Jr.）在《客戶的遊艇在哪裡（Where Are the Customers' Yachts?）》一書中，講述了 1929 年股市崩盤前後的一則故事，成為那一時期投機者的經典寫照：一名投資者在 1929 年初有 750 萬美元的財產，最初他還保持著理智，用其中 150 萬購買了自由國債，然後把它交給了妻子，並且告訴她，那將是他們以後所需的一切開銷，如果萬一有一天他再向她要回這些債券，一定不可以給他，因為那時候他已經喪失理智了；而在 1929 年底，那一天就來了。他向妻子開口，說需要追加保證金來保護他投到股市上的另外 600 萬美元。妻子剛開始有拒絕丈夫，但最終還是被他說服了。

　　故事的結局可想而知，他們以傾家蕩產告終。

　　受美國股市巨幅下挫的影響，整個金融市場的危機也因股市泡沫的破滅而出現。1929 年至 1933 年短短四年間，美國出現

了四次銀行恐慌和擠兌狂潮，超過五千家銀行被迫破產關門。儘管在泡沫崩潰的過程中，直接受到損失的人有限，但銀行無法避免大量呆帳的出現，而銀行系統的問題對所有人都造成直接或間接衝擊，由此引起連鎖反應：股市暴跌、投資者遭受重大損失、消費欲望驟減、商品嚴重積壓。同時，股市和銀行出現危機，使企業找不到融資管道，生產不景氣，反過來又加重了股市和銀行的危機，國民經濟雪上加霜。美國經濟隨即全面陷入毀滅性的災難之中：大量的銀行和公司倒閉、工廠關門、工人失業、工業生產和產品銷售完全停滯。許多的農場主大量銷毀賣不出去的產品，用小麥和玉米做燃料，將牛奶倒進密西西比河⋯⋯

　　1929 年美國股市大崩盤引發的經濟大蕭條，一直大約持續了十年。到 1933 年底，美國的國民生產總值幾乎還達不到 1929 年的 1/3，實際產量直到 1937 年才恢復到 1929 年的水準，接著又迅速滑坡。直到 1941 年，以美元計算的產值仍然低於 1929 年的水準。1930 年至 1940 年期間，只有 1937 年全年平均失業人數少於八百萬；而在最嚴重的 1933 年，大約有一千三百萬人失業，幾乎每四個勞動力中就有一個失業。股市大崩盤對美國投資者的信心造成了毀滅性打擊，直到二十六年後的 1954 年，美國股市才恢復到 1929 年的水準。

　　1929 年美國股市大崩盤，與此前發生的荷蘭鬱金香狂潮、法國密西西比泡沫和英國南海泡沫事件相比，它造成的巨大破壞力是史無前例的。由股市大崩盤引發的經濟大蕭條無比強烈，具有獨特的世界性影響。

　　為了渡過難關，美國的金融機構不得不收回它們在國外的

貸款，這無疑對歐洲產生了很大的影響。1931 年 5 月，維也
納最大、最有聲譽的銀行——奧地利信貸銀行（UniCredit Bank
Austria），宣布它已無清償能力，從而在整個歐洲大陸引起了一
片恐慌；7 月 9 日，德國的達姆司特與國際銀行（Darmstadter）
也跟著這樣做了。隨後兩天裡，為防止發生擠兌，德國所有銀行
都被命令放假，柏林證券交易所關閉了兩個月。這場由美國開始
的經濟大蕭條，從美國蔓延到歐洲後，各國為維護本國利益，
採取了各種形式的貿易保護措施和手段，加劇了世界經濟形勢的
惡化。

1987 年全球股災

　　1950、1960 年代，是美國經濟發展的「黃金時期」，經濟
持續穩定成長，通貨膨脹率和失業率降至很低的水準。到 1980
年代時，美國股市已經歷了長達五十年的牛市，自 1982 年起，
股價走勢更是持續上揚，交易量也迅速增加，1987 年日交易量
達到一千八百零六十萬股。股市異常繁榮，其發展速度遠遠超過
了實際經濟的成長速度，1982 年 10 月至 1987 年 9 月間，美國
工業生產的增幅為 30.5%，而道瓊工業成分股則由 1982 年 8 月
的 776.9 點猛增至 1987 年 8 月 25 日的 2,722.42 點，上漲了近
三倍。由於股市的高收益性，美國國內大量的私人資本開始從實
質經濟源源不斷流向股市，這些資金為追求短期利潤而在股市上
從事投機交易，造成股市的虛假繁榮。

　　由於美國長期以來一直奉行擴張的財政和貨幣政策，造成

債台高築、外貿赤字和預算赤字不斷上升。到 1986 年底，美國財政赤字 2,210 億美元，外貿赤字 1,562 億美元，外債更是高達 2,636 億美元。美國在 1985 年失去了保持七十一年之久的債權國地位之後，很快在 1986 年變成了世界上最大的債務國。隨著美國政府對金融市場管制的放鬆和對股票投資的減稅刺激，巨額的國際熱錢湧入美國股票市場，進一步刺激了股價高漲。在 1987 年前九個月中，僅日本購買美國股票的新增投資就達約 150 億美元，股票價格已臨近崩潰，這些都意味著美國股市將經歷一場大調整。

事實確實如此，從 1987 年 8 月以來，紐約股市即開始出現較大波動，尤其是 10 月份的前兩週，股票價格不斷下降，在 10 月 5 日至 9 日，道瓊工業平均成分股就下跌了 158.78 點，接著第二週又下跌了 235.48 點，其中 10 月 16 日一天就下跌 100 多點，人們的情緒開始變得焦躁不安。

1987 年 10 月 19 日星期一，整個華爾街都籠罩在一片陰霾之中。開市伊始，一種不祥的預感就襲上了交易大廳內每個人的心頭，道瓊工業成分股開盤瞬間就下跌 67 點，短暫的平靜之後，賣盤蜂擁而出。在一片驚慌失措中，投資者紛紛不計血本狂拋股票，完全可以用哀鴻遍野、慘不忍睹來形容當時的市場景象，這種超級恐怖的情緒一直延續到收市。

當天收盤時，道瓊工業平均成分股下降了 508.32 點，由 2,246.72 點狂跌到 1,738.47 點，跌幅高達 22.6%，創下了美國股市有史以來單日跌幅的最高紀錄（超過了 1929 年 10 月 29 日的暴跌幅度），這就是美國、乃至世界證券史上最著名的「黑色

星期一」（其「知名度」超過 1929 年 10 月 28 日的「黑色星期
一」）。如果將抽象的成分股折合成貨幣，這一天紐約股市下跌
使市場喪失了 5,000 億美元的市值。這個數目幾乎是當年美國國
內生產總值的 1/8，和法國當年的國內生產總值相當。

10 月 19 日這一天，在紐約股票交易所掛牌的一千六百
種股票中，只有五十二種股票價格上升，其餘全部下跌。其中
一千一百九十二種股票，跌到最近一年來的最低水準，而且許多
具有代表性的績優股也在劫難逃。幾乎所有著名大公司的股票均
狂跌 30% 左右：通用電氣公司下跌 33.1%、AT&T（電報電話公司）
下跌 29.5%、可口可樂公司下跌 36.5%、西屋電氣下跌 45.8%、
運通公司下跌 38.8%、波音公司下跌 29.9%。

「一切都失去控制」，《紐約時報》這樣報導。這一天損失慘
重的投資者不計其數，當時的世界首富山姆·沃爾頓（Samuel
Moore Walton）一天之內股票價值損失 21 億美元；世界上最年
輕的億萬富翁比爾蓋茲，也損失 39.45 億美元。許多百萬富翁
一日之間淪為貧民，而最悲慘的還是那些靠自己多年積存的血汗
錢投資股票的投資者。受股價暴跌震動，股民的心理變得極為脆
弱，許多因股市暴跌而不堪於債務重壓的人，精神徹底崩潰，自
殺的消息不絕於耳。

美國股災殃及全球

美國股市暴跌，迅速蔓延全球。10 月 19 日，英國倫敦金融
時報成分股下跌 183.70 點，跌幅達 10.8%，創下了英國股市史
上最大的單日跌幅；日本東京日經成分股 10 月 19 日跌 620 點，

20 日再跌 380 點，累計跌幅為 16.90%；10 月 20 日；香港恒生成分股跌 420.81 點，跌幅 11.2%。10 月 19 日或 20 日，法國、荷蘭、比利時和新加坡股市分別下跌 9.7%，11.8%，10.5% 和 12.5%，巴西、墨西哥股市更是暴跌 20% 以上。

經過 10 月 19 日、20 日暴跌後，全球股市危機並沒有結束。10 月 23 日，心慌意亂的投資者又開始在外匯市場上拋售美元，搶購強勢貨幣，造成美元大幅貶值。10 月 26 日，受美元貶值和周邊市場股市暴跌不止的影響，道瓊成分股再次暴跌 156.63 點，跌幅為 8.03%；緊接著，法國、瑞士、西德股市又分別下跌 7.0%、10.0% 和 10.1%。香港股市在被迫停市四天之後，26 日上午 11 點開始恢復交易，積壓數日的拋單洶湧而出，市場根本無法承接。至當天休市，香港恒生成分股暴跌 1,120.7 點，日跌幅高達 33.33%，創世界股市歷史上的最高跌幅紀錄。

整個 1987 年 10 月，全球股災給各國投資者造成了巨大損失，其中，美國股票市值損失 8,000 億美元，日本損失 6,000 億美元，英國損失 1,400 億美元。本次股災給西方主要已開發國家股市造成的損失總和高達 1.792 兆美元，這相當於第一次世界大戰直接和間接經濟損失 3,380 億美元的 5.3 倍。

1987 年全球股災，儘管為美國、日本以及歐洲許多國家造成了巨大損失，但它來時洶洶，去時也匆匆，基本上沒有對全球實質經濟造成太大影響，世界經濟也並沒有因此發生大經濟危機。這場肇始於美國並迅速波及全球的股災，讓我們第一次深刻領教了經濟全球化的意義和內涵。從這個角度來說，1987 年的全球股災，仍然是世界股市發展史上影響面和波及面最大的一次

股災，雖然它的破壞力遠遠比不上 1929 年的美國股市大崩盤。

日本泡沫經濟的破滅

日本大肆購買美國資產

第二次世界大戰結束以後，在美國的大力扶持下，日本經濟經過十年左右的重建，到 1955 年前後基本上達到了戰前水準。1960 至 1970 年代，得益於全世界廉價石油的供應以及相對和平的國內外環境，日本經濟迎來了歷史上最好的發展時期。

根據世界銀行的一份統計報告，日本在二戰以後的 1950 年至 1980 年三十年間，經濟平均成長速度高達 10.9%，而同期歐美國家的增速則要低很多：西德為 5.7%，法國為 4.2%，美國為 4%，英國為 2.5%。日本國民生產總值在西方已開發國家的比重，1950 年只有 1.5%，到 1980 年達到了 13.3%，成為僅次於美國的第二大已開發國家，以至於西方國家將二戰以後到 1980 年代的日本經濟發展，稱為二十世紀的「奇蹟」。

日本經濟的迅速發展，意味著其生產效率的大幅提高以及工業產品和國民財富的快速成長。由於日本產品在世界市場上的強大競爭力，對外貿易連年出現巨額順差，給美國及歐洲各國的產品出口造成了巨大壓力。面對日本產品咄咄逼人的攻勢，美國和歐洲各國想依靠提高產品競爭力的方式來戰勝日本，顯然已經不太可能；唯一有效的方法就是逼迫日元升值，這樣才能徹底削弱

日本出口工業品的競爭力。

1985 年 9 月，美國、日本、西德、法國、英國等五個已開發國家的財政部長及中央銀行行長，在紐約的廣場飯店（Plaza Hotel）舉行會議，並簽訂了著名的《廣場協議（Plaza Accord）》，要求日元對美元及西歐各國貨幣大幅度升值。在各國央行的聯手操縱下，《廣場協議》簽訂以後的兩年內，日元幣值上升到原來的兩倍以上：1985 年 9 月，1 美元兌換 250 日元；到 1987 年時，最高達到了 1 美元兌 120 日元。

日元升值以後，日本的工業出口能力確實受到了相當大的影響，但日本人也因此變得空前富裕。他們手裡的日元可以換來更多的美元了。這種情況的結果就是：美國的資產在日本人看來一下子便宜許多，過去那些在日本人看來根本買不起的東西，現在似乎唾手可得，於是手裡拿著大把美元的日本人，開始在美國大肆購買。

日本人起先在美國還只是購買一些普通的消費品和勞務，美國人當然很高興；但隨著日本人的胃口越來越大，日本人開始大量收購美國企業資產，這無疑引起了美國人的不安。這些揮舞著支票本的日本人好像對價格根本不屑一顧，他們似乎可以買下整個美國，「美國正在變成日本的第四十一個縣市」。

到 1989 年，日本人購買美國資產的熱情達到了頂峰。這一年的 6 月，SONY 公司宣布，他們以 34 億美元的價格成功購買美國娛樂業巨頭、美國文化的象徵之一──哥倫比亞影業（Columbia Pictures）。這一舉動是 SONY 公司由製造業轉向娛樂業的策略行動之一。而此前，三菱公司已經以 14 億美元購買了

更重要的美國象徵——洛克菲勒中心（Rockefeller Center），這個代表著美國資本主義進入全盛時期的偉大建築，已經屬於日本人了。

在洛杉磯，日本人掌握了中心市區幾乎一半的房地產；在夏威夷，96% 以上的外國投資來自日本，並且主要集中在豪華飯店、高級住宅等不動產方面。從 1985 年到 1990 年，日本企業總共進行了二十一起 5 億美元以上的巨型海外併購案，其中有十八起的併購對象是美國公司。到 1980 年代末，全美國 10% 的不動產已成為日本人的囊中物。

日本人在美國大量購買資產，尤其是購買那些如洛克菲勒中心、哥倫比亞影業這樣影響巨大的企業資產，引起了美國社會的極大反響。目睹本國眾多有影響的大公司、大產業轉而由日本人充當老闆，美國輿論驚呼，這簡直是日本第二次入侵美國（上一次是在 1941 年日本偷襲珍珠港）。美國人甚至自嘲說：說不定什麼時候就會傳來消息，日本人買走了自由女神像。

那些把資產賣給日本人的美國商人，被指責成唯利是圖的貪婪之輩。輿論認為這些人目光短淺，為了賺錢不惜出賣美國的象徵，他們只關心自己的收入，而絲毫不關心美國未來的長久發展和經濟安全。不少美國人要求美國政府設法防止美國的房地產價格被不計成本的日本人不斷抬高；甚至有人要求政府出面制止日本人的大肆收購，以確保美國的國家利益和領土安全。總之，美國是一片失落和哀嘆之聲，美國人感到自己正在開始被咄咄逼人的日本趕下世界第一強國的位置。

而這些對日本人來說，則是自尊心的極大滿足。很多日本

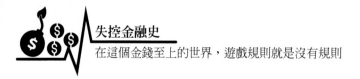

人為他們在全世界的瘋狂購買而沾沾自喜。多年來只能對美國唯唯諾諾的日本，似乎看到了自己有望超過美國，成為世界第一強國，一時風光無限。

日本泡沫經濟的破滅

《廣場協議》簽訂以後，日本的出口受到了一定程度的打擊。出於對經濟陷入衰退的擔心，日本政府便以調降利率等寬鬆的貨幣政策，維持國內經濟的景氣。從 1986 年 1 月到 1987 年 2 月，日本銀行連續五次降低利率，把中央銀行貼現率從 5% 降低到 2.5%，不僅為日本歷史最低，也為當時世界已開發國家最低；而過度擴張的貨幣政策，則產生了大量的過剩資金。在市場缺乏有利投資機會的情況下，這些資金透過各種管道流入股票市場和房地產市場，造成資產價格大幅上漲。日經成分股由 1985 年的 12,000 點開始上升。1987 年世界股市危機期間，日經成分股稍有下降，但很快率先扭轉頹勢，股價繼續一路上漲，並帶動全球股市回升。1980 年，日本個人持股比例為 8.8%，到 1988 年這一數字上升到 14.5%，日本股市的個人股東達到了兩千萬人，相當於日本總人口總數的 1/5。1989 年 12 月 29 日（當年的最後一個交易日），日經成分股創下了 38,915 點的最高收盤記錄。此時的日本股票總市值相當於國民生產總值的 1.3 倍。

與股市相比，日本的房地產市場更是達到了登峰造極的程度。由於心理預期良好、投機活動增多，炒買炒賣土地的現象非常嚴重，地價飛快上揚。地價的暴漲，使投資者不斷對企業資產

重新估價，擁有大片土地的大型企業身價倍增，股價大幅飆升，成為股市持續上揚的領頭羊。據統計，到 1988 年底，日本的土地資產總額已達國民生產總值的 1.4 倍；1989 年，日本僅大東京地區的房地產價格總和，就超過美國全國的房地產價格總和。

由於意識到了經濟過熱形成的股市和房地產泡沫，將會對經濟發展帶來巨大的危險，日本政府開始緊急實施緊縮財政和貨幣政策。從 1989 年 5 月至 1990 年 8 月，日本中央銀行先後五次上調貼現率，從最低時的 2.5% 迅速升至 6%。貼現率的急劇提高直接影響了資本的市場收益率，股價開始下跌。1990 年 4 月，日本大藏省嚴厲限制房地產業，一方面嚴格控制融資，另一方面加徵地價稅，使地價冷落下來。地價的下跌，減少了企業的帳面資產值，更促使股價下跌。同時由於資金成本不斷上升，企業增收的能力將大受制約，企業收益前景的黯淡，為投資者的心理蒙上了一層陰影，預期開始惡化。投機炒作者乘機拋售股票，進一步引起恐慌。

1990 年 1 月 2 日，日本股市一開盤就開始暴跌。到 4 月 2 日，日經成分股跌至 28,002 點，僅僅四個月，跌幅達 23%；到 10 月 1 日，日經成分股跌至 20,221 點，與最高點相比，跌幅高達 48%，十個月跌掉了將近一半的市值。1991 年上半年股市略有反彈，隨即轉入更猛的跌勢。到 1992 年 8 月 18 日，日經成分股收於 14,309 點，基本上回到了 1985 年的水準。

1991 年，巨大的房地產泡沫自東京開始破裂，迅速蔓延至日本全境。土地和房屋根本賣不出去，陸續竣工的樓房根本沒有住戶，空房到處都是。房地產價格狂跌，僅 1991 年一年時間，

日本六個最大城市的房地產價格，平均下降了 20%。據 2005 年
日本國土交通省發布的地價統計數據，日本全國的平均地價連
續十四年呈下跌趨勢。與 1991 年相比，住宅地價已經下跌了
46%，基本回到了地產泡沫產生前 1985 年的水準；商業地價下
跌了約 70%，為 1974 年以來的最低點。

股市和房地產市場價格不斷走低，促使了日本泡沫經濟的
最終破裂。從 1990 年代初開始，日本經濟一蹶不振，連續數年
呈零成長或負成長。大量的銀行、證券公司等金融機構，由於在
股市和房地產上的持股和貸款，形成了巨額不良資產和呆帳。
1994 年到 2004 年間，破產倒閉的金融機構達到一百八十家。
1980 年代在美國購買的大量資產，被迫以一半、甚至 1/3 的價
格重新賣還給美國人，日本從此陷入了長達十多年的經濟衰退。

後來，日本人將 1990 年代稱為「失去的十年」，與當初的
無限風光和自信相比，日本人只剩下嘆息和默然無語。

網際網路泡沫的破滅

1990 年代，在「眼球經濟」的炒作和推動下，以網際網路
為代表的「新經濟」高歌猛進，一時之間，「.com」成為風光無
限的流行用語。網路經濟作為一種全新的經濟發展模式，各種社
會資本對它充滿了期待，全世界的風險投資家都睜大眼睛到處尋
找網路經濟的投資機會，從而導致了一大批網際網路企業應運而
生。這些所謂的網際網路或高科技企業，憑著各種各樣新奇創意
的概念，在全球資本市場上輕而易舉募得了大量資金。編織夢

想、融資創業、燒錢炒作、上市圈錢、再燒錢⋯⋯這就是當時在風險資本催化下，一場全世界的網際網路「燒錢」運動。

在全球股票市場上，凡是沾點「網際網路血統」的股票，似乎都能扶搖直上，特別是從 1998 年 10 月起，作為新經濟晴雨表的那斯達克成分股，從 1,500 點一路上揚，持續攀升。到 2000 年 3 月 10 日，那斯達克成分股突破 5,000 點大關，並創下 5,048 點的最高紀錄。此時，網路經濟如日中天，網路公司春風得意，數以千億計的資金流向網路市場。

「偏執狂老闆」Intel 公司董事長安迪・格羅夫（Andrew Stephen Grove）曾經說過一句網路時代的警世名言：「趕快跳上電子商務的高速列車，否則你將死無葬身之地！」

與此同時，傳統企業也唯恐錯過這場世紀盛會，紛紛轉型。一場決定生存還是死亡的戰鬥在「.com」公司間醞釀，網路界的一切勢力，入口站點和電子商務公司、網路媒體和專業網站、年輕的創業者和精明的風險投資家，都緊張注視著這場即將來臨的網路大戰。無論是開工廠的還是開飯店、無論是房產商還是貿易行，大大小小的企業紛紛為自己的公司貼上帶「.com」或「.net」的標籤。

「.com」公司就這樣，在高燒中用概念代替了經營。由於以概念代替了經營，網際網路只追求大眾「眼球」的關注度，免費服務成為最具吸引力的招牌。網際網路長期的免費使用，培養了用戶「免費有理」的消費心理。雖然初期推行的免費服務確實迅速推廣了網際網路，但對一個長期生存發展的產業而言，永遠免費又成了其致命的死穴。一個健康市場或者產業，其生產和發展

的最基本條件是能吸引消費者的購買，也就是有償使用。對網際網路企業來說，永遠免費的結果只能是關門倒閉。有道是：免費的早餐，免費的午餐，最終必然導致「最後的晚餐」。

網際網路泡沫破滅

不管是對投資者還是對企業本身來講，夢想永遠代替不了現實。無論多麼獨特的創意和新奇的概念，如果它不能帶來實實在在的財富，不能改善和提高人們的生活水準，那最終也只能是曇花一現，不可能長久生存下去。夢想破滅之後，留給人們的只有痛苦和淚水，以及無窮無盡的辛酸和遺憾。

1990 年代的網際網路泡沫，和此前所有發生的泡沫一樣，最終也難逃破滅的宿命。雖然人們在一次次的歷史重演中，經歷了無數次泡沫破滅的痛苦。但過目即忘歷來是人類的秉性，對財富的渴望甚至貪婪，讓人們如飛蛾投火般一次又一次深陷其中，無法自拔。

2000 年 3 月中旬，受聯邦準備系統調高利率及微軟遭美國紐約地方法院拆分這兩大事件的影響，以網路技術股為主的美國那斯達克綜合成分股遭遇重挫，不斷下滑，網路經濟危機隨即全面爆發。在被人們稱為「流血星期五」的 4 月 14 日這一天，那斯達克成分股狂瀉 355.51 點，下跌幅度高達 9.7%，創下了那斯達克成分股創建以來單日跌幅的歷史記錄。

到 2000 年 11 月底，那斯達克跌破 2,600 點大關，與九個月前 5,048 點的歷史高位相比，下跌幅度超過 50%。事實上，

不只是網際網路，整個高科技資本市場都共同面臨著調整和困境：思科的市場價值，從最高點的 5,792 億美元下跌到 1,642 億美元；Yahoo 從 937 億美元下跌到 97 億美元；亞馬遜從 228 億美元下降到 42 億美元。據統計顯示，2000 年，美國共有兩百一十家在那斯達克上市的「.com」公司倒閉，而尚未上市就遭遇破產的企業更是不計其數。

到 2002 年 10 月 8 日，那斯達克成分股最低跌至 1,108 點，與最高點相比，跌幅高達 78.8%，重新回到了 1998 年前的水準！雖然此後開始了小幅反彈，但要想恢復過去的風光，似乎已經不太可能。那斯達克成分股的連續下挫，嚴重打擊了投資者的信心，使得靠風險投資為生的新興網際網路業遭受滅頂之災，整個網際網路業愁雲密布、寒氣逼人。

但災難並沒有就此停止，就像傾倒的多米諾骨牌一樣，從 2001 年到 2002 年，網際網路業的危機很快波及處於產業鏈上下游的電信製造商和電信業者。許多通訊企業股票下跌，盈利狀況惡化，紛紛宣布裁員，整個資訊產業步入了前所未有的寒冬中。

網際網路結束了一個狂熱和非理性的時代，人們也為其狂熱和幼稚付出了慘重的代價，同時也得到了一筆珍貴的「遺產」。在網際網路泡沫破滅、資訊通訊業陷入寒冬之後，業界對網路經濟的發展模式展開了深切的反思。痛定思痛，人們認識到，網際網路泡沫破滅其實並不是網際網路本身的失敗，而是網際網路經營模式的失敗。

失控金融史
在這個金錢至上的世界，遊戲規則就是沒有規則

第 6 章
衍生性金融商品惹的禍

　　現代經濟的發展離不開衍生性金融商品；然而，衍生性金融商品的過分投機，也會為經濟發展帶來巨大的傷害。當經濟基本面出現問題時，衍生品交易首先充當了揭醜人和引爆角色。儘管根本仍在於基本經濟或基本經濟工具的應用自身出了問題，但由於引爆所造成的破壞威力巨大，給人的觀感驚心動魄，以至於人們將衍生性金融商品稱為「金融野獸（The Wild Beast of Finan）」。

什麼是衍生性金融商品

衍生性金融商品是指其價值依賴於基礎資產價值變動的合約，這種合約可以是標準化的，也可以是非標準化的。標準化合約是指其標的物的交易價格、交易時間、資產特徵、交易方式等都是事先標準化，因此此類合約大多在交易所上市交易，如期貨；非標準化合約是指以上各項由交易的雙方自行約定，具有很強的靈活性，比如遠期利率協議。

衍生性金融商品的共同特徵是保證金交易，即只要支付一定比例的保證金就可全額交易，不需實際上的本金轉移。合約的了結，一般也採用現金差價結算的方式進行，只有在滿期日以實物交割方式履約的合約，才需要買方交足貨款。

衍生性金融商品具有以下兩個特點：

其一，零和賽局：即合約交易的雙方盈虧完全負相關，並且淨損益為零，因此稱為「零和賽局」。

其二，高槓桿性：衍生產品的交易採用保證金制度，即交易所需的最低資金，只需滿足基礎資產價值的一定百分比（一般為 5% ～ 10%）。保證金可以分為初始保證金和維持保證金，並且在交易所交易時按市值計價（mark to market），如果交易過程中的保證金比例低於維持保證金比例，那麼將收到追加保證金通知，如果投資者沒有及時追加保證金，將被強行平倉。可見，衍生品交易具有高風險、高收益的特點。

衍生性金融商品，最初是為了規避風險而產生，後來隨著市

場的發展，它又具有了價格發現（Price Discovery）的功能。但是，規避風險並不等於風險消失了，而是將風險轉移了。衍生產品的高槓桿性，就是將巨大的風險轉移給了願意承擔的人手中，這類交易者被稱為投機者，而規避風險的一方稱為避險者，另外還有一類交易者被稱為套利者，這三類交易者共同維護了衍生性金融商品市場的功能發揮和正常運轉。隨著衍生性金融商品交易市場規模和影響力逐漸擴大，規避風險和價格發現的色彩越來越淡，而投機狂潮則愈演愈烈。

國際上衍生性金融商品種類繁多，活躍的金融創新活動接連不斷地推出新的衍生產品。我們可以根據以下幾種不同的標準，對衍生性金融商品進行分類。

第一，根據衍生品形態的不同，可以分為遠期、期貨、選擇權和掉期四類。

遠期合約和期貨合約，都是交易雙方約定在未來某一特定時間、以某一特定價格、買賣某一特定數量和品質資產的交易形式。期貨合約是期貨交易所制定的標準化合約，對合約到期日及其買賣的資產的種類、數量、品質作出了統一規定。遠期合約是根據買賣雙方的特殊需求，由買賣雙方自行簽訂的合約。比較起來，期貨交易流動性較高，遠期交易流動性較低。

選擇權交易，是買賣權利的交易。選擇權合約規定了在某一特定時間、以某一特定價格買賣某一特定種類、數量、品質標的資產的權利。選擇權合同有在交易所上市的標準化合約，也有在櫃台交易的非標準化合約。

掉期（Swap）合約是一種為交易雙方簽訂的在未來某一時

期，相互交換某種資產的合約；更為準確說，掉期合約是當事人之間簽訂的在未來某一期間內，相互交換「他們認為具有相等經濟價值現金流」的合約。較為常見的是利率掉期合約和貨幣掉期合約。掉期合約中規定的交換貨幣是同種貨幣，則為利率掉期；如果不是同種貨幣，則為貨幣掉期。

第二，根據標的資產的不同，可以分為股票、利率、匯率和商品四類。

股票類中包括具體的股票，和由股票組合形成的股票成分股；利率類中包括以短期存款利率為代表的短期利率，和以長期債券利率為代表的長期利率；匯率類中包括各種不同幣種之間的比值；商品類中包括各類大宗實物商品。

第三，根據交易方法的不同，可分為場內交易和場外交易。

場內交易，又稱交易所交易，指所有的供需方集中在交易所競價交易的交易方式。這種交易方式，具有交易所向交易參與者收取保證金，同時負責結算和承擔履約擔保責任的特點。此外，由於每個投資者都有不同的需求，交易所事先設計出標準化的衍生性金融商品合同，由投資者選擇與自身需求最接近的合同和數量交易。所有的交易者集中在一個場所交易，這就增加了交易的密度，一般可以形成流動性較高的市場。期貨交易和部分標準化選擇權合同交易都屬於這種交易方式。

場外交易，又稱櫃台交易，指交易雙方直接成為交易對手的交易方式。這種交易方式有許多形態，可以根據每個使用者的不同需求設計出不同內容的產品。同時，為了滿足客戶的具體要求，出售衍生品的金融機構需要有高超的金融技術和風險管理能

力。場外交易不斷產生金融創新。但是，由於每個交易的結算是
由交易雙方獨立完成，交易參與者僅限於信用程度高的客戶。掉
期交易和遠期交易是具有代表性的櫃台交易的衍生產品。

　　在衍生性金融商品的持倉量中，按交易形態分類，遠期交
易的持倉量最大，約占整體持倉量的 40% 左右，其次分別是掉
期、期貨和選擇權。按交易對象分類，以利率掉期、利率遠期交
易等為代表的有關利率衍生性金融商品交易，占市場份額最大，
約占 60% 左右，其次分別是匯率、股票和商品。據統計，1989
年到 1995 年的六年間，衍生性金融商品市場規模擴大了 5.7
倍，雖然各種交易形態和交易對象之間的比例關係變化不大，但
整體上都呈迅速擴大的趨勢。

霸菱銀行倒閉事件

歷史悠久的貴族銀行

　　1762 年，法蘭西斯・霸菱爵士（Sir Francis Baring）在倫敦
創建了霸菱銀行 ，它是世界首家「商業銀行」，既為客戶提供資
金和投資建議，自己也開展貿易活動。由於經營靈活和富於創
新，霸菱銀行很快就在國際金融領域取得了巨大的成功。其業務
範圍相當廣泛，無論是到剛果提煉金礦，從澳洲販賣羊毛，還是
開鑿巴拿馬運河，霸菱銀行都可以提供貸款。但霸菱銀行有別於
普通的商業銀行，它不開發普通客戶存款業務，而主要為英國的
達官顯貴服務，因此它被賦予了「貴族銀行」的稱號。

　　1803 年，獨立不久的美利堅合眾國，從法國人手中購買南部的路易斯安那，所有資金就出自霸菱銀行。儘管當時霸菱銀行有一個強勁的競爭對手──羅斯柴爾德銀行（Rothschild），但霸菱銀行還是各國政府、各大公司和許多客戶的首選銀行。1886 年，霸菱銀行發行「吉尼士（Guinness）」股票，購買者手持申請表如潮水一樣湧進銀行，後來不得不動用皇家警察來維持秩序，很多人排上幾個小時的隊後，才能買到少量的「吉尼士」股票。據說，等到第二天拋出時，這些股票的價格已經漲了一倍。

　　二十世紀初，霸菱銀行很榮幸獲得了一個特殊客戶：英國王室。自此以後，英國國王（包括後來的伊麗莎白二世女王）一直是它最尊崇的客戶。霸菱銀行除了為貴族和王室管理錢財外，還曾為英國政府代理軍費收支和債券包銷，在它最鼎盛時期，其規模可以與整個英國銀行體系匹敵。由於霸菱銀行的卓越貢獻，霸菱家族先後獲得了五個世襲的爵位，這在英國銀行史上絕無僅有，從而奠定了霸菱銀行在倫敦金融城的顯赫地位，並被譽為世界金融市場上的金字塔。

　　霸菱銀行的業務專長，是企業融資和投資管理。作為一家老牌的商業銀行，它在業務拓展和內部管控方面一直都表現得很穩健。1980 年代以後，霸菱銀行開始大力開拓海外業務，先後在中國、印度、巴基斯坦、南非等新興市場國家建立辦事處。截至 1993 年底，霸菱銀行的全部資產總額為 59 億英鎊；1994 年，稅前利潤高達 1.5 億美元，其核心資本在全球一千家大銀行中排名第四百八十九位。然而這家擁有兩百三十三年歷史、在全

球掌控 270 多億英鎊資產的老牌商業銀行，竟在不到兩年（1993年 7 月到 1995 年 2 月）的時間內，被一個名叫尼克·李森（Nick Leeson）的年輕人在衍生性金融商品的交易中毀於一旦。

88888 帳戶的建立

　　尼克·李森於 1989 年 7 月 10 日，正式加入霸菱銀行工作。在此之前，他是摩根士丹利銀行結算部的一名職員。進入霸菱銀行後，李森很快爭取到了到印尼分部工作的機會。由於他富有耐心和毅力，善於邏輯推理，能完美解決從前未能解決的許多問題，印尼分部的工作很快有了起色。李森被視為期貨與選擇權結算方面的專家，倫敦總部對他在印尼的工作相當滿意。1992年，霸菱總部決定派李森到新加坡分行成立期貨分部，並出任總經理。

　　由於在期貨交易中，經常會有一些小錯誤發生，如有人會將「買進」手勢誤為「賣出」手勢；有人可能本該購買六月份期貨，卻買進了三月份期貨等等。一旦失誤，就會為銀行造成損失。在出現這些錯誤之後，銀行必須迅速妥善處理。如果錯誤無法挽回，唯一可行的辦法，就是將該項錯誤轉入電腦中一個被稱為「錯誤帳戶」的帳戶中，然後向銀行總部報告。

　　李森於 1992 年在新加坡任期貨交易員時，霸菱銀行原本有一個「99905」的「錯誤帳號」，專門處理交易過程中因疏忽造成的錯誤。這原是金融體系運作過程中正常的錯誤帳戶。1992 年夏天，倫敦總部要求李森另設立一個「錯誤帳戶」，記錄較小的錯誤，並自行在新加坡處理，以免麻煩倫敦總部的工作。於是李

森又建立了一個在華人看來非常吉利的「88888」錯誤帳戶。幾週後，倫敦總部又要求用原來的「99905」的帳戶來與倫敦總部聯繫，但這個已經建立的「88888」錯誤帳戶，卻沒有被注銷。就是這個被忽略的「88888」帳戶，日後改寫了霸菱銀行的歷史。

1992年7月17日，李森手下一名交易員金姆王，誤將客戶買進日經成分股期貨合約的指令當作賣出，損失了2萬英鎊，於當晚結算時被李森發現。但李森沒有將此事上報，而是決定用「88888」帳戶掩蓋失誤。沒過多久，類似的錯誤在李森的好友及委託執行人喬治身上再次重演，此時的喬治正處在與妻子離婚後的痛苦中。作為最好的朋友和最棒的交易員，李森很喜歡他，但喬治犯的錯誤實在太大了：李森指示他賣出的一百手九月期貨全被他買進，價值高達800萬英鎊。為了掩蓋失誤、隱瞞損失，李森又一次將失誤記入「88888」帳戶。為了彌補損失，李森開始用隱蔽的「88888」帳戶進行日經225股指期貨投機業務。

李森在一開始做得還很順手。到1993年7月，他已將「88888」號帳戶虧損的600萬英鎊轉為略有盈餘，當時他的年薪為5萬英鎊，年終獎金則將近10萬英鎊。如果李森就此打住，完全可以避免霸菱銀行覆滅的命運。

然而這一次的成功，卻為李森繼續利用「88888」帳戶進行投機交易和吸收差錯增添信心。但是，接下來的行情，出現了與李森預測相反的不利變化，隨著李森下的賭注越來越大，他再一次陷入了巨額虧損的境地。到1994年時，虧損額已由2,000萬、3,000萬英鎊，一直增加到7月的5,000萬英鎊。此時的李森已變成了一個賭徒，為了挽回損失，他一邊將霸菱銀行存在花

旗銀行的 5,000 萬英鎊挪用到「88888」帳戶中，一邊造假帳，
蒙蔽霸菱銀行的審計人員。

豪賭日經 225 股指期貨

　　李森買賣的是一種最簡單的衍生金融工具——日經 225 成
分股期貨。這是日本兩百二十五種股票的價格成分股，類似於美
國的道瓊成分股。這種交易並不複雜，李森對價值幾十億美元的
日本股票和債券，設定一個可隨時兌現的賭注，這種方式類似於
拉斯維加斯的足球賭博。足球賭博賭的是球賽的結果超過、或不
及某一比分；李森賭的是日經成分股超過、或不及某一點數。不
同的是，在美式足球賭博中，如果他輸了，只賠掉他的下注；而
在期貨市場，交易者只需拿出一個很小的比例（這一比例約為
6%）壓在台面上，所以輸贏會達到賭注的 15 ～ 20 倍。

　　霸菱銀行 一直都很信任李森，李森也宣稱他所做的巨額買
進，是根據客戶的指令進行，而且被認為是使用客戶的資金；此
外，使霸菱銀行感到高興的是，李森在該行持有的日經成分股
業務上還賺了一些小錢。霸菱的一位職員說：「我不想告訴你有
多棒，但這確實是一盤好生意。」霸菱銀行總部所不知道的是，
這些交易是透過私設的「88888」號帳戶進行，而且不受任何約
束，其結果是致命的。

　　1994 年 12 月，李森決定要賭日經成分股不會掉到 19,000
點以下，這似乎是一個安全的下注。

　　日本經濟在經歷了三年的蕭條後開始出現復甦跡象。私設

的「88888」號帳戶還有一個便利之處：李森在倫敦時，已學會把現金轉入適當戶頭，不論是在日本還是新加坡，都要求在交易日結束時，即時交割交易合同的差額。由於「88888」號帳戶名義上歸霸菱銀行所有，因而所有的交易都會得到霸菱銀行的自動支付。

1995 年元旦前後，隨著日經 225 成分股跌向 19,000 點，李森開始大量買進；可是，1995 年 1 月 18 日的日本神戶大地震，使本來堅如磐石的日經成分股，在一週之內下跌超過 7%。儘管如此，李森在此後的三週內，又繼續買進了幾千手日經 225 期貨合約，他把寶押在日經成分股能穩定在 19,000 點上。在 2 月份的第一週，李森賺了 1,000 萬美元，霸菱銀行高層欣喜若狂，夢想著李森每週都能為他們賺進這麼多錢。從 1 月 30 日起，李森以每天 1,000 萬英鎊的速度從倫敦獲得資金。來自倫敦的巨額資金支持，使李森對日經 225 股指期貨的投機上演了最後的瘋狂。

但是，衍生性金融商品交易的風險和它的收益是相等的，他完全逆市場趨勢而動的大額交易，使損失越來越大。

由於李森固執認為日本股票市場股價將會回升，而日本政府債券價格將會下跌，因此他在 1995 年 1 月至 2 月間大規模買進日經 225 成分股期貨的同時，又賣出大量日本政府債券期貨。

但一切都在朝著李森期望相反的方向發展，股指期貨的下跌和日本債券的上漲，使李森遭受了雙重的巨額損失。顯然，霸菱銀行 的財務也已經失控，因為它一直在為李森的瘋狂舉動供給資金。

百年基業毀於一旦

　　1995 年 2 月 23 日，是霸菱期貨的最後一個交易日。這一天，日經成分股下跌了 350 點，收報 17,885 點，而李森卻買進了市場中所有的合約，到收市時，李森總共持有 61039 份日經成分股期貨的多頭合約，和 26000 份日本政府債券期貨的空頭合約。

　　2 月 24 日，當日經成分股再次加速暴跌後，李森所在的霸菱期貨公司的頭寸損失，達到 8.6 億英鎊（約合 13 億美元），這是霸菱銀行全部資本及準備金的 1.2 倍。面對無法挽回的巨額損失，李森於當天晚上攜帶家眷畏罪潛逃（3 月 2 日凌晨在德國法蘭克福機場被捕，隨即被引渡回新加坡接受審判，獲刑 6 年 6 個月）。

　　面對突如其來的覆滅之災，2 月 25 日，霸菱銀行董事長不得不求助於英格蘭銀行，希望挽救局面。然而此時霸菱銀行的損失已經超過 13 億美元，並且隨著日經 225 成分股的繼續下挫，損失還將進一步擴大。因此，各個金融機構竟無人敢伸手救助霸菱銀行 這位昔日的貴賓。

　　2 月 26 日晚上，英國中央銀行——英格蘭銀行在無人援手的情況下，只好對外宣布：霸菱銀行不得繼續從事交易活動，並將申請破產清算。霸菱銀行無奈，只好四處尋找買主，承擔債務；同時，倫敦結算所表示，經與相關方面協商，將霸菱銀行作為無力償還欠款處理，並根據有關法律賦予的權力，將霸菱自營未平倉合約平倉，將其代理客戶的未平倉合約，轉移至其他會員

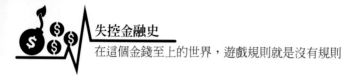

處置。

在英國中央銀行及有關方面的協助下，3月2日，在日經成分股期貨反彈 300 多點情況下，霸菱銀行所有未平倉期貨合約（包括日經 225 股指期貨及日本國債期貨等）分別在新加坡國際金融期貨交易所、東京及大阪交易所全部平掉。至此，霸菱銀行由於金融衍生工具投資失敗造成的虧損高達 9.16 億英鎊，約合 14 億多美元。

3月6日，荷蘭國際集團與霸菱銀行達成協議，以 1 英鎊的象徵性價格，接管其全部資產與負債，使其恢復運作，並將其更名為「霸菱銀行有限公司」。3月9日，該方案獲英格蘭銀行及倫敦法院批准。至此，霸菱銀行兩百三十三年的歷史終於畫上了句號，令英國人驕傲兩個世紀的霸菱銀行改易新主，可謂百年基業毀於一旦。

住友商事期銅事件

「百分之五先生」

住友財團是日本集金融、貿易、冶金、機械、石油、化工、紡織等為一體的超大型集團，在全球五百強中，一度名列第二十二位。

住友集團最初依靠在日本四國島開採銅礦起家，在其四百多年的發展過程中，透過控股或參股的方式，在全球多個國家擁有

了礦山和冶煉工廠。住友商事是住友財團的核心企業，主要從事國際金屬、機械、石油、化工、紡織等領域的貿易活動，是日本著名的四大貿易行之一。住友商事具有幾百年的開展銅貿易的經驗，並很早就參與了倫敦金屬交易所（LME）的金屬交易，在倫敦有色金屬期貨市場上具有很大的影響力。

1970 年，年僅二十二歲的濱中泰男加盟住友商事，1975 年他開始接觸有色金屬的交易。1979 年，濱中泰男被派往倫敦金屬交易所，參與金屬期貨交易。剛開始的時候，濱中泰男並沒有什麼名氣，只不過是一名普通的職員而已。但僅僅幾年時間，濱中泰男就開始顯露其不凡才華。到了 1983 年，濱中泰男所負責的期銅交易量已經達到一萬噸，並為住友商事賺取了不菲的利潤。由於濱中泰男在期銅交易市場的出色表現，1987 年他被任命為住友商事有色金屬交易部銅交易組的組長兼首席交易員，主要負責住友商事在現貨和期貨市場的銅交易。

到 1980 年代末，濱中泰男已經在國際期銅大戶中擁有了一席之地。濱中泰男有兩個耐人尋味的綽號，一個是「百分之五先生」，一個是「錘子」。前者是圈內人對他能力的尊稱，後者則刻畫了他的性格。圈內人之所以稱他「百分之五先生」，是因為濱中泰男所帶領的住友商事有色金屬交易部銅交易組，控制著全球 5% 之多的銅交易量。由此可見，濱中泰男在國際銅期貨交易上的顯赫戰績，同時也反映出住友商事在這上面的買賣決策，對國際銅市場所能造成的重大影響。

控制全世界的現銅供應

1990 年以前，濱中泰男在倫敦金屬期貨市場上，一直都是從事避險業務。進入 1990 年代以後，隨著住友商事在期銅市場上的影響力越來越大，濱中泰男的自信心也開始膨脹，從而由避險轉向了投機交易，試圖透過操縱市場來獲取暴利。

1993 年，濱中泰男在期銅交易中所持有的是多頭頭寸，即大量買進期銅合約，希望在銅價上漲時獲利。而且，濱中泰男的交易並不局限於場內進行，在 1993 年 12 月至 1994 年 6 月間，他還在未取得住友商事合法授權的情況下，私自與美國一家公司簽訂了六份購銅合同。按照合同約定，濱中泰男必須在 1994 年，每月從該美國公司購買一萬噸銅，1995 和 1996 年每月購買三萬噸。1994 年 12 月，濱中泰男又與該美國公司簽訂了同樣的合同，約定 1997 年每月購買三萬噸銅。所有這些合同涉及的銅交易量共達一百二十萬噸。濱中泰男之所以簽訂這些合同，無非是想控制世界市場上銅的供應量，從而抬高銅的現貨和期貨價格。

在濱州泰男的操縱下，倫敦金屬市場上三個月期銅價格，從 1993 年底的 1,650 元，飆升到 1995 年初的 3,080 元。隨著銅價的一路上升，濱中泰男在期銅市場持有的多頭頭寸，獲利頗豐。

但好景不長，由於 1995 年世界銅產量的大增，國際銅價開始一路下滑，越來越多的投機者開始大量拋售期銅合約，倫敦銅價一度由最高時的 3,080 元，跌至 1995 年 5 月份的 2,700 元。

面對銅價下跌，濱中泰男不但沒有減少期銅的多頭頭寸，反而繼續大量買進期銅的多頭合約，並試圖利用住友商事的雄厚財力繼續操縱市場，拉高現貨價格，從而帶動期貨價格的上漲，對空頭形成擠壓，希望逼迫空頭停損離場，期望能全身而退。

從 1995 年夏季一直到 1996 年初，濱中泰男試圖控制倫敦金屬交易所所有的現貨銅交易，以此造成銅的供應緊缺，從而拉高期銅價格。由於濱中泰男的瘋狂行為，倫敦銅價在 1995 年 8 月份又回升至 3,000 元附近。

由於濱中泰男對現貨銅的大量買進，使得倫敦期銅市場上的遠期價格大大低於近期價格，導致期銅各月合約之間的價差不正常。1995 年 11 月，這種異常情況，引起了英、美兩國證券期貨監管機構的注意，並隨即調查每個客戶在各種期銅合約上所持有的頭寸及交易所倉庫中的倉單，濱中泰男和住友商事的名字開始顯現出來。隨後，倫敦金屬交易所專門成立了一個由相互之間毫無聯繫、沒有根本利害衝突的專業律師和資深監管人員組成的特別委員會，就如何處理這種狀況探討。

但是，濱中泰男的「錘子」性格再次將他推向深淵。他認為憑藉其雄厚的資金實力，必將扭住銅價連續下跌的強勁趨勢。基本面的不佳表現，在他日益發脹的頭腦中已經不再重要。於是在他的操縱下，倫敦交易所銅價果然在 1995 年末站穩。

銅價的反常波動以及期銅各月合約的不合理價差，再次引起了英、美兩國證券期貨監管機構的關注，於是特別委員會加快了對濱中泰男和住友商事的調查進度。倫敦金屬交易市場上開始出現了恐慌情緒，到 1996 年 4 月份，倫敦銅價已經跌至每噸

2500 美元以下。儘管如此，頑強的濱中泰男在 5 月份還是將銅價強拉至 2,700 元附近。

隨著調查進一步深入，有關濱中泰男將被迫辭職的謠言也四處流傳。業內人士擔心，一旦這樣一位對銅價起巨大支撐作用的赫赫人物退出，國際銅價又如何挺得住？於是在這些傳聞的刺激下，大量恐慌性拋盤，使得隨後幾週內銅價重挫 20% 以上。

1996 年 6 月 5 日，濱中泰男未經授權或越權參與期銅和現銅交易的醜聞，在倫敦和紐約同時被公開。1996 年 6 月 24 日，住友商事宣布巨額虧損 19 億美元，並解雇濱中泰男之後，銅價由 24 小時之前的每噸 2165 美元，跌至每噸 1860 美元，狂跌之勢令人瞠目結舌，住友商事的虧損額進一步上升到 26 億美元左右。隨後，接踵而來的恐慌性拋盤打擊，更使住友商事的多頭頭寸虧損擴大至 40 億美元。

訴訟纏身賠償了結

濱中泰男操縱期銅和現銅的醜聞披露後，住友商事隨即捲入了一系列的訴訟案中。1998 年，住友商事以向英國和美國政府投資機構賠償 1.58 億美元為代價，換取了後者撤銷對它操縱銅價的指控。1999 年，住友商事再向另外三家因濱中泰男操縱市場而造成虧損的投資機構，支付 1.35 億美元賠償金。

隨後，住友商事對瑞士銀行和美國大通曼哈頓銀行提起訴訟，指控它們為該商社前首席交易員濱中泰男未經授權的交易提供融資。住友商事在起訴書中稱，瑞士銀行和大通曼哈頓銀行透

過安排貸款，幫助濱中泰男隱藏虧損，從而實現對銅價的控制。
2006 年 4 月 7 日，瑞士銀行表示同意支付住友商事 100 億日元
（約合 8,500 萬美元），以了結這場曠日持久的訴訟糾紛。

　　濱中泰男造成的損失，遠遠超過了此前包括霸菱銀行在內的
所有衍生性金融商品交易事件，而他自己也因偽造交易記錄、操
縱市場價格和財務欺詐等罪行，被東京法院以欺詐罪與偽造罪，
判處入獄七年。雖然住友商事在此次事件中遭受重大損失，但依
靠其強大的資金實力，依然正常運轉，而沒有遭遇和霸菱銀行同
樣的破產命運。

新加坡中航油巨虧事件

艱難的起步階段

　　中航油（新加坡）有限公司（簡稱新加坡公司）成立於 1993
年 5 月，由中國航油總公司（2002 年重組後成為中航油集團）、
中國對外貿易運輸總公司、新加坡海皇輪船有限公司三方共同投
資成立。該公司成立的本意是借助中航油集團在中國壟斷航油的
特許權，直接在國際上採購進口的航空用油，以降低採購價格。

　　然而，由於當時中航油集團內部有一個強勢的採購部門，
新加坡公司在成立初期，一直都沒有拿到航油的海外採購權。從
1993 年到 1995 年，新加坡公司只是為中航油集團油料從事船
運代理業務，雖然承運了進口航油三十五萬噸，但幾年下來還是

累計虧損了 100 多萬元人民幣。

因此，其他兩家股東對此深表不滿。1995 年，中航油集團收購了其他兩家合作夥伴的股權，新加坡公司成為其海外全資子公司。但是，成為全資子公司後，新加坡公司仍然沒有拿到航油的海外採購權，業務發展陷入了停滯狀態。

1997 年，三十六歲的陳久霖來到新加坡，出任中航油（新加坡）公司總經理。當時，公司可動用的資金只有 38.4 萬新幣（約合 22 萬美元）。很自然，陳久霖想到了讓公司回歸主業——為集團提供進口航油，獲得集團進口航油的採購權。這是一個無比艱難的過程：一個只有 38.4 萬新幣資金的海外小公司，對於中航油集團來說，根本不值得一提。因此，新加坡公司的要求遭到了集團採購部門的強力反對。

經過陳久霖的艱苦努力，中航油集團答應新加坡公司參與集團對外的進口航油投標，並給予新加坡公司幾萬噸的進口航油指標，讓其開始最初的嘗試。這為新加坡公司的發展帶來了轉機。在陳久霖的帶領下，新加坡公司的經營狀況開始有了明顯改善，在與集團的「博弈」中，逐漸獲得了越來越多的採購權，也使集團嘗到了甜頭——由於新加坡公司的傑出貢獻，中航油集團的進口油的成本得以降低，由此獲得的利潤也相應大幅增加。

進軍海外的「過河尖兵」

由於中國航空用油百分之百由中航油集團包辦，這其中有 33% 左右的航油透過進口採購，新加坡公司在整個中國進口

航油的市場份額，由 1997 年不足 3%，迅速飆升到 1999 年的 83%、2000 年的 92%。2000 年，中航油集團透過新加坡公司採購的進口航油達一百六十萬噸。依靠對航油進口的壟斷經營，新加坡公司的營業收入和利潤大幅成長，2000 年，該公司的營業額和稅前利潤分別達到 9.6 億和 1,620 萬新幣。

2001 年，中航油（新加坡）公司開始向外擴張，相繼收購了上海浦東國際機場航空油料有限責任公司 33% 的股權，以及西班牙最大的石油儲運企業 CLH 公司 5% 的股權，從而由一家純粹的石油貿易企業轉型為實業、工程與貿易兼營的多元化能源投資公司。

2001 年 12 月 6 日，新加坡公司在新加坡證券交易所成功上市。此後，該公司因出色的經營業績而獲得多項榮譽，曾連續兩次被評為新加坡「最具透明度」的上市公司，公司發展過程也被作為企業經營的成功案例，收入新加坡國立大學的 MBA 課程。

在新加坡公司贏得廣泛讚譽的同時，陳久霖本人也同樣是名利雙收。2002 年，陳久霖稅後收入高達 490 萬元新幣（約合 1.1 億新臺幣），其中基本薪資 48 萬新幣，分紅 12 萬新幣，其餘 460 萬新幣來自於利潤分成。

雖然家財萬貫，陳久霖卻並不是一個喜歡奢華生活的人。他租來的公寓裡，家裡沒有聘請傭人，唯一能夠顯示其身價的就是一輛賓士汽車。他曾經多次表示自己的個人生活哲學是「一日三餐，衣食無虞足矣」。2003 年，總部設在瑞士的世界經濟論壇，評選出了四十位四十五歲以下的「亞洲經濟新領袖」，陳久霖名列其中。由於在新加坡的成功，陳久霖還被提升為了中航油集團

的副總裁。

據媒體報導，新加坡公司淨資產從 1997 年的 22 萬美元，迅速增加到 2003 年的 1.67 億美元。短短六年間，該公司的淨資產增幅高達 760 倍，創造了「國有資產瘋狂增值」的輝煌業績，被視為中國企業進軍海外市場的「過河尖兵」。

捨本趨末期貨投機

在重重光環的籠罩下，陳久霖的自信心開始膨脹，這為他後來的敗績埋下了伏筆。在陳久霖看來，航空燃油「專屬進口權」帶來的高額利潤已經不足掛齒，他雄心勃勃，準備在新加坡期貨市場中進行石油衍生品交易，這是一種暴利同風險並存的投機業務。

中航油（新加坡）公司，最早在 2002 年 3 月就開始涉足石油衍生品市場，不過該公司當時並沒有自己的交易席位，而是主要透過櫃台交易（即 OTC 方式）和委託其他機構的方式進行石油選擇權買賣。2003 年 3 月，中航油集團正式取得了境外期貨交易的資格，並授權新加坡公司進行石油避險交易的具體操作。2003 年 3 月 28 日，新加坡公司擁有了從事石油衍生品交易的獨立席位和帳戶。雖然當時中航油集團明確規定，新加坡公司只能開展避險業務；但此後不久，陳久霖就擅自擴大業務範圍，從事石油衍生品選擇權交易，從而由避險轉向了選擇權投機，這是新加坡公司走向深淵的開始。

2003 年二、三季度，由於陳久霖對國際石油價格上漲的趨

勢判斷得較為準確，新加坡公司因此獲得了一定的風險利潤。資料顯示，2003 年，新加坡公司來自石油選擇權投資的收益，占到當年總利潤的 65% 以上。但從第四季度開始，陳久霖認為國際原油價格將會轉為跌勢，因此，新加坡公司的選擇權交易開始轉為賣空策略。到 2003 年底時，該公司持有的空頭倉位達到兩百萬桶。

結果證明，陳久霖的這次判斷大錯特錯。

隨著 2004 年石油價格一路上漲，中航油持有的空倉帳面虧損開始擴大。為求收復失地，陳不但沒有控制風險，反而繼續增持空倉。至 2004 年 6 月，公司因選擇權交易導致的帳面虧損，已擴大至 3500 美元。但即使到此時，陳久霖仍沒有設定交易頭寸上限，反而賭徒心態進一步加劇。他不但將選擇權合約展期至 2005 及 2006 年，而且還在新價位繼續賣空。

2004 年 8 月，陳久霖再次認為，油價必將下跌或至少不再上漲。他說：「2004 年的石油需求量，每天平均比 2003 年多出兩百萬桶，然而全球每天能額外生產石油兩百五十萬桶。因此，從總體水準來看，供應與需求應該大致平衡。」

但令他始料未及的是，受伊拉克危機、俄羅斯尤科斯石油公司（Yukos Oil）風波、阿拉伯恐怖攻擊等國際事件的影響，國際油價一直漲勢如潮。以 2004 年 9 月份新加坡公司同一家投行的石油衍生品協議為例，在這份協議中，中航油與該公司約定：石油 10 月份的平均價格，不會超過每桶 37 美元。實際上，在選擇權合同生效期間，每桶油價平均上升至 61.25 美元，中航油因而每桶損失了 24.25 美元。

新加坡公司所持有的空頭期貨合約，如果不想出現虧損，就必須將交易時間一再後拖（簡稱轉倉或挪盤），同時還需要付出相當於交易額 5% 的保證金；如果無法補足保證金，將被交易所強行平倉。強行平倉的結果，是此前的投資將全部損失，新加坡公司因此不得不一再追加保證金。

到 2004 年 10 月初，國際石油價格達到 55.67 美元時，新加坡公司的油品期貨合同已經高達五千兩百萬桶（空頭倉位），超過公司每年實際進口量三倍以上。公司帳面虧損已達 1.8 億美元。為了轉倉及應付保證金追繳，該公司 2,600 萬美元的營運資金、原本計劃用於併購的 1.6 億美元聯貸，以及 6,800 萬美元應收款項，幾乎全部用完。而此時的石油期貨價格還在繼續上漲，當時新加坡公司面臨的嚴峻局面是：石油價格每上漲 1 美元，就要為此支付 5,000 萬美元的保證金。

在傾盡全力後，新加坡公司開始向中航油集團求援。2004年 10 月 10 日，新加坡公司首次向母公司，就石油衍生品交易和潛在虧損書面匯報。中航油集團本該立即對此違規操作加以制止，強令其擇機斬倉；但集團高層竟不顧中國監管機構有關風險控制的規定，決定救助這瘋狂的賭徒行為。

10 月 20 日，中航油集團透過德意志銀行，以折價 14% 的方式出售了新加坡公司 15% 股權，並將這筆錢迅速轉做新加坡公司的救命貸款。但是，賣股所得的 1.08 億美元，仍不足以支付保證金。債權人開始迫使新加坡公司結清交易，中航油的損失從 10 月 26 日的 1.32 億美元，迅速飆升到 11 月 25 日的 3.9 億美元，並在尚未結束的交易中，還將承受 1.6 億美元的虧損，兩

項共計 5.5 億美元。11 月 26 日，新加坡公司股票被交易所停牌，當時的股價為 0.965 新元，公司市值 5.7 億美元，與虧損額大致相當。

2004 年 11 月 30 日，新加坡公司終止了所有原油期貨交易。12 月 1 日，正式向新加坡法庭申請破產保護令。

鳳凰涅槃浴火重生

中航油（新加坡）公司的破產保護令生效後，相繼收到了包括高盛集團、巴克萊銀行、標準銀行（Standard Bank Group）和三井物產等七家債權人的償付要求，債務總額超過 2.475 億美元。其中，總部位於倫敦的標準銀行發表聲明，說如果新加坡公司不在 2004 年 12 月 9 日之前還清該銀行 1,440 萬美元的貸款，將控告新加坡公司。

事實上，這些海外的債權人，大多希望中國政府能夠像以往挽救國有銀行和證券公司的做法一樣，對受損者大施援手。這些債權人透過《華爾街日報》稱：「如果北京不這麼做，那麼中國在世界各地上市公司的信譽將嚴重受損。」

為了避免事態進一步惡化，中航油集團於 2004 年 12 月 10 日派出工作組趕往新加坡處理善後事宜。為使中國的航油進口業務不致中斷，中航油集團將原先授權於新加坡公司的進口權暫時收回，並指示工作組立即注冊了另一家全資子公司——中航油貿易有限公司，代理航油招標業務。與此同時，工作組與新加坡公司的債權人就該公司的重組事宜磋商。

　　經過一年的艱苦談判，2005 年 12 月 5 日，中航油（新加坡）公司公布了重組方案：中航油集團與英國 BP 石油公司，和新加坡淡馬錫公司（Temasek Holdings）簽署協議，共同向新加坡公司注資 1.3 億美元。其中，中航油集團注資 7,577 萬美元，包括原有股份占重組後 51% 股權；英國 BP 石油公司注資 4,400 萬美元，占重組後 20% 股權；新加坡淡馬錫公司注資 1,023 萬美元，占重組後 4.65% 股權。

　　此外，新加坡公司原債權人，被邀請出資 2,200 萬美元，占重組後 10% 股權，其餘小股東將獲得 14.35% 股權。在重組協議中，外方參與重組的最重要前提條件，是新加坡公司重新獲得中國國內航油的進口壟斷權。

　　由於重組成功，新加坡公司避免了破產清算的命運，並於 2006 年 3 月 29 日重新掛牌上市。2006 年 7 月，中航油集團按照重組協議的約定，將航油進口特許權重新授予了新加坡公司。受益於航油進口特許權帶來的巨大利潤，2006 年，新加坡公司成功扭虧，2007 年利潤開始大幅成長。按照重組時的承諾，新加坡公司將分五年償還債權人 1.326 億美元的債務。由於公司經營狀況迅速改善，到 2007 年 5 月，新加坡公司提前四年還清了全部債務。

　　作為中航油（新加坡）公司巨虧事件的主要責任人陳久霖，2005 年 3 月 21 日，被新加坡法庭以財務欺詐和內幕交易等多項罪名，判刑四年三個月，並處罰金 33.5 萬新幣，其餘相關責任人也受到相應懲處。2007 年 2 月 7 日，中國國務院國有資產監督管理委員會宣布，中航油集團總經理莢長斌對中航油（新加

坡）公司巨虧事件負有不可推卸的責任，被責令辭職。至此，轟動一時的新加坡中航油巨虧事件終於落下了帷幕。

國儲拋銅事件

「最出色的交易員」

2005 年 11 月 14 日，《華爾街日報》網路版刊登的一篇名為「China Copper Trader Missing」（〈中國銅交易員失蹤〉）的文章，使「Liu Qibing」（劉其兵）這個名字一夜之間成為全球矚目的焦點。從這一天開始，又一個因為衍生性金融商品投機導致巨額虧損的事件——「國儲拋銅事件」漸漸吸引了人們的眼球。

劉其兵，1994 年 3 月進入中國物資準備局（簡稱國儲局）工作。1994 年 8 月中國物資準備調節中心（簡稱國儲中心）成立後，劉其兵調入任職。

1995 年，劉其兵被派往倫敦金屬交易所（LEM）學習期貨投資，並由此成為中國國儲中心重點培養的首位核心交易員。1996 年回中國後，劉其兵一直在國儲中心設在上海浦東的辦公室工作。1998 年，劉其兵作為國儲中心的期貨交易員，開始常駐倫敦金屬期貨交易所從事期貨投資業務。

劉其兵為人樸實低調，同行對他的印象都很不錯，而外界對這位神祕交易者知之甚少。在倫敦金屬交易所（LME）的交易員看來，「劉其兵是一個非常自在、隨和、財富不外露的人」。

他的中國同行則認為，劉其兵的沉默寡言與深居簡出，表明了他具有「成大事」的稟賦。有媒體評論說：「劉其兵是近兩年全球最出色的交易員，因為是他首先發現、並最終製造了期銅的這輪（1999-2006年）超級牛市。」

劉其兵不僅在仕途上一路平坦，其不算太長的交易生涯也可謂堪逢盛世天堂。1997年7月，中國國儲局同意劉其兵所任職的國儲中心在期貨市場開展避險業務，劉其兵被授權為國儲中心在倫敦金屬交易所（LME）開立交易帳戶的交易指令下達人。自1998年開始，國儲中心透過LME進行自營期貨業務，並在英國標準銀行、AMT等期貨經紀公司開設了多個期貨交易帳戶，具體工作由劉其兵負責實施。僅僅一年過後，銅市開始觸底，並逐漸回暖。

據了解，劉其兵在這輪牛市啟動之初就開始積極買空，從銅價1000多美元到3000美元期間，他做得非常順手。2002年，當銅的價格還在每噸1600美元時，劉其兵曾買入現貨運回中國；在2003年銅價漲到每噸2800美元時，劉其兵將其賣出，獲利頗豐。

不過，劉其兵更擅長的是在上海期交所與LME之間做反向套利（買空中國期銅的同時，賣空倫敦期銅）。儘管上海期銅一直是跟著LME走，被稱為「影子市場」，但兩個市場之間每天都有上千元甚至上萬元價差，因此這種套利行為非常普遍。由於中國國儲中心強大的現貨背景，劉其兵的一舉一動都吸引了很多跟風者。有媒體宣稱「國儲中心透過反向套利，在中國市場獲利超過7億人民幣」（注：後被證實為1.89億）。

別人的「銅牛」，劉其兵的噩夢

2004 年初，倫敦金屬交易所銅價突破每噸 3000 美元後，以熟練的技術分析著稱的劉其兵認為大跌在即，於是開始反手賣空，不斷在 LME 建空倉。2004 年下半年，中國插手市場經濟後，受國內需求大幅下降的影響，銅價於當年的下半年開始下滑，這堅定了劉其兵看空銅市的判斷；然而事實上，國際銅價絲毫都沒有受到中國銅價的影響，倫敦金屬交易所的銅價，2004 年 3 月初突破每噸 3000 美元後開始啟動，一路狂奔。

2005 年初，劉其兵開始沉不住氣，於是他決定豪賭以求翻身。他一方面繼續增持期銅的空頭頭寸，另一方面在他的結構性選擇權組合中越權，大量賣出看漲選擇權。與導致英國霸菱銀行倒閉的尼克·李森類似，雖然以大量賣出選擇權所收取的選擇權費，彌補了一時的期貨空頭追加保證金的要求，但這無異於飲鴆止渴，持續上揚的 LME 銅價，最終將劉其兵推入萬劫不復之地。

隨著劉其兵的空頭頭寸越來越大，很快就被國際資本巨擘盯上。中國一直都是銅進口大國，但劉其兵卻在國際市場上拋出數量如此巨大的銅，令國際基金龍頭感到不可思議。他們認定中國國儲局不可能有那麼多的現貨可以交割，因而乘機發動軋空戰役，一齣壯烈的軋空行情由此上演。劉其兵的空頭開得越多，銅價就漲得越快，到 2005 年 9 月，LME 銅價已從每噸 3500 美元上攻至 3700 美元。進入 10 月份後，LME 銅價很快就突破每噸 4000 美元。

至此，劉其兵的確成為一輪「銅牛」的製造者，不過這次「銅

牛」屬於別人，對劉其兵來說，則完全是一場噩夢。

劉其兵已累計開出八千手空倉合約（每手二十五噸，共計二十萬噸），其中最致命的是投機性極強、風險巨大的結構性選擇權空頭頭寸。面臨年底即將到期被執行的大量看漲選擇權，崩潰的劉其兵於 2005 年 10 月選擇出逃，還留有遺書。劉其兵出逃後，他在倫敦金屬交易所留下的二十萬噸銅期貨及選擇權的未平倉空頭合約，按照當時的價格計算造成的帳面虧損高達 6.06 億美元。

劉其兵失蹤後，起初，倫敦金屬交易所的傳言是這位交易員在「度假」。2005 年 11 月 14 日，《華爾街日報》網路版關於劉其兵失蹤的報導出現後，中國國儲局官員立即出面否認了交易員失蹤的說法，並指出劉其兵並非國儲局的工作人員。

中國國儲局高層的說法並非沒有依據，因為國儲局是國家機關，本身不能進行經營活動，因此 1994 年 8 月，中國國儲局出資成立了國儲調節中心，該中心屬於經費自理的事業單位，這個說法引起了多家為劉其兵提供授信的國際經紀商的恐慌；尤其中國國儲局表示劉其兵的交易是個人行為，他提供的授權書是偽造的，意味著國儲局方面可以不必承擔任何損失。包括英國標準銀行、摩根士丹利等在內的八家經紀商，於 2005 年 11 月底飛抵北京與中國相關機構談判，時間長達三個月之久。最後的結果是，雙方各自承擔一半的損失。

與此同時，中國國儲局和國儲中心也在展開「自救行動」。2005 年 10 月，國儲局開始在上海期貨交易所增加銅庫存。11 月 11 日，國儲局官員一反常態，公開聲稱國儲局目前手上共掌

握了一百三十萬噸銅，遠遠高出此前市場預計的三十萬噸水準。從 11 月 16 日開始連續四週，國儲局先後四次透過公開拍賣，在中國現貨市場拋售銅。除了在中國現貨市場上拋銅之外，國儲局在期貨市場上也非常高調。據媒體報導，11 月 16 日晚，國儲局向中國國務院申請要求出口二十萬噸銅，這一數字與劉其兵在 LME 所建的空頭頭寸大致相符。

但是，中國國儲局大舉拋售的行為，並沒有促使國際銅價回調。最後一次拍賣時，LME 銅價再次創出每噸 4445 美元的新高，上海期銅的兩大主力合約也都創出歷史高位。「中國國儲局的策略，反而被多頭利用，而刺激了銅價上漲。」一位期貨經紀公司的研究員這樣評價。

雖然一再努力，但最後的結果卻令中國國儲局唯有長嘆「盡人事，知天命」！一切結果都要等到 12 月 21 日（劉其兵二十萬噸空倉頭寸的交割日）這一天才能揭曉。然而，隨著 12 月 21 日的到來，倫敦金屬交易所的銅價卻「波瀾不驚」。有分析人士認為，這很大程度上是因為國儲中心採取了談判、平倉、展期及實物交割等各種應對策略所導致的結果，後來揭曉的真相也證明了這一點。

逃脫不掉的牢獄之災

2006 年 6 月 21 日，劉其兵失蹤近十個月後，在雲南昆明市被捕，隨即被押解到北京接受審判。2008 年 3 月 20 日，北京法院判決認定，劉其兵在先後任職國儲中心進出口處副處長、處長，並負責期貨自營業務的 1999 年 12 月至 2005 年 10 月期

間，違反貨交易的相關規定，將該中心資金用於境外非避險的
期貨交易，共造成中國國儲中心 9.2 億元人民幣的重大經濟損失
（截至 2007 年 4 月 30 日越權頭寸基本清理完畢時），被依法判
處有期徒刑七年。

除了劉其兵被判刑外，原國儲中心副主任、法定代表人呂
嘉範，也被以濫用職權罪，一審獲刑六年。判決書中還披露，在
2005 年的「國儲拋銅事件」中，中國國儲局及國儲中心透過實
物交割、平倉、展期等多種方式停損，將原有的 6 億多美元損失
降低到了 1.44 億美元。扣除劉其兵此前在中國期貨帳戶 1.89 億
元人民幣的盈利，累計虧損數額為 9.2 億元人民幣。

第 7 章
擾動世界的國際金融巨頭

　　資本的自然屬性是逐利性，但資本也有其社會屬性，即必須承擔相應的社會功能。當資本的逐利性與其社會功能不能和諧共存時，這就涉及資本運動規律與政府責任了。

　　當「熱錢」在市場上狼奔豕突，作為公共利益的代表者，政府應該把精力放在規劃博弈戰場和制定遊戲規則上，遏制資本逐利的魔鬼面，阻止或盡可能降低資本逐利性對公共利益的損害。

摩根士丹利

華爾街的拿破崙

　　摩根家族的歷史最早可追溯到 1838 年，美國商人喬治・皮博迪（George Peabody）在倫敦開設的喬治・皮博迪商行。1854 年，喬治・皮博迪邀請另一位美國人朱尼厄斯・摩根（Junius Morgan）加入。喬治・皮博迪退休以後，1864 年，朱尼厄斯・摩根收購了該商行，並改名為 J.S. 摩根公司。J.S. 摩根公司在朱尼厄斯・摩根的帶領下很快壯大，並在紐約設立了分支機構，交給兒子 J.P. 摩根（J.Pierpont Morgan）打理。而 J.P. 摩根就是後來美國大名鼎鼎的摩根財團創始人，任何人想了解美國經濟史和金融史，就永遠無法繞開他。

　　1861 年，二十四歲的 J.P. 摩根在父親的支持下，建立以自己名字命名的摩根大通。1865 年，陷入南北戰爭泥潭的美國聯邦政府，為了籌措戰爭經費和解決財政危機，委託摩根父子及摩根大通為其代理銷售了 2 億美元的政府國債。透過此次國債承銷，J.P. 摩根為自己賺取了「第一桶金」。

　　1870 年，摩根大通又向在普法戰爭中陷入困境的法國政府，提供了 2.5 億法郎（約合 5,000 萬美元）的貸款。要知道，這個金額在當時是個相當大的數字：1803 年，美國從法國手裡買下的路易斯安那，整整 214 萬平方公里的土地才 1,500 萬美元；1867 年，美國從俄國手裡購買的阿拉斯加，超過 151 萬平方公里的土地也只花了 720 萬美元。此後，摩根大通成為各國

政府進行國際融資的首選合作對象。

　　1871 年，摩根大通引入了合夥人制度，並將公司名稱改為德雷克塞爾—摩根公司，專門從事投資與信貸等銀行業務；但由於「J.P. 摩根」這個招牌在美國以及國際的巨大影響力，J.P. 摩根在合夥人去世後，於 1895 年重新將公司名稱改回為摩根大通。

　　十九世紀末二十世紀初，美國掀起了第一次企業兼併狂潮，摩根大通透過發行股票和債券等方式，為美國鐵路公司、美國鋼鐵公司、通用電氣公司、AT&T 等大型企業提供巨額融資，並藉此實現了對它們的控制權。在摩根大通的財力支持下，美國建立起了強大的工業體系。

　　除了對美國工業發展的貢獻外，J.P. 摩根還多次扮演了中央銀行的角色，「拯救」美國金融業。在 1907 年的華爾街金融危機中，他曾組織多位銀行家，前後共安排了 5,000 萬美元的一條龍救助計畫，以拯救當時陷入恐慌中的華爾街。

　　二十世紀初，可以毫不誇張地說，J.P. 摩根已經成了全世界的債主。1912 年，由摩根財團控制的金融機構達到十三家，合計資產總額 30.4 億美元，占據了美國金融業的半壁江山。其中以摩根大通實力最雄厚，稱雄於美國金融界，華爾街的金融家因此稱 J.P. 摩根為「銀行家的銀行家」、「華爾街的拿破崙」。J.P. 摩根在美國金融業的傑出貢獻和超強影響力，使其曾兩度使美國經濟起死回生。當然，他本人除了贏得了巨大聲望外，也為摩根財團賺取了巨額財富，有人曾戲說：三代美國總統為其打工。

　　1913 年，也就是美國中央銀行——聯邦準備系統誕生的同

一年，偉大的 J.P. 摩根結束了他作為美國「中央銀行家」的歷史使命，離開人世；然而，他開創的摩根金融帝國還在延續。

摩根士丹利的誕生

1929 年，美國股市大崩盤引起經濟大蕭條，1933 年 3 月上台的羅斯福總統簽署了《格拉斯 - 斯蒂格爾法案（Glass-Steagall Act）》（亦稱《1933 年銀行法》），根據該法案規定：商業銀行業務和證券業務必須分離。

1935 年春天，在美國緬因州岸邊的小島農場裡，摩根財團做出了一個重大決定：將摩根銀行拆分成兩部分，一部分繼續從事傳統的商業銀行業務，並沿用 J.P. 摩根銀行的名稱（注：2000 年，J.P. 摩根銀行與大通曼哈頓銀行合併，改稱「摩根大通銀行」）；另一部分被分離，成立一家完全獨立的投資銀行，名叫摩根士丹利。

當時有二十人走出摩根銀行，組建了摩根士丹利，這些高階員工幾乎完全掌握了 50 萬美元的普通股，而真正的啟動股本金是 700 萬美元沒有投票權的特別股。在公司開業的第一天晚上，一個看門人預備了一張桌子接受客人的鮮花；第二天他來上班時，發現公司門前的街道已經擺滿了兩百多個花籃，原來是摩根士丹利的競爭者和華爾街同行，用這種方式表達他們的敬意。

第一個星期就有非常多公司來商談，以至於當一間大公司的董事長來商談融資的時候，哈羅德·士丹利（Harold Stanley）說：「讓他下星期再來吧。」在開業的第一年，摩根士丹利令人

咋舌，承接了 10 億美元的股票發行業務，相當於當年美國投行市場 1/4 的份額，而此時公司只有二十多名員工。1941 年，摩根士丹利成為紐約證交所的合作夥伴。

　　從 1935 年到 1970 年，摩根史丹利一統天下的威力令人側目，此後再也沒有哪家投資銀行能與之相提並論。它的客戶囊括了全球十大石油巨頭中的六家、全美十大公司的七家。當時有一句流行的廣告詞是「如果上帝要融資，他也要找摩根士丹利。」有人曾這樣評價：「摩根士丹利繼承了美國歷史上最強大的金融集團——摩根財團的大部分貴族血統，代表了美國金融巨頭主導現代全球金融市場的光榮歷史。」《摩根財團（The House Of Morgan）》一書的作者羅恩·徹諾（Ron Chernow）也認為：「摩根史丹利的策略，就是使得客戶感覺到自己獲准加入了一家私人俱樂部，而其帳戶就相當於貴族社會的會員卡一樣。」

惡意收購的始作俑者

　　1974 年，摩根士丹利進行了第一次敵意大兼併，並由此主宰了惡意收購（hostile takeover）這個蠻橫的世界。在其後的二十多年，摩根士丹利一直是美國的第一兼併顧問。1986 年，摩根士丹利在紐約證券交易所掛牌上市，從而由合夥制企業轉變成一個公開發行公司。

　　進入 1990 年代，摩根士丹利進一步擴張，並逐漸發展成為全方位的金融服務公司，提供整合式的多種金融產品。1997 年，摩根士丹利兼併了西爾斯公司（Sears Roebuck）下屬的投資銀行添惠公司（Dean Witter），並更名為摩根士丹利 - 添惠公

司（2001 年重新改回原先的名字摩根士丹利）。此次合併，將美國金融界兩位最具個性的銀行家帶到一起：摩根士丹利的約翰·麥克（John Mack）與添惠的裴熙亮（Philip Purcell），兩人的衝突最終以 2001 年 7 月約翰·麥克的離職結束。在 2000 年之前，摩根士丹利的股本收益率一直都保持在 30% 以上，並被認為是效益最好的上市投資銀行。

在 2001 年的「911 恐怖攻擊」事件中，摩根士丹利喪失了它在紐約世界貿易中心一百二十萬平方英尺的辦公空間，後來該公司在時代廣場附近新購置了七十五萬平方英尺的辦公大樓，作為摩根士丹利的全球總部。

不同金融市場之間的聯繫，隨著技術發展、監管障礙的消除，以及客戶對全球服務需求日益提高，而變得更加緊密。摩根士丹利的金融服務是名符其實的全球業務，從公司總部所在地紐約，到倫敦、法蘭克福、東京和香港等全球各個金融中心，都有摩根士丹利的據點，數以萬計的員工每天都在為各地客戶提供具洞察力的全球觀點和本地化專業服務。不論是政府、公司企業、機構投資者還是個人；不論是希望到國際市場融資、管理外匯資產，還是尋求出售、收購、兼併、重組機會；不論是幫助客戶進行債券、股票或商品交易，還是管理私人財富，摩根士丹利都能透過其人才、創意、網路及資本，幫助客戶實現財務目標。

摩根士丹利在全球共有五萬多名員工，分別來自一百二十個不同的國家和地區，使用的語言超過九十多種。他們分駐在全球二十八個國家的六百多個辦事處，形成一個高效有序的全球金融網路。摩根士丹利憑藉其出類拔萃的實力，不論是在美國國內

或國際業務拓展、新科技的運用或創新金融工具和技術的開發方面，均能領先對手，並締造了多項輝煌成績，為個人、機構和投資銀行客戶重新制定金融服務的定義。

　　然而，進入二十一世紀以後，摩根士丹利的表現不盡如人意，以至於被後來的高盛集團超過。逐年下滑的經營業績和市場份額，讓摩根士丹利的 CEO 裴熙亮備受各方指責；2008 年的全球金融危機，更是對摩根士丹利造成了劇烈衝擊，外界紛紛傳言，摩根士丹利可能被美國的美洲銀行或英國的匯豐集團收購。但最終的結果是：摩根士丹利透過各種手段，避免了破產被收購的命運，但也為此付出了代價。2008 年 9 月 21 日，聯邦準備系統宣布摩根士丹利和高盛集團轉制為銀行控股公司（注：受 2008 年的全球金融危機影響，美國華爾街五大投行中，貝爾斯登（Bear Stearns Cos.）、雷曼兄弟（Lehman Brothers Holdings Inc.）和美林證券（Merrill Lynch），分別遭遇了破產和被收購的結局，只有摩根士丹利和高盛集團得以倖存。

高盛集團

華爾街的笑柄，錯誤的代名詞

　　高盛集團成立於 1869 年，總部設在紐約的華爾街。創業時，高盛只有一名行政人員和一名兼職記帳士，其最初的業務是從事商業票據交易，創始人馬庫斯·高德曼（Marcus Goldman）每天沿街打折收購商人們手中的本票，然後在某個約定的日期，

由原出售本票的商人按票面金額支付現金，其中差額便是馬庫斯的收入。

1890 年代，第一次世界大戰時，美國的投資銀行業開始形成，但與商業銀行沒有區分，屬於混業經營的商業模式。高盛公司也開始增加貸款、外匯兌換及新興的股票承銷等業務，並於 1896 年成為紐約證券交易所的正式會員。雖然當時的規模很小，卻已經具備了投資銀行的雛形，不過此時的高盛公司業務仍然以票據交易為主。

進入 1920 年代，高盛公司從單一的票據業務，開始向全面的投資銀行轉變，並成立了專門的高盛股票交易公司。在當時的掌門人維迪奧‧卡欽斯（Waddill Catchings）的推動下，高盛公司以每天成立一家信託投資公司的速度進入，並迅速擴張類似現在互助基金的業務，股票發行量很快膨脹至 1 億美元。公司迎來了創立後最快的發展時期，股票由最初的每股幾美元，快速漲到 100 多美元，最後漲到了 1929 年 9 月的 200 多美元。

但是好景不長，1929 年 10 月開始的華爾街股市大崩盤，使得高盛的股價一落千丈，最低時只有 1 元多，公司股東損失了 92% 的原始投資，公司的聲譽也在華爾街一落千丈，成為華爾街的笑柄，錯誤的代名詞，並一度瀕臨倒閉。

1933 年，美國總統羅斯福上台後，頒布的《格拉斯 - 斯蒂格爾法》規定：商業銀行與投資銀行分業經營，高盛集團徹底放棄了以前的商業銀行業務，集中精力專門從事投資銀行業務。此後高盛的繼任者們，一直秉承著保守、穩健的經營作風，用了整整三十年時間，才使遭受「股市大崩盤」重創的高盛公司恢復元

氣。1960 年代後，高盛增加了大宗股票交易業務，從而使公司獲得了新的利潤成長點。

反惡意收購的頂級大師

1970 年代，高盛抓住了一個很大的商機，從而在投資銀行界異軍突起。當時資本市場上興起惡意收購（hostile takeover），使投資產業徹底打破了傳統的格局，催發了新的產業秩序。高盛率先打出「反收購顧問」的旗幟，幫助那些遭受惡意收購的公司，請來友好競價者參與競價、抬高收購價格或採取反商業信託訴訟，用以狙擊惡意收購者，高盛一下子成了遭受惡意收購企業的恩人。

1974 年 7 月，投資銀行界信譽最好的摩根士丹利，首先參與了惡意收購活動。當時摩根士丹利代表其加拿大客戶國際鎳鉻公司（INCO），參與了企圖惡意收購當時世界最大的電池製造商電儲電池公司（ESB）的行動。ESB 在得知摩根士丹利的敵對意圖後，打電話給當時掌管高盛公司兼併收購部的佛里曼（Stephen Friedman）請求幫忙。第二天上午九點，佛里曼來到位於費城的 ESB 公司老闆辦公室。

當佛里曼得知競購價格是每股 20 美元（比上一個交易日上漲 9 美元）時，建議 ESB 用「白馬騎士（White Knight）」（被惡意收購的公司請來友好的競價者參與競價，以抬高收購價格）的辦法對付 INCO，或進行反商業信託訴訟，在高盛公司和「白馬騎士」聯合航空製造公司的協助下，INCO 最終付出了 41 美元的高價，ESB 的股東們持有的股票因此上漲超過了 100%。

　　INCO 和 ESB 之間的鬥爭，給了高盛公司在這一方面成功的經驗，同時也是好運來臨的徵兆。當然，剛開始的一段時間裡，高盛經常要登門拜訪，對方才願意接受高盛的服務。

　　1976 年 7 月，阿茲克石油公司（Aztec Oil）受到了敵對性攻擊，但是他們對高盛的服務絲毫不感興趣。他們請來了律師，並初步控制了事態。佛里曼建議他們重新考慮一下自己的決定，並告訴對方，高盛的工作小組正在前往機場的路上，幾個小時以後就可以和他們私下協商。佛里曼後來說：「我們火速趕到機場，直飛達拉斯，但對方仍然不願會見我們，於是我們就在他們公司附近住下，然後進去告訴對方一些他們沒有考慮到的事情，但是得到的回答是『我們不需要你們的服務。』我們說：『明天我們還會回來。』以後我們每天到附近的商店買一些東西，讓他們知道我們堅持留下來等待消息。」最後阿茲克石油公司認識到了問題的嚴重性，同時也被高盛工作小組的執著精神所感動，同意高盛公司為他們服務。

　　在一次又一次的收購與反收購鬥爭中，首先是摩根士丹利，然後是第一波士頓（Credit Suisse First Boston）都充當了收購者的角色，而高盛公司則是反惡意收購的支柱。雖然參與敵意併購，使摩根士丹利獲得了破紀錄的收入，但是高盛公司採取了與其截然不同的政策，拒絕為惡意收購者提供服務。許多同行競爭對手認為高盛這一舉動是偽善行為，目的是引人注目以及籠絡人心，而高盛卻認為他們是在對自己和客戶的長期利益負責。

　　反惡意收購業務給高盛投資銀行部帶來的好處難以估量。1966 年，其併購業務收入是 60 萬美元，到了 1980 年已升至大

約 9,000 萬美元。1989 年，併購機構的年收入達 3.5 億美元；八年之後，這一指標再度上升至 10 億美元。高盛集團由此成為世界投資銀行界的頂級選手。

轉制為銀行控股公司

為了適應經濟全球化的發展需要，高盛集團告別了長達一百三十年的合夥人制度，於 1999 年 5 月，在紐約證券交易所掛牌上市。作為全球頂級的投資銀行，高盛集團除了紐約總部外，還在東京、倫敦和香港開設了分部，並在全球二十三個國家擁有四十一個辦事處，其所有運作都建立於緊密一體的全球基礎上，由優秀的專家為客戶服務。高盛集團同時擁有豐富的地區市場經驗和國際運作能力。隨著全球經濟的發展，公司也持續不斷發展，以幫助客戶無論在世界何地都能敏銳發現和抓住投資的機會。

2008 年的全球金融危機，對美國的投資銀行業造成了前所未有的巨大衝擊，高盛作為全球最大的投資銀行，也在此次金融危機中遭受重創。雖然高盛集團憑藉其強大的實力得以倖存，但也不得不於 2008 年 9 月 21 日，宣布由投資銀行轉為銀行控股公司。（1999 年 11 月 4 日，美國國會批准透過《金融服務法現代化法案（Financial Services Modernization Act of 1999）》，從而取代了 1933 年頒布實行了六十六年的《格拉斯 - 斯蒂格爾法》，其本意是為傳統商業銀行開展投資銀行業務掃清障礙，沒承想竟成了此次金融危機中高盛和摩根士丹利的救命稻草。）

世界股神華倫·巴菲特

天生的生意人

1930 年 8 月 30 日，華倫·巴菲特出生於美國內華達州的奧馬哈市。他出生時，正碰上 1930 年代的經濟大蕭條。巴菲特一周歲時，從事證券銷售工作的父親就失業了，家庭的變故使巴菲特從小就對錢產生了極大的渴望。孩童時的巴菲特對數字特別敏感，他對數字的喜好超過了一切。這種與生俱來的天賦，幫助他在進入投資領域後比別人更能精確計算投資的風險和報酬。

五歲時，巴菲特就在自家門前向路人兜售從祖父雜貨店裡批發的口香糖和檸檬汁；六歲與家人去郊外度假時，他用 25 美分買了六瓶可樂，然後在湖邊以 50 美分一瓶的價格賣給遊人；九歲時，他就知道透過收集瓶蓋，來了解哪一種品牌的氣泡飲料生意最好。他還經常帶領小跟班到球場附近撿被打飛的高爾夫球，然後轉手倒賣，賺取外快。

1940 年，十歲的巴菲特和家人一起遷到了紐約。在這個世界金融中心，他被華爾街股票交易所的景象迷住了。一年後，只有十一歲的巴菲特開始了他的第一次的股票投資，以每股 38 美元的價格買進了一支股票；不久，這支股票的價格漲到了 40 美元，巴菲特將股票全部拋出。

首次投資雖然賺不多，但卻讓他第一次嘗到了成功的喜悅。

1943 年，巴菲特的父親當選為國會議員，全家再次遷往華

盛頓，巴菲特因此成為《華盛頓郵報》的報童。這一年，才十三歲的巴菲特煞有介事登記了自己的收入，提交了納稅清單，並拒絕父母為他代交稅款。

1947 年，巴菲特進入常春藤盟校賓州大學，於華頓商學院（Wharton School）攻讀財務和商業管理。然而他對華頓教授們的空洞理論並不感興趣，兩年後便不辭而別，輾轉考入哥倫比亞大學金融系，成了著名投資專家、證券分析學之父班傑明‧葛拉漢（Benjamin Graham）的學生。

葛拉漢是個不同尋常的人，他告訴巴菲特，投資者不要老是盯著股市行情表，而應放到發行股票的公司。投資者應該了解的是公司的盈利能力、資產負債和未來前景，只有這樣才能發現或計算出一支股票的「真正價值」。他告誡巴菲特，對華爾街要當心，不要聽信傳聞和所謂的內幕消息。葛拉漢「嚴禁損失」的投資哲學，成為日後巴菲特奉行的最高法則。巴菲特進而將其概括為自己的法則：第一條法則是不許失敗；第二條法則是永遠記住第一條法則。

幾年後，巴菲特以優異的成績從哥倫比亞大學畢業，但找工作時卻四處碰壁。1956 年初，他心灰意冷回到家鄉奧馬哈，決心自己一試身手。在一次家族聚會上，巴菲特宣布自己要在三十歲以前成為百萬富翁，「如果實現不了這個目標，就從奧馬哈最高的建築上跳下去」。隨後不久，巴菲特用親友湊的 10.5 萬美元，注冊了巴菲特聯合有限公司（Buffett Associates, Ltd.），這其中有他自己的 100 美元，正式開始了職業投資生涯。

巴菲特並不經常出門，他總是呆在奧馬哈的家中，埋頭在資

料堆裡。他每天只做一項工作，就是尋找低於其內在價值的廉價股票，然後買進，等待價格攀升，這正是葛拉漢教給他的祕訣。這些遠遠低於其營運資本的股票，果然為他帶來了豐厚的利潤，葛拉漢的「煉金術」百試不爽。

巴菲特有限公司第一年就實現了盈利，合作者們分享 75% 的利潤，巴菲特自己則保留餘下的 25%。第二年的時候，巴菲特已經管理五間小規模公司，總資產超過 50 萬美元，投資收益率達到 10%。1958 年，巴菲特的投資報酬率高達 41%，到 1959 年末，由巴菲特管理的資產，已經比合夥人最初的投資翻了一倍。

初露鋒芒的「股神」

在 1962 年到 1966 年的五年中，巴菲特合夥公司的業績成長，超過道瓊工業成分股 20 ～ 47 個百分點，巴菲特因此聲名遠播。許多人找上門，請求巴菲特幫他們管理投資。到 1966 年，巴菲特管理的合夥資產，已經超過了 4,400 萬美元。而巴菲特本人也在當年的《奧馬哈先驅報（Omaha World-Herald）》上獲得「成功的投資業經營人」的名號，並實現了他的「百萬富翁」狂言。

在別人的眼裡，股市是個風險之地；但在巴菲特看來，股市沒有風險。「我很重視確定性，如果你這樣做了，風險因素對你就沒有任何意義了。股市並不是不可捉摸，人人都可以做一個理性的投資者。」巴菲特的投資決定，可用三個詞來概括，即「簡單、傳統、容易」。

　　巴菲特的眼光總是比別人更長遠、更敏銳。1963 年，美國運通（American Express）遭受巨額詐騙，損失了 1.5 億美元，股票大幅跌落，投資者紛紛拋售。但巴菲特在調查中發現：公司的卡車在生活中依然被廣泛使用，它應該只是面臨暫時的困難。於是他分批大量買進美國運通的股票，最多時占到了他全部投資資金的 40%。1965 年，美國運通開始走出低谷；1967 年，股價飆升至每股 180 美元。巴菲特的成功讓所有人驚呼，人們開始稱他為「股神」。1968 年，巴菲特合夥公司獲得了成立以來的最佳業績：效益比前一年上升了 59%，而同期道瓊成分股才上漲 9%。

　　1968 年底，就在美國股市一片凱歌的時候，巴菲特卻保持了相當的清醒謹慎，他預感到，太過火熱的情勢下面也許就是陷阱。巴菲特通知合夥人他要撤退，隨後他逐漸賣出了巴菲特合夥公司的幾乎所有的股票。

　　1969 年 6 月，股市直下，漸漸演變成了股災；到 1970 年 5 月，一些著名的大公司股票價格都要比前一年下降了 50%，甚至更多。

　　面對股市的狂跌，巴菲特天生的「獵人」本能再次復甦，他投資生涯中更加耀眼的第二幕開始了。1970 年，巴菲特收購了新英格蘭一家名叫波克夏·海瑟威的紡織公司，當時這家公司瀕臨破產，機器停轉，工人離去，只留下一塊招牌；但後來，這家一無是處的企業在巴菲特手中，成了全球最負盛名的投資控股集團。

永遠不敗的神話

巴菲特總是在股市輝煌的時候選擇退出，但在股市低落的時候又重新入場。1970 年代初，美國經濟一片蕭條，巴菲特卻認為這是投資的最好時機。

1972 年，巴菲特開始盯上了報刊業，因為他發現，擁有一家知名報刊，就好似擁有一座收費橋樑，任何過客都必須留下過路費。從 1973 年開始，巴菲特悄悄分批次大量買進《華盛頓郵報（The Washington Post）》的股票，這使該報紙的總裁凱瑟琳·葛蘭姆（Katharine Meyer Graham）坐臥不安。1974 年，凱瑟琳見到了這位名叫巴菲特的年輕人，她請求巴菲特手下留情。作為交換條件，巴菲特在《華盛頓郵報》董事會裡得到一個位子，並且和凱瑟琳成了好搭檔。巴菲特的介入，使《華盛頓郵報》利潤大增，每年平均成長 30%。十年後，巴菲特最初投入的 1,000 萬美元升值為 2 億美元。

1980 年，巴菲特看上了可口可樂，他動用 1.2 億美元的資金，以每股 10.96 美元的價格買進了可口可樂 7% 的股份。到 1985 年，可口可樂的股價漲至 51.5 美元，翻了五倍。

進入 1990 年代，波克夏公司加快了大舉收購、迅速擴張的速度。1992 年，巴菲特以每股 74 美元的價格，買進四百三十五萬股美國高技術國防工業公司 —— 通用動力公司（General Dynamics）的股票，當年年底股價就上升到 113 元。

在 1997 年至 1999 年間，巴菲特共投資 273 億美元，併購了七家公司，涉及產業包括航空、速食和家居裝飾。其中 1999

年併購通用電器公司屬下的再保險公司，動用資金高達 220 億美元，是波克夏公司併購企業以來最大的一筆生意。

2000 年底，已發展成擁有 370 億美元淨資產的「波克夏王國」，早已不再是一家紡紗工廠，而是一個由巴菲特控制的龐大的投資金融集團，是美國好幾家大跨國公司的重要股東：可口可樂的 8%、吉列（Gillette）的 8.5%、美國運通的 11%、《華盛頓郵報》的 17%⋯⋯從 1965 年到 2000 年，巴菲特的股票平均每年增值 27% 左右，高出道瓊成分股近 17 個百分點。如果誰在 1965 年投資巴菲特的公司 1 萬美元的話，2000 年就可得到 1,130 萬美元的報酬。

巴菲特對兩種股票不感興趣：一類是公用事業股，其理由是利潤固定的產業從來不在他的投資範圍之內；另一類是高科技公司股票，他對此的解釋是：「我自己對這種公司捉摸不透，如果我不懂，我就不投資。」

2000 年，當人們都對高科技公司趨之若鶩時，巴菲特近乎偏執狂的理念，開始為很多人詬病，特別是波克夏 1999 年的投資創最壞紀錄的時候。面對壓力，巴菲特仍然堅持其穩健的投資觀念；而 2000 下半年網際網路泡沫破滅後，所有針對巴菲特的批評都戛然而止。

四十多年來，無論經濟繁榮與否，巴菲特持有的股票總體表現都很出色，平均收益率達到 28%。截至 2007 年底，巴菲特的投資從未出現過年度虧損。即使是在 1998 年亞洲金融風暴波及全球時，巴菲特仍然以其穩健的風格，成為全球投資者競相仿效的楷模。

偉大的慈善家

巴菲特 2006 年 6 月 25 日宣布，他將捐出總價達 370 億美元的私人財富投向慈善事業。這筆巨額善款將分別投給全球首富、微軟董事長比爾蓋茲夫婦創立的慈善基金會，以及巴菲特家族的基金會。巴菲特捐出的 370 億美元，是全世界迄今為止出現的最大一筆私人慈善捐贈。據《富比士（Forbes）》雜誌估計，2006 年巴菲特的身價為 440 億美元，370 億元的善款占到了巴菲特總財產的大約 85%。

巴菲特在寫給「比爾與梅琳達·蓋茲基金會（Bill & Melinda Gates Foundation）」的信中說，他將捐出一千萬股波克夏公司 B 股的股票，按照當時的市值計算，等於巴菲特將向蓋茲基金捐贈 300 億美元。此外，巴菲特還將向為已故妻子創立的慈善基金，捐出一百萬股股票，同時向他三個子女的慈善基金分別捐贈三十五萬股的股票。蓋茲基金會在隨後發表的聲明中說：「我們對我們的朋友華倫·巴菲特的決定受寵若驚。他選擇了向『比爾與梅琳達·蓋茲基金會』捐出他的大部分財富，來解決這個世界上最具挑戰性的貧富差距問題。」

在美國人眼裡，巴菲特就是一個「活財神」，一個「除了父親之外最值得尊敬的男人」。

金融危機讓神話繼續演繹

受 2008 年全球金融危機影響，巴菲特和他旗下的波克夏公司也遭遇重創，接連的底部進場（Bottom fishing）行動均顯現「流

年不利」。我們來看看 2008 年的這一切是如何發生：

9 月 25 日，巴菲特投資 50 億美元，以每股 115 美元的價格，購入高盛集團永久性特別股（股息 10%），當時高盛公司的股價為 125 美元。至 2008 年 11 月 20 日收盤時，高盛股價下跌至 52 美元。巴菲特此時的帳面損失為 63 美元／股，資產縮水過半。

10 月 2 日，巴菲特投資 30 億美元，以每股 22.25 美元的價格購入通用電氣永久性特別股（股息 10%），當時通用電氣的股價為 24.50 美元。至 11 月 20 日收盤時，通用電氣的股價僅剩 12.84 美元，與當初的購買價位相比，下跌了 42.2%。

11 月 14 日，波克夏公司在向美國證券交易委員會提交的文件中稱，截至 9 月 30 日，該公司共持有八千三百九十六萬股康菲石油（ConocoPhillips）股票（其中第三季度增持兩千四百二十七萬股）。按照康菲石油三個月前的每股 80.85 美元的價格計算，至 11 月 20 日收盤時的 41.8 美元，下跌幅度達 48%。

此外，巴菲特持有的其他重倉股也同樣損失慘重：美國運通自 9 月 30 日至 11 月 20 日下跌 47%；富國銀行（Wells Fargo & Company）自 2008 年初到 11 月 20 日下跌 35%。

受接連底部進場失敗的影響，波克夏公司的股價也連連下挫。至 2008 年 11 月 20 日，該公司股價收盤報 77500 美元，與 2007 年最高點的 151,600 元相比，跌幅達 49%，這是巴菲特史上最差的成績。

　　2009 年 2 月 28 日，波克夏公司公布了 2008 財年年報。該年報顯示，本年度波克夏公司投資的帳面價值損失高達 115 億美元，淨資產縮水達到 9.6%，是巴菲特有史以來投資收益最差的一年。投資者一度對巴菲特倡導的價值投資理念產生懷疑。

　　但是，股神仍然是股神。2009 年 8 月 7 日，波克夏公司公布的二季度財報，再次吸引全球投資者的眼球。據二季報顯示，因其投資組合價值回升，二季度波克夏公司實現淨利潤 33 億美元（合每股收益 2123 美元），較上年同期的盈利 18.8 億美元成長近 14%，結束了連續六個季度出現的盈利下滑。該公司宣稱，二季度的利潤主要受益於全球股市的反彈，公司持有的大量金融股，在 2009 年二季度漲勢相當強勁，其中，美國銀行上漲近 100%，美國運通公司和富國銀行的漲幅也都超過 70%。公司持有的股票投資組合價值已逾 600 億美元，其中普通股股價在第二季度累計上漲近 23%，達到 457.9 億美元。

　　不過，巴菲特在這輪金融危機中打得最漂亮一仗，無疑要數對高盛集團的投資。按照 115 美元的買入價計算，至 2009 年 8 月 7 日收盤，高盛的股價定格在 163.65 美元，漲幅超過 42%，巴菲特因此將獲得 21 億美元的帳面利潤。波克夏公司的股價也在 8 月 7 日這一天首次回升至 100 萬美元之上。

　　2009 年 8 月 10 日的《華爾街日報》，再次對股神巴菲特獻上了溢美之詞：「下一次華倫·巴菲特警告危機來臨時，我們最好洗耳恭聽。」

金融巨擘喬治‧索羅斯

初露鋒芒

　　1930 年，喬治‧索羅斯出生於匈牙利布達佩斯的一個猶太人家庭。索羅斯的父親是一名律師，性格堅強，才能卓著，他不僅教會了索羅斯要自尊自重、堅強自信，而且還向索羅斯傳授了很多猶太人的財富觀念。索羅斯在父母悉心關愛下度過了非常幸福的童年。但到了 1944 年，隨著納粹德國入侵匈牙利，索羅斯的幸福童年宣告結束了，全家開始了逃亡生涯。那是一個充滿危險和痛苦的時期，全家憑著父親的精明和勇敢，靠著「非猶太人」的假身分證和較多的庇護所，才得以躲過那場劫難。這場戰爭給索羅斯上了終生難忘的一課：冒險是對的，但絕不要冒毀滅性的危險。

　　1947 年的秋天，第二次世界大戰的硝煙才剛剛散去，十七歲的索羅斯隻身離開匈牙利，前往西歐尋求發展。他輾轉過了瑞士、德國、法國等地，最後來到了倫敦，並於 1948 年進入倫敦政治經濟學院學習。在索羅斯的求學期間，對他影響最大的要數哲學家卡爾‧波普爾（Sir Karl Raimund Popper）。卡爾‧波普爾鼓勵他嚴肅思考世界運作的方式，並且盡可能從哲學的角度解釋這個問題，為索羅斯建立金融市場運作的新理論打下了堅實的基礎。

　　1953 年，索羅斯從倫敦政治經濟學院畢業後，被一家名叫 Siflger & Friedlandr 的英國投資公司聘為實習生，他的金融生涯

從此揭開了序幕。

　　1956 年，索羅斯懷著對財富的渴望，帶著他全部 5000 美元的積蓄來到紐約。經過一番努力，他進入了 F. M. Mayer 公司，成了一名證券分析師，從事歐洲證券的分析，為紐約一些金融機構提供投資諮詢。1959 年，索羅斯轉投經營海外證券業務的 Wertheim & Co. 公司，繼續從事歐洲證券分析工作。幸運的是，Wertheim 公司是少數幾個經營海外業務的美國公司之一，索羅斯因此成為華爾街少數幾位在紐約和倫敦之間進行證券套利交易的交易員之一。

　　1960 年，索羅斯牛刀小試，鋒芒初露。他經過分析研究發現：由於德國安聯保險公司（Allianz SE）的股票和房地產投資價格上漲，其股票售價與資產價值相比大打折扣，於是他建議人們購買安聯公司的股票。摩根大通和德雷福斯基金根據索羅斯的建議購進了大量安聯公司的股票；而果真如索羅斯所料，安聯公司的股票價值很快翻了三倍，索羅斯因此聲名鵲起。

　　1963 年，索羅斯又開始為 Arilhod & S. Bleichrocoer 公司效力。這家公司很擅長經營外國證券業務，這很合索羅斯的胃口，使他的專長能夠得以充分發揮。而索羅斯的上司也非常賞識索羅斯，認為他有勇有謀，擅於開拓新業務，而這正是證券交易人員所需要的特質。

　　1967 年，索羅斯憑藉卓越的才能和業績，晉升為 Arilhod & S. Bleichrocoer 公司研究部的主管。此時的索羅斯已是一個十分優秀的投資分析師，他不斷創造自己的新業績。索羅斯的長處，就在於他能從總體的角度來把握全球不同金融市場的動態。他透

過對全球局勢的了解，來判斷各種金融和政治事件將對全球各金融市場產生何種影響。為了更方便施展自己的才華，索羅斯說服了 Arilhold & S. Bleiehlneoer 公司的老闆建立兩家離岸基金──老鷹基金和雙鷹基金，全部交由他操作。這兩支基金運作得非常好，為公司賺了不少收益；但真正為索羅斯以後的投資生涯帶來重大轉折的，是他遇到了耶魯大學畢業的吉姆·羅傑斯（James Beeland Rogers，著名的證券分析大師和投資家），在他們聯手的十年間，成為華爾街上的最佳黃金搭檔。

量子基金

1973 年，索羅斯與羅傑斯共同創建了索羅斯基金管理公司（Soros Fund Management）。公司剛開始運作時只有三個人：索羅斯負責交易，羅傑斯從事證券分析，還有一個人是祕書。雖然規模不大，但是因為是自己的公司，索羅斯和羅傑斯都很投入，努力抓住每一個賺錢的機會。

除了正常的低價購買、高價賣出的投資招數以外，索羅斯還特別善於賣空；而其中的經典案例，就是索羅斯與雅芳化妝品公司（AVON）的交易。為了達到賣空的目的，索羅斯以市價每股 120 美元，借了雅芳化妝品公司一萬股股份。一段時間後，該股票開始狂跌。兩年後，索羅斯以每股 20 美元的價格，買回了雅芳化妝品公司的一萬股股份。從這筆交易中，索羅斯以每股 100 美元的利潤為基金賺了 100 萬美元，幾乎是五倍於投入的盈利。

1979年，索羅斯決定將公司更名為量子基金公司（Quantum Group of Funds），這個名字來源於海森堡（Werner Heisenberg）

量子力學的測不準原理（uncertainty principle）。因為索羅斯認為市場總是處於不確定的狀態，總是在波動，而在不確定狀態上下注才能賺錢。隨著基金規模不斷擴大，索羅斯的事業也蒸蒸日上，尤其是 1980 年，更是一個特別值得索羅斯驕傲的年份，基金單位價值在這一年成長了 102.6%，這也是索羅斯和羅傑斯合作成績最好的一年。根據量子基金公司當年公布的數據，量子基金從成立之初到 1980 年 12 月 31 日，其價值共成長了 3365%。與同期的標準普爾綜合成分股相比，後者僅成長47%。此時的量子基金規模已增加到 3.81 億美元，索羅斯開始躋身到美國億萬富翁的行列。

然而令人遺憾的是，羅傑斯卻在量子基金十分輝煌的 1980年底選擇離開。這對合作達十年之久的華爾街最佳搭檔的分手，令索羅斯十分失落。但索羅斯很快便振作起來，繼續開創偉業。

狙擊英鎊

索羅斯猶如華爾街上的一頭獵豹，行動極其敏捷，善於捕捉投資良機，一旦時機成熟，他便立即投入戰鬥，反應神速。1992 年，索羅斯抓住時機，成功狙擊了英鎊。這一石破天驚之舉，使得慣於隱於幕後的他突然現身於全球面前，成為世界聞名的投資大師。

1990 年代初期，英國經濟長期不景氣，英國央行卻一直維持著高利率的政策。要想刺激英國經濟發展，唯一可行的方法就是降低利率；但假如德國的利率不下調，英國單方面下調利率，將會削弱英鎊，迫使英國退出歐洲匯率體系。雖然當時英國首相

梅傑（Sir John Major）一再申明，英國將信守它在歐洲匯率體系下維持英鎊價值的政策，但索羅斯及其他一些投機者卻看出了其中端倪，因而在 1992 年夏季的幾個月，不斷擴大空頭頭寸的規模，為狙擊英鎊做準備。

英國經濟需要貶值英鎊，刺激出口，但英國政府卻受到歐洲匯率體系的限制，必須努力維持英鎊對馬克的匯價在 1：2.95 左右。高利率政策受到許多金融專家的質疑，英國國內的商業人士也強烈要求降低利率。1992 年 7、8 月份，英國的首相梅傑和財政大臣拉蒙特（Norman Lamont），雖然在各種公開場合一再重申堅持現有貨幣政策不變，英國有能力將英鎊留在歐洲匯率體系內，但索羅斯卻深信英國不能保住它在歐洲匯率體系中的地位，英國政府只是虛張聲勢。

索羅斯狙擊英鎊獲利的操作手段很複雜，但原理很簡單：從銀行借出大量英鎊，然後拿到外匯市場賣掉，換成馬克和美元，並吸引其他跟風者按同樣的方向操作。在巨額拋盤的壓力之下，英鎊的價格必然下跌，而馬克和美元的價格必然上升。等到英鎊巨幅下跌後，再用便宜很多的價格買回英鎊，還給銀行。高價賣出，低價買進，其中的差價就是索羅斯的盈利。

一切戰前準備工作安排就緒之後，1992 年 9 月 15 日，索羅斯向英鎊發起總攻，大量賣出英鎊，買入馬克和美元。英鎊對馬克的比價一路下跌至 2.80，英格蘭銀行緊急調集了相當於 33 億英鎊的資金進場護盤，但未能擋住英鎊的跌勢。到傍晚收市時，英鎊對馬克的比價已跌至 2.780，接近歐洲匯率體系規定的 2.778 的下限。

　　9 月 16 日，英格蘭銀行再次動用了價值 269 億美元的外匯準備，與索羅斯決戰。如果索羅斯只是一個人與英國政府較量，那麼英國還有獲勝的可能；可是索羅斯不是一個人在戰鬥，他拋售英鎊的行為，立刻吸引了大量的跟風盤。英格蘭銀行在外匯準備資金耗盡的情況下，在 9 月 16 日當天被迫兩次提高英鎊利率（從 10% 提高到 12%，再提高到 15%），最終還是慘敗，至 9 月 16 日收盤，英鎊對馬克的比價由前一天的 2.780 跌至 2.640。

　　機關算盡之後，英國財政大臣拉蒙特於 9 月 16 日當天晚上宣布，英鎊退出歐洲匯率體系，英鎊對馬克比價任由市場浮動。隨後，義大利和西班牙也紛紛宣布退出歐洲匯率體系，義大利里拉和西班牙比塞塔隨即大幅度貶值。

　　在索羅斯的攻擊之下，作為現代中央銀行鼻祖的英格蘭銀行，一天之內被迫兩次提高利率，這樣的事情史無前例；而且即使如此，也未能使英鎊堅守住陣地，英格蘭銀行三百年的光榮歷史因此蒙羞。

　　索羅斯從英鎊空頭交易中獲利接近 10 億美元，在英國、法國和德國的利率期貨上的多頭和義大利里拉上的空頭交易，使他的總利潤高達 20 億美元，其中屬於索羅斯個人的盈利約為 1/3。在這一年，索羅斯的基金成長了 67.5%。他個人也因淨賺 6.5 億美元，而榮登《金融世界》雜誌的華爾街收入排行榜榜首。

席捲東南亞

　　早在 1996 年，國際貨幣基金組織的經濟學家莫里斯‧高得

斯坦（Morris Goldstein）就曾預言：「在東南亞諸國，各國貨幣正經受著四面八方的衝擊，有可能爆發金融危機，尤其是泰國，危險的因素更多，更易受到國際熱錢的衝擊，發生金融動盪。」但高得斯坦的預言並未引起東南亞各國的重視，反而激起反感，東南亞各國仍陶醉於自己所創造的經濟奇蹟中。

1997 年 3 月，當泰國中央銀行宣布國內九家財務公司和一家住房貸款公司，存在資產品質不高以及流動資金不足問題時，索羅新認為千載難逢的時機已經來到。索羅斯及其他套利基金經理開始大量拋售泰銖，泰國外匯市場立刻波濤洶湧、動盪不安，泰銖一路下滑。到 6 月下旬時，索羅斯籌集了更加龐大的資金，再次向泰銖發起猛烈進攻。7 月 2 日，泰國政府由於再也無力與索羅斯抗衡，不得已改變了維繫十三年之久的盯緊美元的聯繫匯率制，實行浮動匯率制，泰銖因此一瀉千里。在此次危機中，泰銖對美元從 24.4 泰銖兌 1 美元，貶值至 35.6 泰銖兌 1 美元，跌幅高達 46%。泰國政府被國際投機家一下子捲走了 40 億美元，許多泰國人的腰包也被掏個精光。

索羅斯初戰告捷，並不以此為滿足，他決定席捲整個東南亞，再狠撈一把。索羅斯颶風很快就掃蕩到了印尼、菲律賓、緬甸、馬來西亞等國家。印尼盾、菲律賓披索、緬元、馬來西亞令吉紛紛大幅貶值，導致工廠倒閉、銀行破產、物價上漲等一片慘不忍睹的景象。這場掃蕩東南亞的索羅斯颶風一舉刮去了百億美元的財富，使這些國家幾十年的經濟成長化為灰燼。

掃蕩完東南亞，索羅斯那隻看不見的手，又悄悄伸向剛剛回歸中國的香港。

　　1997 年 7 月中旬，港幣遭到大量投機性拋售，港幣匯率受到衝擊，一路下滑，已跌至 1 美元兌 7.750 港幣附近。香港金融市場一片混亂，各大銀行門前擠滿了擠兌的人群，港幣開始多年來首度告急。香港金融管理當局立即入市，強行干預市場，大量買入港幣，使港幣兌美元匯率維持在 7.750 港元之上。

　　1997 年 7 月 21 日，索羅斯開始發動新一輪進攻。當日，美元兌港幣三個月遠期溢價 250 點，港幣三個月同業拆借利率從 5.575% 升至 7.060%。香港金融管理局立即於次日精心策劃了一場反擊戰。香港政府透過發行大筆政府債券，抬高港幣利率，進而推動港幣兌美元匯率大幅上揚；同時，香港金融管理局對兩家涉嫌投機港幣的銀行提出口頭警告，使一些港幣投機商選擇退出港幣投機團隊，這無疑將削弱索羅斯的投機力量。當港幣又開始出現投機性拋售時，香港金融管理局又大幅提高短期利率，使銀行間的隔夜貸款利率暴漲。一連串的反擊，使索羅斯在狙擊港幣中未能討到任何便宜。與此同時，中國政府也明確表示，將會全力支持香港政府捍衛港幣穩定。必要時，中國銀行將會與香港金融管理局合作，聯手打擊索羅斯的投機活動。這對香港無疑是一劑強心針，但對索羅斯來說卻絕對是一個壞消息。

　　但索羅斯所聽到的壞消息還遠不止這些。1997 年 7 月 25 日，亞太十一個國家的中央銀行會議發表聲明：亞太地區經濟發展良好，彼此要加強合作共同打擊貨幣投機力量。這使索羅斯感到投機港幣賺大錢的希望落空，只得悻悻而歸。

是天使還是惡魔？

　　量子基金在其成立後將近三十年的歷史上，獲得平均報酬率高達 30% 以上，尤其是 1992 年成功狙擊英鎊和 1997 年掀起的亞洲金融危機，更使索羅斯達到了輝煌的頂點。

　　然而，索羅斯的神話並非一直在延續。1998 年以後，屢次的投資失誤使索羅斯遭到重大損失。先是索羅斯對 1998 年俄羅斯債務危機及對日元匯率走勢的錯誤判斷，使量子基金遭受重大損失；接著是 2000 年對美國網路股的瘋狂投機，因網際網路泡沫破滅再遭重創，索羅斯在短短兩年之內損失的資金將近 50 億美元。

　　2000 年 4 月 28 日，索羅斯不得不宣布關閉旗下兩大基金量子基金和配額基金（Quota Fund），基金管理人朱肯米勒（Stanley Druckenmiller）和羅迪蒂被資遣，量子基金這一聞名世界的對沖基金至此壽終正寢；同時索羅斯宣布，將基金的部分資產轉入新成立的「量子捐助基金」繼續運作。他強調將改變投資策略，主要從事低風險、低報酬的套利交易。

　　浮華過後，人們開始分析索羅斯和他的量子基金，但其中的是非曲直、真理謬誤可能永遠也說不清楚。索羅斯曾在接受電視台的訪問時說：「實際上我絕對沒什麼錯。人們很難理解這一點，因為我在金融市場投機，是按照通行的規則來做，如果禁止投機，我也不會投機。如果允許投機，那我就會投機，所以我實際上是參與者，一個金融市場的合法參與者。我的行動無所謂道德或不道德，這裡沒有所謂的道德問題。」「如果我違反規則，那

我就是做錯了，但我沒有違反規則，我採取的行動有時會出現驚人的結果，這不是我的責任，這是制定遊戲規則的人的責任。而且事實上，我更關心讓規則正確，因為事實上我希望市場運作良好，我只是一個市場參與者，這是我的職業。」

從索羅斯的回答中，也許我們可以從中受到某種啟發：市場經濟條件下，用道德的標準去約束人們的交易行為是不可靠的。而不同國家和民族的道德標準也有所區別，因此要營造一個公開、公平、公正的市場環境，更要依賴制度的完善和規則的健全。

正因為道德觀和價值觀的不同，人們對索羅斯的評價歷來褒貶不一，有人認為他是「金融天才」、「投資大師」，也有人認為他是「罪犯」和「惡魔」，《華爾街日報》曾稱索羅斯為「全球金融界的壞孩子」，馬來西亞前總理馬哈地則怒斥他為「亞洲金融危機的縱火犯」。但不管是被稱為金融奇才，還是被稱為金融殺手，索羅斯都當之無愧是世界上的前幾名投資家。

第 8 章
應該知道的金融名詞

失業、減薪、收入下降、財富縮水、貨幣貶值等等，這些都屬於金融問題或與金融問題有關。由於它們與每個人的切身利益攸關，因此我們再也不能認為金融問題只是金融家或銀行家的問題，而與我們很遙遠。

金本位制：是野蠻的遺跡，還是財富的守護神

金本位制，就是以黃金為本位幣的貨幣制度。在金本位制下，每單位貨幣的價值等同於若干重量的黃金（即貨幣含金量）。當不同國家使用金本位時，各國之間的匯率由它們各自貨幣的含金量之比——鑄幣平價（Mint Parity）所決定。在歷史上，曾有過三種形式的金本位制：金幣本位制、金塊本位制、金匯兌本位制。

金本位的三種形式

金幣本位制，是金本位貨幣制度的最早和最典型的形式，亦稱古典的或純粹的金本位制。

從狹義上來說，金本位制即指該種貨幣制度。金幣本位制盛行於 1880 至 1914 年間的西方主要資本主義國家，金幣自由鑄造、自由兌換及黃金自由輸出輸入，是該貨幣制度的三大特點。在該制度下，各國政府以法律形式規定貨幣的含金量，兩國貨幣含金量的對比，即為決定匯率基礎的鑄幣平價。

黃金可以自由輸出或輸入國境，並在輸出輸入過程中形成鑄幣——貨幣傳遞機制（Monetary Transmission Mechanism），對匯率和國際收支發揮了自動調節作用。這種制度下的匯率，因為鑄幣平價的作用和受黃金輸送點的限制，波動幅度不大。當國際收支出現逆差、黃金外流時，會使中央銀行的黃金準備明顯減

少，導致貨幣供給緊縮，進而使物價下降，這將會提高本國商品出口的競爭能力並抑制進口；同時緊縮也會使利率上揚，引起資本流入。反之，如果是國際收支順差引起黃金流入，國內貨幣供給增加，國民收入和價格水準提高，從而導致出口減少、進口增加；此時利率水準下降，資本外流。在這種機制的作用下，促使國際收支自動恢復平衡。

　　金塊本位制，是一種以金塊辦理國際結算的變相金本位制，亦稱金條本位制。在該制度下，由國家儲存金塊，作為準備；流通中各種貨幣與黃金的兌換關係受到限制，不再自由兌換，但在需要時，可按規定的限制數量以紙幣向本國中央銀行無限制兌換金塊。這種貨幣制度，實際上是一種附有限制條件的金本位制。

　　金匯兌本位制，是一種在金幣本位制或金塊本位制國家保存黃金和外匯，准許本國貨幣無限制兌換外匯的金本位制。在該制度下，國內只流通銀行券，銀行券不能兌換黃金，只能兌換實行金幣或金塊本位制國家的貨幣。實行金匯兌本位制的國家，要使其貨幣與另一實行金塊或金幣本位制國家的貨幣保持固定比率，透過無限制買賣外匯來維持本國貨幣幣值的穩定。

金本位制的特點

　　金幣本位制，以一定量的黃金為貨幣單位鑄造金幣，作為本位幣；金幣可以自由鎔鑄，具有無限法償能力，同時限制其他鑄幣的鑄造和償付能力；輔幣和銀行券可以自由兌換金幣或等量黃金；黃金可以自由出入國境；以黃金為唯一準備金。

金幣本位制消除了複本位制下存在的價格混亂和貨幣流通不穩的弊病，保證了流通中貨幣對本位幣金屬黃金不貶值，保證了世界市場的統一和外匯行情的相對穩定，是一種十分穩定的國際貨幣制度。

金塊本位制和金匯兌本位制，是在金本位制的穩定性因素受到破壞後，出現的兩種不健全的金本位制。這兩種制度下，雖然都規定以黃金為貨幣本位，但只規定貨幣單位的含金量，而不鑄造金幣，實行銀行券流通。不同之處在於：在金塊本位制下，銀行券可按規定的含金量在國內兌換金塊，但有數額和用途等方面的限制（如英國 1925 年規定在 1700 英鎊以上，法國 1928年規定在 215000 法郎以上方可兌換），黃金集中存儲於本國政府。而在金匯兌本位制下，銀行券在國內不兌換金塊，只規定其與實行金本位制國家貨幣的兌換比率，先兌換外匯，再用外匯兌換黃金，並將準備金存於該國。

金本位制的歷史

英國是世界上第一個實行金本位制的國家。1816 年，英國議會通過了《金本位法案》，1821 年正式實行（也有人認為，英國 1717 年正式規定英鎊與黃金的比價後，就已經開始實行金本位制）；德國在 1871 年正式實行金本位制；法國雖然是 1928 年正式實行金本位制，但在 1873 年限制銀幣自由鑄造時，就已經在事實上實行金本位制了；美國在 1900 年正式實行金本位制，但實際上在 1873 年也停鑄銀元。到 1914 年以前，主要資本主義國家都實行了金本位制，而且是典型的金本位制——金幣本位

制。1914 年，第一次世界大戰爆發後，各國為了籌集龐大的軍費，紛紛發行不兌現的紙幣，禁止黃金自由輸出，金幣本位制隨之告終。

第一次世界大戰結束以後，1924 到 1928 年，資本主義世界曾出現了一個相對穩定的時期，主要資本主義國家的生產都先後恢復到大戰前的水準，並有所發展。各國企圖恢復金本位制，但是由於金鑄幣流通的基礎已經遭到削弱，不可能恢復典型的金幣本位制，而只能實行沒有金幣流通的虛金本位制，即金塊本位制和金匯兌本位制。

金塊本位制和金匯兌本位制由於不具備金幣本位制的一系列特點，因此也稱為不完全或殘缺不全的金本位制。該制度在 1929-1933 年的世界經濟大危機的衝擊下，也逐漸被各國放棄，都紛紛實行了不兌現的信用貨幣制度。

第二次世界大戰後，建立了以美元為中心的國際貨幣體系，這實際上是一種金匯兌本位制，美國國內不流通金幣，但允許其他國家政府以美元向其兌換黃金，美元是其他國家的主要準備資產。但其後受美元危機的影響，該制度也逐漸動搖，至 1971 年 8 月美國政府停止美元兌換黃金，並先後兩次將美元貶值後，這個殘缺不全的金匯兌本位制也崩潰了。

金本位制的缺陷

從 1816 年英國通過金本位法案，到 1914 年第一次世界大戰爆發，歐洲各國終止黃金與紙幣的自由兌換，金本位制在西方

主要資本主義國家通行了約一百年，此後又斷斷續續實行了金塊本位制和金匯兌本位制。但 1971 年，美國宣布結束美元與黃金的自由兌換，以及 1976 年牙買加會議宣布黃金非貨幣化後，金本位制徹底「壽終正寢」了。其後雖有不少學者呼籲，為抵禦美元霸權的侵略，重建金本位制度；但金本位制自身無法克服的內部缺陷，使黃金再也無法王者歸來。

由於受金礦儲量和開採條件的限制，黃金生產量的成長幅度（年均成長不足 1%），遠遠低於商品生產成長的幅度，不能滿足全球化世界日益擴大的商品流通需要，這就大大削弱了黃金作為貨幣準備的基礎。

人類有史以來開採積聚的全部黃金，估計為十五萬噸左右。其中約 40% 即六萬噸為金融資產，世界各國官方黃金準備占有三萬兩千噸，其餘是私人擁有的投資財富。另外的 60% 作為商品，主要是首飾業和裝飾品，為民間收藏和流轉，還有少量用於電子工業、牙醫、金章及其他行業。

即便按歷史高位每盎司 1000 美元計，世界各國官方黃金準備總值也只有 1 兆美元。而現在全球 GDP 總量已逾 60 兆美元，按廣義貨幣供應量 M2 的一半估計，需要黃金準備近百萬噸。

此外，黃金存量在世界各國的分配不平衡，也是制約重建金本位的原因之一。黃金存量大部分為少數強國所掌握，必然導致金幣的自由鑄造和自由流通受到破壞，削弱其他國家金幣流通的基礎。

金本位制崩潰的負面影響

　　金本位制度的崩潰，對國際金融乃至世界經濟產生了巨大的負面影響。

　　首先，它為各國實行貨幣貶值、推行通貨膨脹政策打開了方便之門。這是因為廢除金本位制後，各國為了彌補財政赤字或擴軍備戰，會濫發不兌換的紙幣，加速了經常性的通貨膨脹，不僅使各國貨幣流通和信用制度遭到破壞，而且加劇了各國出口貿易的萎縮及國際收支的惡化。

　　其次，它導致匯價的劇烈波動，衝擊著世界匯率制度。在金本位制度下，各國貨幣的對內價值和對外價值大體上一致，貨幣之間的比價比較穩定，匯率制度也有較為堅實的基礎；但各國流通紙幣後，匯率的決定過程變複雜，國際收支狀況和通貨膨脹引起的供需變化，對匯率起著決定性的作用，從而影響了匯率制度，影響了國際貨幣金融關係。

　　金本位制的優點和缺點都十分明顯，各國經濟學界對金本位制的爭論一直都沒有停止。現代西方經濟學鼻祖亞當斯密（Adam Smith）曾說：「紙幣如果與貴金屬脫鉤，就會成為飛上天的四輪馬車。」而另一位著名經濟學家凱因斯（John Maynard Keynes），則在其 1923 年發表的《貨幣改革論（A Tract on Monetary Reform）》中宣稱，金本位是「封建殘餘」和「野蠻的遺跡」。

　　聯邦準備系統前主席葛林斯潘（Alan Greenspan）在 1960 年代發表的〈黃金與經濟自由（Gold and Economic Freedom）〉

一文中寫道：「在沒有金本位的情況下，將沒有任何辦法保護人民的儲蓄不被通貨膨脹吞噬，將沒有安全的財富棲身之地。」但後來葛林斯潘在擔任聯邦準備系統主席後，逐漸背離了支持金本位的觀點。

鑄幣收益權：發行貨幣的好處

鑄幣收益權的英文為 Seigniorage，是從法語 Seigneur（封建領主、君主、諸侯）演變而來，又稱鑄幣利差。《美國傳統英語字典（The American Heritage Dictionary of the English Language）》進一步將其解釋為透過鑄造硬幣所獲得的收益或利潤。其最初含義是指所使用的貴金屬內含值與硬幣面額之差。因此，鑄幣收益權並不是國家透過權力徵收的一種稅，而是鑄造貨幣所得到的特殊收益。但隨著貨幣歷史的發展演變，紙幣以及信用貨幣誕生後，鑄幣收益權的含義發生了巨大的改變。

鑄幣收益權的歷史演變

在貨幣發展史上，鑄幣收益權的演變過程如下：

在用貝殼（如中國的殷商貝幣）等實物當做貨幣的實物貨幣時代，鑄幣收益權並不存在。因為人們無法任意製造貝殼，必須透過商品交換才能取得。

金屬貨幣時代早期，貨幣以等值的黃金或白銀鑄造，黃金或白銀可以任意送到造幣廠鑄成金幣，其本身的價值與它所代表

的價值相等，鑄幣者得不到額外的差價收入。鑄幣收益權實際上就是鑄幣者向購買鑄幣的人收取的費用，扣除鑄造成本後的餘額（利潤），該利潤歸鑄幣者所有，這種情況下的鑄幣收益權無可厚非。

到了金屬貨幣時代的中後期，貨幣鑄造權已歸屬各國統治者所有。統治者逐漸發現，貨幣本身的實際價值即使低於它的面額，同樣可以按照面額在市場上流通使用。於是統治者為謀取造幣的短期利潤，開始降低貨幣的貴金屬含量和成色，超值發行，例如將硬幣邊緣削去，減輕其重量，而這時的鑄幣收益權，實際上就演變成了貨幣面額大於其實際價值的差價收入。這種差價越大，鑄幣收益權就越多。當然，鑄幣收益權不是無限，因為貨幣的鑄造數量受到貴金屬產量的限制。而且，當貨幣的面額偏離其實際價值越多、貨幣的鑄造數量過多時，還會造成貨幣貶值，從而迫使鑄幣者提高貨幣的實際價值。

在現代信用貨幣制度下，由於金屬貨幣受貴金屬產量限制及信用擴張能力不足等影響，低成本的紙幣取代了金屬貨幣。而且隨著信用貨幣的出現，紙幣也僅占貨幣總量的一部分，因此鑄幣收益權的內涵發生了更大的變化。由於紙幣的成本比它們的面額要小很多，貨幣的幣面價值超出生產成本的部分，也被稱作鑄幣收益權。舉個極端的例子（實際上可能不會這麼嚴重）：一張 100 美元的鈔票，印刷成本也許只有 1 美元，但是卻能購買 100 美元的商品，其中 99 美元差價就是鑄幣收益權，是美國政府的重要財政收入。其他國家使用美國的貨幣，就必須忍受美國向它們徵收鑄幣收益權。

鑄幣收益權與惡性通貨膨脹

　　隨著貨幣發展歷史的演變，各國政府都以法律規定的形式壟斷了貨幣發行權，因此鑄幣收益權成為政府透過非稅收手段獲得的一項收入，是政府彌補財政支出的重要手段之一。許多經濟學者都強調了鑄幣收益權在政府融資中的重要作用，政府除了依靠稅收、國債和外債之外，更常採用徵收鑄幣收益權的手段來為政府融資。據測算，在 1960 ～ 1973 年期間，已開發國家鑄幣收益權收入占政府總收入的 6.1%；在 1973 ～ 1978 年期間，鑄幣收益權收入占已開發國家政府總收入的比重為 5.9%；1970 年代初，布列敦森林體系崩潰後，各國政府從鑄幣收益權中獲得收入大幅提高，在 1971 ～ 1990 年期間，有九十個國家的鑄幣收益權占政府總收入的比重平均為 10.5%。可見，無論是在已開發國家還是在開發中國家，鑄幣收益權收入已成為彌補政府支出的一個重要來源。正如英國著名經濟學家凱因斯所說：「在別無他法時，一個政府可以透過這種方式生存下去。」

　　世界各國政府已經將徵收鑄幣收益權作為一項財政收入，當政府機構入不敷出時，通常可以透過兩種方式償付赤字：一是向國內外個人、機構或政府借債；二是印製鈔票。世界各國的經濟發展歷史表明：鑄幣收益權對一國經濟來說是一把雙刃劍。一方面，對鑄幣收益權合理徵收，可以增加政府的財政收入，提高經濟活動中的有效需求，刺激經濟成長，並能有效克服因生產過剩而導致的通貨緊縮；另一方面，對鑄幣收益權這一工具如果運用不當，超量徵收，則會因貨幣的超量發行（濫發鈔票）而引發嚴重、甚至是惡性的通貨膨脹，進而危及國家的經濟安全，這種情

況通常發生在戰爭或社會動盪時期，例子不勝枚舉。

第一次世界大戰結束後，1922 年至 1923 年間，由於德國無力支付戰爭賠款，法國和比利時派軍隊占領了德國最富饒、產值最高的工業區。德國的工業巨頭隨即命令工人罷工，這讓本已岌岌可危的德國經濟更加雪上加霜。面臨經濟危機，德國政府啟動印刷機，開始憑空印出沒有任何商品作保證的紙幣，打算以此來支付工人的福利和拖欠的戰爭債務。供需失衡的情況馬上出現了，市場上流通了太多的錢，不久紙幣就變得沒有任何價值。1922 年，馬克紙幣的最大面額為 5 萬，一年以後它變成了100 兆。據估計，到 1923 年 12 月底，德國的年通貨膨脹率為325000000%。

1980 年，非洲的辛巴威剛剛獨立時，辛巴威幣實際上比美元的價值還要高，匯率為 1：1.25。由於沒有節制的印製紙幣和部族衝突造成的強徵土地，辛巴威幣在二十一世紀初開始經歷了惡性通貨膨脹。2004 年通貨膨脹率達到了 624%，2005 年稍微下降，到 2006 年又飆升到了 1730%。2006 年 8 月份，辛巴威政府規定：新的辛巴威幣以 1：1000 的兌換率取代舊貨幣，但通貨膨脹並沒有因此停止。到了 2007 年中，在一年時間裡，通貨膨脹率達到了 11000%。2008 年 5 月，1 億面額和 2.5 億面額的新辛巴威幣開始發行；然而兩週後，5 億面額的貨幣就出現了（大約值 2.5 美元）；再過了一週，25 億和 50 億辛巴威幣紙幣又被發行了。到了 7 月份，竟出現了 100 億面額的貨幣。據估計，2008 年辛巴威的月通貨膨脹率為百分之 13000000000%。

國際貨幣的鑄幣收益權收入

當一個國家的貨幣只能在國內流通時，那麼鑄幣收益權徵收的對象僅限於本國國民；但如果作為國際貨幣，那它就可以向全世界的人徵收鑄幣收益權了。

在英鎊作為主要國際流通貨幣的十九世紀，由於在金本位制的約束之下，英鎊的發行是以黃金作為發行保證，因此英國向世界各國攫取鑄幣收益權的現象並不明顯。第二次世界大戰以後，美元完全取代了英鎊的國際貨幣地位，在 1971 年以前，由於美元在黃金的約束之下，美國向世界各國攫取鑄幣收益權的現象，還可以控制在可以忍受的範圍內。

布列敦森林體系崩潰以後，美元擺脫了黃金的約束，但依靠美國強大的政治、經濟和軍事實力，美元仍然一直充當著主要國際貨幣的角色。在美國國會發國債和聯邦準備系統印美元的美元發行機制下，美國政府向全世界輸出「廉價美元」，從而引起全世界的通貨膨脹。世界各國政府、企業和個人持有的美元國債和美元存款，必須忍受財富縮水的痛苦。雖然各國政府紛紛要求美國政府適度克制、恪守美國的國家信用，但由於缺乏更好的國際準備貨幣以及出讓美元資產帶來的匯率風險和財產損失，世界各國在被美元「劫持」後，一時之間還騎虎難下，而只好繼續忍受美國的剝削。

格雷欣定律：劣幣驅逐良幣

格雷欣定律，又稱「劣幣驅逐良幣」，是貨幣流通中一種貨幣排斥另一種貨幣的現象。

在兩種名目價格相同、而實際價值不同的貨幣同時流通時，實際價值高的貨幣，即所謂良幣，必然被收藏而退出流通；實際價值低的貨幣，即所謂劣幣，則充斥市場。

「劣幣驅逐良幣」現象，最早由英國的湯瑪斯·格雷欣爵士（Thomas Gresham）發現並加以明確表述。格雷欣是英國著名的金融家、慈善家，格雷欣學院的創建者，英國王室財政顧問和金融代理人。

1559 年，格雷欣根據對當時英國貨幣流通的考察，上書英國女王伊麗莎白一世，建議收回成色不足的劣幣，以防止成色高的良幣外流，並重新鑄造足值的貨幣，以維護英國女王的榮譽和英國商人的信譽。格雷欣在建議書中，首次使用劣幣驅逐良幣的說法（Bad money drives out good），指出由於劣幣與良幣按面額等值使用，因此人們往往把良幣貯藏起來或運往外國使用。這樣就出現市面上所流通的都是劣幣，而良幣被驅逐出流通領域的貨幣現象。

1858 年，英國經濟學家亨利·麥克勞德（Henry Dunning Macleod）在其《政治經濟學概要（Elements of Political Economy）》中首次用「格雷欣定律」，命名了「劣幣驅逐良幣」這一貨幣現象。

「奸錢日繁，正錢日亡」

金屬鑄造貨幣的歷史很久遠，人們將金屬鑄造成便於攜帶和交易，並便於計算的「錢」。

錢有一個面額，或叫名目價格（Nominal price），如古代的「半兩」、「五銖」等。這一變化使得鑄幣內的主要金屬含量，如銅鑄幣內的含銅量，產生了與「面額」不同的可能，如面額「五銖」的銅鑄幣，實際含銅量可能並不是五銖，人們可能加入了一些其他價值低的金屬混合鑄造，或者減重鑄造，但它仍然作為五銖重的銅幣進入了交易流通中。由於價值規律的作用，市場價格高於法定價格的貨幣，就會被人們從流通中吸收、收藏、熔化或輸出；而實際價值較低的貨幣，則留在流通中執行貨幣的作用。

西漢時期，漢文帝五年（西元前 175 年），朝廷減重鑄四銖「半兩」錢，並恢復允許民間鑄錢。大臣賈誼指出：「百姓用錢，郡縣不同；或用輕錢，百加若干；或用重錢，平稱不受。」「錢法不立」，「則市肆異用，錢文大亂」，造成了「奸錢日繁，正錢日亡」的現象。他指出了錢幣規格成色沒有統一的危害，進而提出立「錢法」，確立國家鑄造法定錢幣的壟斷地位，才能消除貨幣的混亂狀態。「奸錢日繁，正錢日亡」，形象描述了「劣幣驅逐良幣」的特殊現象。

美國在 1792 年實行複本位制時，法定金銀鑄造比價是 15：1；但在 1795 年至 1833 年的三十九年中，國際市場上金與銀的實際價值對比是 15.6：1，而法國在 1803 年實行複本位制時，規定的鑄造比價為 15.5：1。在這種國際幣制下，銀幣在美國成

了「劣幣」，而金幣成了「良幣」。

　　於是，白銀從國外（包括法國）大量流入美國，而黃金則從美國大量輸往外國（包括法國），美國成了事實上的單一銀本位制國家。

格雷欣定律的演變

　　格雷欣定律，是金屬貨幣流通時期的一種貨幣現象。但隨著時代變遷，金屬貨幣被紙製貨幣所代替。第一代紙幣是可兌換的信用貨幣，其主要、完善的形式是銀行發行的銀行券。銀行券是銀行的債務憑證，承諾其持有人可隨時向發行人兌換所規定的金屬貨幣，故這一種紙幣叫做可兌換紙幣；第二代紙幣是由銀行券演變成的不可兌換紙幣，它通常由中央銀行發行，強制通用，本身價值微乎其微，被認為是純粹的貨幣符號。

　　英國經濟學家馬歇爾（Alfred Marshall）在其《貨幣、信用與商業（ Money, Credit, and Commerce ）》一書中寫道：「可兌換的紙幣——即肯定可以隨時兌換成金幣（或其他本位硬幣）的紙幣——對全國物價水準的影響，幾乎和面額相等的本位硬幣一樣。當然，哪怕對這種紙幣完全兌換成本位硬幣的能力稍有懷疑，人們就會對它存有戒心；如果它不再完全兌現，則其價值就將跌到表面上它所代表的黃金（或白銀）的數量以下。」顯然，硬幣是良幣，可兌換紙幣是劣幣。在正常情況下，兩者完全一樣，但當紙幣兌換成硬幣發生困難時，其名目價格就會貶值，嚴重時就會發生擠兌。這時紙幣就會被賣方拒收，流通困難，從而迫使其持有人不得不湧向發行銀行要求兌換硬幣。這種情況，實

際上宣告格雷欣定律失效，即已經不是作為劣幣的紙幣代替硬幣，而是相反，人們將持有硬幣以代替紙幣。

二戰以後，在布列敦森林會議確立的國際貨幣體系下，美元與黃金掛鉤，規定黃金官價為每盎司 35 美元。美元以黃金作後盾，開始順利在全球流通。

但隨著美國大量輸出「廉價美元」，從而使國際貨幣市場上的美元由「美元荒」轉變為美元過剩，其他國家在同美國做生意時，漸漸願意接受黃金而不願意接受美元。各國政府和中央銀行也紛紛向美國要求以美元兌換黃金，最終迫使美國宣布停止以官價兌換黃金，導致布列敦森林體系崩潰。這是紙幣形式的美元被拒收，並造成各國向美國以美元擠兌黃金，從而出現格雷欣定律失效的事例。由此可知，硬幣與可兌換紙幣混用時，格雷欣定律仍在發揮作用，但其風險提高，即當劣幣驅逐良幣的作用發揮到極端時，就會走向反面，造成格雷欣定律失效，促使賣方從消極拒收轉為主動拒收。

格雷欣定律的逆反現象

1970 年代初，布列敦森林體系崩潰後，在牙買加體系下，黃金被非貨幣化，世界各國的貨幣都變成第二代的不可兌換紙幣。那麼，兩種紙幣的良劣如何區分呢？金屬貨幣的良劣很容易區分，成色高的金屬貨幣即為良幣，成色低的金屬貨幣即為劣幣；但如果兩種紙幣都是貨幣符號，就很難比較其實際價值。不過，由於紙幣購買商品所具有的實際購買力並不相同，人們會根據紙幣所購得商品的多寡或外匯匯率的高低，判斷它們的良劣。

當幾種不可兌換紙幣在同一市場流通時，會發生格雷欣定律的逆反現象，即出現「良幣驅逐劣幣」的貨幣現象。

1990 年代，初蘇聯解體，盧布曾三次提高面額，造成了嚴重的通貨膨脹，從原來的約 0.65 盧布兌 1 美元，貶值到 5000 盧布兌 1 美元。因此在中國與俄羅斯的邊境貿易中，雙方商販都願意用人民幣交易，而不接受盧布。在這裡，人民幣就是「良幣」，盧布是「劣幣」，這就是「良幣驅逐劣幣」的實例。

格雷欣定律逆反現象的兩種解釋

關於格雷欣定律的逆反現象，經濟學界有兩種不同的解釋。

第一種解釋認為，不可兌換紙幣沒有實際價值，其流通規律與硬幣流通規律剛好相反，所以對硬幣說是劣幣驅逐良幣的規律，反過來變成良幣驅逐劣幣的規律。這種觀點由於沒有解釋清楚紙幣與硬幣二者流通規律相反的原因，因而其對格雷欣定律逆反現象的解釋並不能令人滿意。

第二種解釋認為，表面上「良幣驅逐劣幣」的現象，實質上仍是格雷欣定律的要求。不過這是從出售商品的賣方角度出發，改變原來從買方角度作解釋。所以，在不兌換紙幣作為流通手段時，使用哪種貨幣已經不再取決於購買者的意願，而是轉變為出售者的強制要求──不付良幣，就不賣給你商品。

從以上兩種解釋來看，第二種解釋更符合貨幣的歷史發展規律，即：使用硬幣→使用硬幣與可兌換紙幣→使用不可兌換紙幣；與其相對應，使用貨幣者的行為也逐漸轉變，即：買方主動

用劣幣購物→買方繼續用劣幣購物，但賣方開始消極拒收→賣方主動要求接受良幣，拒收劣幣。因此，良幣驅逐劣幣只是「劣幣驅逐良幣」在新經濟條件下的新的表現形式，是同一定律的正反兩面。

這樣一來，我們就會發現：格雷欣定律並非只包含「劣幣驅逐良幣」的含義。該法則的全過程應當包括三個歷史階段，即：劣幣驅逐良幣階段——格雷欣定律失效的混亂階段——良幣驅逐劣幣階段。在這些階段中，買賣雙方行為的主動性也有相應的轉變。

特里芬困境：信心與清償力的矛盾

「挾黃金以令諸侯」

二戰結束時，美國不僅是軍事上的戰勝國，而且在經濟上也以勝利者的姿態嶄露頭角。

當時它擁有 200 億美元的黃金準備，約占世界準備總量的 60%，成為國際上實力最雄厚的經濟大國。財大氣粗的美國「挾黃金以令諸侯」，建立了一個體現自己意志的國際貨幣體系——布列敦森林體系。其核心內容之一就是美國以黃金準備為保證，向世界各國提供美元，由美元來充當唯一的國際貨幣。美國政府承諾「美元和黃金一樣可靠」，各國可以按照 1 盎司黃金等於 35 美元的官方價格，隨時用美元向美國兌換黃金。

在布列敦森林體系中，美國承擔著兩個基本職責：一是要保證美元按固定官價兌換黃金，以維持各國對美元的信心；二是要為國際貿易的發展提供足夠的國際清償力，即保證美元的供應。

然而，這兩個問題，即信心和清償力卻有矛盾：美元過少會導致清償力不足；美元過多則會出現信心危機。原因在於，美國要持續不斷向其他國家提供美元，只能讓自己的國際收支始終保持赤字，那麼美國的美元從哪裡來呢？唯一的填補辦法，就是啟動印鈔機，印刷美元現鈔，導致廉價美元充斥世界各地。與此同時，國際收支赤字，意味著美國的黃金準備不僅不能增加，反而會由於別國的兌換而減少。這樣，一邊是美元越來越多，一邊是黃金越來越少，勢必會造成美元兌換黃金失去保證，美元出現信心危機。時間一長，布列敦森林體系自然也就無法維持。

關於清償力和信心之間的兩難問題，最早是由美國耶魯大學的經濟學教授羅伯特‧特里芬教授（Robert‧Triffin），在 1960 年出版的《黃金與美元危機（Gold and the Dollar Crisis: The future of convertibility）》一書中首先提出，因此被稱為「特里芬難題」。

事實上，由任何一種主權貨幣來充當唯一的國際貨幣，特里芬難題都存在；換句話說，布列敦森林體系從它建立的那天起，就天生存在缺陷，而且是一個無法彌補的缺陷。

在二戰結束後的最初幾年，遭受戰爭重創的歐亞各國百廢待興，需要從美國進口商品，但由於缺少美元，所以形成了「美元荒」，當時這種「美元荒」透過美國各種對外投資、貸款和援助的方式得到了緩解。在 1950 年代中期之前，美元基本上還是比較緊缺，各國都很願意持有美元（因為持有美元可以獲得利息收

入，而持有黃金除了積累灰塵外，再無其他的好處），沒有出現
美元的信心問題。1958 年以後，「美元荒」變成了「美元過剩」，
美國持續的收支赤字引起了許多國家不滿。其中尤以法國總統戴
高樂的指責最為尖銳，他認為美元享有「過分的特權」，它的國
際收支赤字實際上無須糾正，可以用印製美鈔的方式來彌補；而
其他國家一旦有赤字，必須採取調整措施，忍受失業和經濟成長
下降的痛苦，只能省吃儉用節省外匯。

對於這些不滿情緒和指責，美國始終置若罔聞，不願意為此
付出調整國內經濟的代價，來減少國際收支的赤字，依然對發行
美鈔樂此不疲。其原因在於，美元可以用於國際支付，因此只要
印鈔機一轉，不但能夠輕而易舉抹平赤字，而且其他國家的商品
和勞務也可以滾滾而來。

特里芬難題的破解

到 1950 年代末期，美國的黃金準備大量外流，對外短期債
務激增。1960 年，美國的短期債務已經超過其黃金準備，美元
的信用基礎發生了動搖。當年 10 月，爆發了戰後第一次大規模
拋售美元、搶購黃金的美元危機。美國政府請求其他國家合作，
共同穩定金融市場。各國雖然與美國有利害衝突和意見分歧，但
美元危機直接影響國際貨幣制度，也關係到各自的切身利益，因
而各國採取了協調衝突、緩解壓力的態度，透過一系列的國際合
作，來穩定美元。除合作性措施之外，美國還運用政治壓力，勸
說外國政府，不要拿美元向美國中央銀行兌換黃金，並達成一個
非正式的「克制提取黃金協議」。

到 1960 年代中期，隨著越戰爆發，美國的國際收支進一步惡化。1968 年 3 月，美國的黃金準備已降至 120 億美元，只夠償付短期債務的 1/3。於是在倫敦、巴黎和蘇黎世的黃金市場上，爆發了空前規模的拋售美元、搶購黃金的第二次美元危機。在半個月內，美國的黃金準備又流失了 14 億美元，歐洲外匯市場上金價一度漲至每盎司 44 美元。於是，美國政府要求英國關閉倫敦黃金市場，宣布實行「黃金雙軌制」，即各國中央銀行之間的官方市場，仍維持 35 美元 1 盎司的官價；私人黃金市場的價格，則完全由供需關係自行決定。到 1971 年夏天，美國黃金準備已不足 100 億美元，美元貶值的形勢越來越明顯，由此引發了一場資金外逃的狂潮，並於當年夏天達到了頂點。

面對各國要求兌換黃金的巨大壓力，1971 年 8 月 15 日，尼克森總統被迫宣布實施新的經濟政策（Nixon shock），切斷了美元和黃金的聯繫。

美元不再和黃金掛鉤，宣告了布列敦森林體系的崩潰。特里芬難題雖然因為布列敦森林體系的崩潰而得以破解，但是布列敦森林體系確立的美元霸權問題，卻還遠遠沒有結束。既然啟動印鈔機就可以抹平國際收支逆差，就可以不受限制享用其他國家提供的大量商品和勞務，美國人當然無法捨棄這種貨幣霸權帶來的巨大好處。

三元悖論：不可能三角

在現代金融理論中，有一個非常著名的「不可能三角

（Impossible trinity）」理論：一個國家不可能同時實現資本流動自由、貨幣政策的獨立性和匯率的穩定性。

也就是說，一個國家只能擁有其中兩項，而不能同時擁有三項。如果一個國家想允許資本自由流動，又要求擁有獨立的貨幣政策，那麼就難以保持匯率穩定；如果要求匯率穩定和資本流動，就必須放棄獨立的貨幣政策；如果要求擁有獨立的貨幣政策和保持匯率穩定，就必須限制資本流動。

1950 年代，加拿大經濟學家勞勃·蒙代爾在研究了當時的國際貨幣體系和國際貿易發展後，首次提出了支持固定匯率制度的觀點；隨後，另一位經濟學家 J·馬庫斯·弗萊明（John Marcus Fleming）也提出了類似的觀點。1960 年代，蒙代爾和弗萊明共同建立了蒙代爾－弗萊明模型（Mundell-Fleming Model），對固定匯率制下貨幣政策的使用進行了十分經典的分析。該模型指出，在沒有資本流動的情況下，貨幣政策在固定匯率下，在影響與改變一國的國際收支方面是有效的，在浮動匯率下則更為有效；在資本有限流動情況下，整個調整結構與政策效應，與沒有資本流動時基本一樣；而在資本完全可流動情況下，貨幣政策在固定匯率下，在影響與改變一國的國際收支方面完全無能為力，但在浮動匯率下則有效。由此得出了著名的蒙代爾「不可能三角」理論，即貨幣政策獨立性、資本自由流動與匯率穩定這三個政策目標不可能同時達到。

「不可能三角」理論，從戰後國際貨幣體系的發展中已經得到驗證：在 1945 年至 1973 年的布列敦森林體系中，各國「貨幣政策的獨立性」和「匯率的穩定性」得到實現，但「資本流動」

受到嚴格限制；而 1973 年以後，「貨幣政策獨立性」和「資本自由流動」得以實現，但「匯率穩定」不復存在。「不可能三角」理論的妙處在於，它提供了一個一目了然劃分國際經濟體系各形態的方法。

1997 年爆發的亞洲金融危機，再次證明了「不可能三角」理論的正確性。泰國、印尼等東南亞國家在保持貨幣政策的獨立性和資本流動自由的前提下，匯率劇烈波動，最後不得不以大幅貶值告終。隨後在國際貨幣基金組織開出的「治療處方」中，以犧牲貨幣政策的獨立性（即部分讓渡貨幣政策的主權）為代價，獲取了資本自由流動和匯率穩定的目標。

1999 年，美國經濟學家保羅‧克魯曼（Paul Robin Krugman）在仔細研究亞洲金融危機過程及原因後，根據蒙代爾「不可能三角」畫出了一個三角形，並稱其為「永恆的三角形」，進一步展示了「蒙代爾三角」的內在原理。克魯曼還為此專門取了一個名字，即「三元悖論」。

三元悖論與選擇

通常來講，一個國家的貨幣政策目標有三種：貨幣政策的獨立性、匯率的穩定性和資本的完全流動性。根據三元悖論，在資本自由流動、貨幣政策的有效性和匯率制度穩定三者之間，只能進行以下三種選擇。

第一種，保持本國貨幣政策的獨立性和資本的完全流動性，必須犧牲匯率的穩定性，實行浮動匯率制。這是由於在資本完全

流動條件下，頻繁出入的國內外資金帶來了國際收支狀況的不穩定，如果貨幣當局不干預，即保持貨幣政策的獨立性，那麼本幣匯率必然會隨著資金供需的變化而頻繁波動。利用匯率自動調節機制將匯率調整到真實反映經濟現實的水準，可以改善進出口收支，影響國際資本流動。雖然匯率調節機制本身具有缺陷，但實行匯率浮動確實能稍微解決「三難選擇」。但對於發生金融危機的國家來說，特別是開發中國家，信心危機的存在，會大大削弱匯率調節機制的作用，甚至惡化危機。當匯率調節機制不能奏效時，為了穩定局勢，政府的最後選擇是實行資本管制。

第二種，保持本國貨幣政策的獨立性和匯率穩定，必須犧牲資本的自由流動性，實行資本管制。在金融危機的嚴重衝擊下，在匯率貶值無效的情況下，唯一的選擇是實行資本管制。這實際上是政府以犧牲資本的完全流動性，來維護匯率的穩定性和貨幣政策的獨立性。大多數經濟不發達的國家，都是實行這種政策組合。這一方面是由於這些國家需要相對穩定的匯率制度來維護對外經濟的穩定，另一方面是由於監管能力較弱，無法有效管理自由流動的資本。

第三種，維持資本的完全流動性和匯率的穩定性，必須放棄本國貨幣政策的獨立性。根據蒙代爾－弗萊明模型，資本完全流動時，在固定匯率制度下，本國貨幣政策的任何變動，都將被所引致的資本流動的變化而抵消其效果，本國貨幣政策喪失自主性。在這種情況下，本國或者參加貨幣聯盟，或者更嚴格實行貨幣發行局制度（Currency Board System），基本上很難根據本國經濟情況來實施獨立的貨幣政策調整經濟，最多是在發生投機衝

擊時，短期內被動調整本國利率以維護固定匯率。可見，為實現資本的完全流動與匯率的穩定，本國經濟將會付出放棄貨幣政策自主權的巨大代價。

華盛頓共識：市場基本教義

「華盛頓共識」的由來

　　「華盛頓共識（Washington Consensus）」一詞，最初是由美國國際經濟研究所前所長約翰‧威廉姆森（John Williamson）所提出，其主要目的是為了幫助解決 1980 年代拉丁美洲地區國家的債務危機。

　　1990 年，由美國國際經濟研究所主持在華盛頓召開了一個研討會，主題是討論 1980 年代中後期以來拉丁美洲地區國家經濟調整和改革問題。拉丁美洲地區國家的相關官員、美國財政部官員、企業界人士、世界銀行、國際貨幣基金組織、美洲開發銀行代表以及一些高等學府和研究機構的經濟學家出席會議。威廉姆森在會議結束時說，經過討論，會議參加者對在拉丁美洲國家業已採用和準備採用的十個政策工具方面，達成了一定的共識，成為促進「七國集團」（注：當時俄羅斯尚未加入）和國際金融機構把握世界經濟的信條。由於上述國際機構的總部和美國財政部都在華盛頓，這次會議又在華盛頓召開，因此人們把在會上達成的這一共識稱作「華盛頓共識」。

　　「華盛頓共識」的十項總體經濟政策內容包括：①加強財政紀律；②把政府支出的重點轉向公共服務和有利於改善收入分配的領域，如基本醫療保健、基礎教育和基礎設施等；③改革稅制，降低邊際稅率和擴大稅基；④利率市場化；⑤實行浮動匯率；⑥貿易自由化；⑦資本進入，特別是 FDI（國際直接投資）進入自由化；⑧大力推行私有化；⑨放鬆政府管制，消除進入和退出障礙；⑩保護智慧財產權。

　　從本質上說，「華盛頓共識」是一種以自由貿易、財經紀律和國有企業私有化為基礎的新自由主義（neoliberalism）經濟發展模式。其實質是主張政府的角色最小化、快速私有化和自由化，而內容在實踐中被進一步濃縮為「三化」：一是私有化，即把國有企業私有化和鞏固私有產權的一系列措施；二是自由化，即實行外貿自由化、投資自由化和金融自由化；三是穩定化，即執行由國際貨幣基金組織和世界銀行為代表的多邊國際經濟組織所推行的，包括實行浮動匯率和緊縮性財政政策等在內的穩定化計畫。

　　1990 年代初，隨著蘇聯解體和東歐劇變，社會主義運動暫時處於低潮。世界科技的巨大進步，使西方跨國公司在國際經濟政治事務中的影響日趨增強，經濟全球化進一步加快。這種新的國際局勢給新自由主義帶來發展機遇，從而使「以恢復自由放任市場經濟政策、放棄政府干預和推行私有化」為主旨的華盛頓共識，得以向廣大開發中國家和社會主義國家迅速蔓延。

華盛頓共識的實踐

　　俄羅斯的休克療法（shock therapy），是「華盛頓共識」誕生以後的首支經典之作。在全球化加快的背景下，在蘇聯及東歐地區國家開始了第一代的市場經濟改革。在這些國家，新自由主義取得了支配地位，蘇聯和東歐地區國家接受了美國新自由主義。經濟學家薩克斯（Jeffrey David Sachs）提出的「休克療法」，實行快速市場化、私有化和以緊縮貨幣為主的經濟穩定化政策，但結果卻令人失望。俄羅斯在經濟轉型的十年中，陷入了前所未有的社會經濟危機，政局混亂、經濟大幅度下滑、少數人暴富、民眾普遍貧困化。1989 年，俄羅斯的 GDP 是中國的兩倍多；十年後，卻僅為中國的 1/3。

　　在拉丁美洲地區，改革初期國家的總體經濟形勢曾一度好轉，通貨膨脹得到控制，經濟結構開始調整（1985 年，玻利維亞的休克療法被視為新自由主義成功的經典之作）。但隨著金融自由化的推進，拉丁美洲國家在金融監管和防範金融風險方面的缺陷日趨嚴重，終於導致了 1994 年的墨西哥金融危機、1999 年的巴西貨幣危機，和 2001 年的阿根廷經濟危機。在如何處理危機問題上，國際貨幣基金會和世界銀行仍然堅持有條件貸款，繼續推行華盛頓共識，實行順週期經濟政策，結果導致失業率高居不下，兩極分化和貧困化更為嚴重，民族企業陷入困境，政局動盪，引起了拉丁美洲國家民眾對華盛頓共識的普遍不滿，使拉丁美洲成為抵制和反對新自由主義政策最為強烈的地區。

　　與拉丁美洲地區不同，東亞地區在 1990 年代中期之前，一直是經濟成長最快的地區之一，而且東亞地區國家以出口導向為

主，經濟開放程度高，具有儲蓄率高的傳統。在新自由主義的影響下，東亞國家在 1990 年代先後實行金融自由化政策，取消對外國資本流動的政府管制，開放金融市場，放鬆外資進入證券、保險和租賃等產業的限制。隨著金融自由化的發展，國際投機資本大量湧入，房地產和證券市場的投機熱潮，推動了泡沫經濟的形成，終於釀成了 1997 年由泰國開始、並波及整個東亞地區的亞洲金融危機。亞洲金融危機給東亞國家造成了嚴重的損失了，有些國家的財富損失一半以上。

在如何解決亞洲金融危機的問題上，國際貨幣基金會和世界銀行採取了與解決拉丁美洲國家金融危機相同的措施，即有條件貸款，以華盛頓共識提出的改革措施為緊急貸款條件，繼續實行順週期政策。順週期政策的實施進一步加重了危機，使東南亞一些國家的經濟在十年之後，都還沒有恢復到亞洲金融危機之前的水準。

華盛頓共識面臨的挑戰

新自由主義不僅全面否定社會主義經濟的實踐，還否定西方國家的大政府和高福利政策，否定日本、韓國、臺灣政府主導的產業政策，在 1970 年代創造的經濟高速成長的東亞奇蹟，認為社會主義經濟政策和凱因斯主義經濟學限制了市場經濟的作用，主張回到完全放任的自由資本主義，實行以傅利曼為代表的芝加哥學派所倡導的新自由主義經濟政策。

受這種經濟思潮的影響，並在 1980 年代美國雷根政府和英國柴契爾政府的推動下，世界各國的私有化浪潮一浪高過一浪。

由於其主張的市場化政策，否認總體經濟政策調控的有效性，甚至否認非自願失業現象的存在，把公認的市場失敗，如失業上升、暴力犯罪、環境污染、生態破壞等經濟現象，也視為大眾理性選擇的結果和市場化過程中的必然代價，這些極端的新自由主義觀點，後來被稱為市場基本教義（market fundamentalism）。

有鑑於「華盛頓共識」在南美、東歐及東南亞等地區開發中國家的實踐結果令人失望，痛定思痛，各大開發中國家開始反思新自由主義的基本原則，抵制和批判華盛頓共識的新自由主義政策。

二十世紀末以來，首先對「華盛頓共識」發出挑戰的，是前世界銀行副行長兼首席經濟學家約瑟夫·史迪格里茲（Joseph Eugene Stiglitz）提出的「後華盛頓共識（Post Washington Consensus）」。以史迪格里茲為代表的一些經濟學家，一直呼籲經濟學界走出、並超越「華盛頓共識」。此外，以德國為代表的歐洲大陸國家（不包括英國），所具有的傳統歐洲價值觀，也對「華盛頓共識」構成挑戰。

「後華盛頓共識」強調轉型與發展相關的制度因素。在史迪格里茲等人看來，「華盛頓共識」所使用的總體經濟政策工具不但十分有限，而且鎖定的發展目標也十分狹窄，只是盯著經濟成長。因此，他們主張將發展的目標定得更加廣泛和長遠，其主要觀點包括：第一，追求永續發展，包括保護自然資源和生態環境；第二，追求平等的發展，即不僅社會上層能夠得到發展的好處，其他階層也都能平等分享繁榮和發展；第三，追求民主的發展，即公民能夠以各種方式廣泛參與關係到自己切身利益的決策。

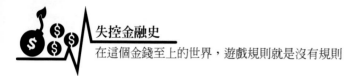
「後華盛頓共識」不僅關注成長，還關注貧困、收入分配、環境永續性等問題，它從資訊不對稱出發，指出市場力量不能自動實現資源的最佳分配，承認政府在促進發展中的積極作用，批評國際貨幣基金組織在亞洲金融危機前後倡導的私有化、資本帳戶開放和經濟緊縮政策。

　　「歐洲價值觀」基於歐洲傳統的社會民主主義價值理念，在強調經濟成長的同時注重「以人為本」，倡導人權、環保、社會保障和公平分配。但由於近幾十年來，歐洲福利社會型的資本主義，在與美英自由市場資本主義的競爭中處於劣勢，歐洲國家在政策導向上，整體向「華盛頓共識」靠攏。因此，「歐洲價值觀」對「華盛頓共識」的挑戰顯得軟弱無力。

附錄
源遠流長的中國古代貨幣史

　　在貨幣產生以前，人類最初的商品交換是以物易物的形式進行的。隨著生產的發展，商品交換的品種和數量越來越多。為了交換便利，必然要求有一種商品充當一般等價物，作為商品交換的媒介，而這種一般等價物就是我們通常所說的貨幣。

商代貝幣

原始社會末期，最早出現的貨幣是實物貨幣。一般來說，游牧民族以牲畜、獸皮類來實現貨幣功能，而農耕民族以五穀、布帛、農具、陶器、海貝、珠玉等充當最早的實物貨幣。但是由於牲畜不能分割、五穀會腐爛、珠玉太少、刀鏟笨重，因而最後集中到海貝這一實物貨幣。

到了商代的時候，海貝已經成為固定充當一般等價物的商品，中國歷史上最初的貨幣——貝幣因此誕生。貝殼充當貨幣有很多優點：第一，它有光澤和花紋，可以作為名貴的裝飾品；第二，有天然的單位，便於計數；第三，堅固耐用，不易磨損；第四，便於攜帶。貝幣的計量單位是朋，每朋十貝。在漢字中，和財富、價值有關的字大多與「貝」字有關，例如：貴、資、貪、貧、財、購等。

隨著商品交換的擴大，貝幣的流通數量日益龐大。由於海貝來源有限，不敷應用，於是便出現了仿製貝。最初的仿製貝是石貝、骨貝、陶貝，以後發展到用銅來製造，這就是銅貝。而銅鑄幣的產生、發展及廣泛流通是中國早期貨幣發展史上的重大轉折。

春秋戰國四大貨幣

到春秋戰國時期，隨著銅幣的廣泛使用，中國逐漸形成了布幣、刀貨、環錢、蟻鼻錢四大貨幣體系。

布幣是由農耕工具演變而來，主要流通於中原地區的農耕地區。布幣的基本形狀如鏟，在此基礎上變化多端，按具體形狀又分若干種。它的演變大體可分為三個階段：即原始布、空首布和平首布。平首布一般都有文字，多數的文字是地名，以表明出處，但也有標明重量的，如「一兩」、「十二銖」，「銖」、「兩」都是貨幣單位，可謂最早的銖兩貨幣。

刀幣起源於漁獵地區和手工業地區，是由實用的刀演化而來，基本形狀如今日之大刀。

環錢主要流行於西部地區，由紡輪演變而來，形狀為圓形，中心有孔。孔有圓形和方形兩種，故有圓形圓孔和圓形方孔的區別，內外邊緣有輪廓和無輪廓兩種。環錢多數都有文字，或標地名，或標重量和單位，環錢是銅錢的原型。

蟻鼻錢專指楚國的銅貝，又稱為「鬼臉錢」。楚國除蟻鼻錢外，還有黃金稱量貨幣「金版」。不過「金版」的流通範圍很小，僅限於王室和貴族使用，楚國也是戰國時期唯一流通黃金的地區。

秦代「半兩錢」

西元前 221 年，秦國統一六國建立秦朝後，政治統一要求以經濟統一為基礎，秦始皇順應歷史發展趨勢，在統一文字、度量衡的同時，也統一了貨幣。秦朝規定：以「黃金」為上幣，以鎰（20 兩）為單位；以圓形方孔銅錢為下幣，以半兩為單位。銅錢幣面鑄有「半兩」二字小篆，標明每枚的重量是半兩，史稱

「半兩錢」。這種方孔銅錢從此成為中國錢幣的主要形式，一直沿用兩千多年。方孔銅錢的好處是美觀大方、便於攜帶，中間穿繩索使銅錢不易旋轉，可防止磨損。此外，秦朝還明令禁止其他財物作為貨幣流通。

秦始皇統一貨幣和推行半兩錢，對中國古代貨幣發展具有劃時代的意義，被認為是中國貨幣史上第一項貨幣法規。

漢代「五銖錢」

西元前 202 年，漢高祖劉邦開創漢朝後，沿襲了秦代幣制，使用半兩錢。由於允許各郡國及民間自由鑄錢，引起幣制混亂；同時一些不法商人減重鑄幣，使「半兩錢」名實不符，造成了通貨膨脹，物價上漲。

漢武帝即位後，為了整肅幣制紊亂和抑制通貨膨脹，於西元前 118 年下旨廢除漢初郡國制幣權，改由中央統一鑄幣。設「上林三官」，即鍾官（掌鑄錢）、辨銅（掌原料）、均輸（掌製範），組成中央鑄幣機構，負責鑄造「五銖錢」（一兩為二十四銖）。此前各郡國所鑄之錢一律銷毀，並將銅材運交上林三官。全國統一使用官鑄的五銖錢，非上林三官錢不許使用。

漢武帝的幣制改革，使中國古代貨幣發展進入了一個新階段，創造了一個適合社會經濟發展的新的錢幣體制。五銖錢繼承了半兩錢的形式，其重量又經過數十年的探索才確立。由於五銖錢製作精良、便於使用，歷經三國、兩晉、南北朝、隋朝直至唐初，七百餘年不衰，成為當時中國流通的主要貨幣。

　　漢武帝統一鑄幣權和推行五銖錢，是繼秦始皇統一貨幣後，中國貨幣史上的又一件大事。

「六朝五銖」劣錢時代

　　魏晉南北朝是中國歷史上四分五裂的時期，戰爭頻繁社會動盪，幣制也因此遭到極大破壞。由於銅價高企，鑄幣機構為了節省銅材，減重鑄幣現象層出不窮，五銖錢越做越小，有「鵝眼」、「雞目」之稱，名實嚴重不符，錢幣界把這一時期五銖錢統稱為「六朝五銖」。

　　「六朝五銖」錢除鑄造粗糙、重量不足外，幣面文字還有書寫錯誤、筆畫不全現象，有將「五銖」寫成「五金」者，也有寫成反文「銖五」。

　　西元 589 年，隋文帝楊堅統一中國開創隋朝後，鑄行「開皇五銖」錢，結束了漢末以來三百多年幣制龐雜局面，隋朝是最後一個使用五銖錢的朝代。

唐代「開元通寶」

　　西元 618 年，唐高祖李淵建立唐朝。武德四年（西元 621 年），唐高祖對錢幣進行了一次重大改革，廢除五銖錢，鑄行「開元通寶」，結束了秦漢以來以重量「銖兩」命名的錢幣體系，而開創了唐宋以後以「文」為單位的通寶錢（亦稱寶文錢）。「開元」有創始、首創之意，「通寶」即流通的寶貨。其在重量單位上有重大突破，古代衡法二十四銖為一兩，「開元通寶」開創十進

位制，每枚重二銖四為一文錢，積十文錢重一兩，即十錢一兩。

通寶錢外形仿「五銖錢」，係銅鑄幣，成色以銅為主，摻以錫和白鑞，幣面鑄「開元通寶」四個漢字，用隸書書寫，相傳出自初唐書法大家歐陽詢之手，因此又被譽為書法幣。開元通寶在唐代鑄行兩百多年，幣制長期穩定。唐代以「文」計數，以錢兩為重量單位的寶文錢體系沿襲到清朝，歷時一千多年。

唐高祖的錢幣改革，是對從前近千年錢幣形制的總結，從此中國錢幣進入了年號錢階段。

通寶錢規定了錢幣的大小、成色，成為唐代以後歷代王朝鑄造錢幣的標準。此次改革，使錢幣名稱同錢幣重量完全分離，這是中國錢幣史上的一項重大變革。

宋代幣制：銅錢與紙幣並行

宋代的銅錢仍以通寶錢為主。通寶錢十分複雜，種類繁多，每隔幾年就有一種新錢種面世。除銅錢外，當時還有鐵錢，二者並行。但貨幣流通有區域限制，有的地方專用銅錢，有的地方專用鐵錢，有的地方二者兼用。這些錢幣只能在一個地區流通，不准運錢出境。由於銅鐵錢各分大小，銅鐵錢之間、大小錢之間作價不一，致使流通無序。

宋代商業比較發達，銅錢鐵錢因區域限制而不敷應用，且笨重不便，大大阻礙了地區間商品交易的發展。大約在宋真宗年間（西元 998 ～ 1022 年），成都的十六家商號製作一種紙券，名曰「交子」，代替鐵錢流通，這是世界上發行最初的紙幣。這種交子

因是私人發行，所以史家稱其為私交子，發行交子的富商稱為交子鋪或交子戶。

西元 1023 年（仁宗天聖元年），朝廷禁止私人發行交子，並在四川設置益州「交子務」負責交子的發行事宜，次年開始發行交子。這是政府發行的交子，史稱官交子。官交子的發行，三年為一界（界指時間界限，非地理概念，下同），界滿收回舊交子，發行新交子，每界確定最高發行限額，用鐵錢作為發行準備。

南宋朝廷遷都杭州後，交子由戶部掌管發行。戶部除發行交子外，還發行一種名叫會子的紙幣（有些史學家認為，交子相當於支票，會子才是真正的流通紙幣）。

元代幣制：以紙幣為主

西元 1259 年，蒙古大汗蒙哥死後，忽必烈繼承汗位。西元 1260 年，忽必烈仿照中原王朝規制，改元「中統」，為籌措軍費，開始發行「中統寶鈔」（紙幣）。西元 1264 年，忽必烈定都燕京（今北京），改年號「至元」。西元 1271 年，忽必烈改蒙古國號為「大元」。

西元 1276 年（至元十三年），元世祖忽必烈對幣制進行了一次改革，收兌江南當時流通的紙幣，即南宋的交子、會子，禁用銅錢。西元 1287 年（至元二十四年）開始發行「至元寶鈔」（紙幣）。至此，全國的貨幣流通全部統一。

元世祖忽必烈為了規範紙幣發行和流通，建立了一套比較

完整的紙幣管理制度,頒布了中國歷史上第一個紙幣條例。其關於發行方面的規定包括:第一,寶鈔為法定貨幣,嚴禁金、銀、銅錢的流通和使用;第二,設立發行準備金,規定發行限額;第三,中統寶鈔、至元寶鈔均分為不同面額,兩種鈔票並用;第四,百姓隨時可以用舊鈔換新鈔,用破鈔換好鈔(但要收取一定手續費),有阻礙和刁難者,由官府依律治罪。其關於流通方面的規定有:其一,寶鈔不限年月,通行流轉;其二,各地設立平準行用庫,負責買賣金銀,平準鈔法,維持鈔值;其三,嚴禁私自買賣金銀,違者治罪,告發者賞;其四,嚴禁偽造寶鈔,偽造者死,告發者重賞。

到元代末期,由於政治腐敗,皇室奢侈,軍費開支浩大,財政入不敷出,政府只好靠濫發紙幣來彌補,引起物價飛漲,加上黃河改道泛濫成災,各種天災人禍一起導致了元朝滅亡。

明代幣制:先用紙幣,後用白銀、銅錢

明朝建立初始,明太祖朱元璋吸取了元代濫發紙幣引起物價飛漲的教訓,大力推行銅錢,但後來因銅錢數量不敷,又開始發行紙幣(紙幣與銅錢並用)。西元 1375 年(洪武八年)設立鈔局負責發行紙幣,是為「大明寶鈔」。大明寶鈔由戶部印製,地方不得印製。寶鈔不設發行準備,而且不分界回收舊幣和發行新幣,而是長期流通。使用不久,大明寶鈔就開始膨脹貶值。故明代中葉嘉靖(西元 1522 ~ 1566 年)以後,寶鈔已不能通行,民間主要用白銀和銅錢。

西元 1436 年,朝廷解除銀禁(在法律上准許使用白銀)後,

白銀的流通便公開化，而且具有普遍性，朝野上下都使用白銀。到了嘉靖年間，朝廷又規定了白銀與銅錢的比價，白銀遂取得法定通貨的地位（中國白銀作為貨幣的歷史始於宋代，但宋、元兩代直至明初，白銀流通一直受限制）。

總體來看，明朝在統治中國兩百多年裡，紙幣發行有限，只發行過一種鈔票，即大明寶鈔，最大面額為 1 貫，即使後來出現通貨膨脹，也沒有發行過大面額紙鈔。明代中後期的貨幣流通，主要以白銀為主，銅錢為輔，大數用白銀，小錢用銅錢。

清代幣制：銀兩、銀元、銅錢、紙鈔並行

清朝建立後，承襲明朝的幣制，仍使用白銀和銅錢流通，以白銀為主，銅錢為輔，大數用銀，小數用錢，白銀成為一種主要貨幣。白銀的單位仍然是兩，清朝習慣上將銀和兩合用，稱銀兩，銀兩就成為清朝白銀的單位。銀兩在使用過程中，慢慢發生變化，分成實銀兩和虛銀兩，實銀兩是交易時收受的現銀，虛銀兩則是記帳的單位。

清朝後期，銀錠開始向銀元轉化。中國最初的銀元由國外流入，自明朝中葉起，在對外貿易中，外國商人用他們的銀元購買中國絲綢、瓷器和茶葉等商品，使各種外國銀元開始在中國流通。到清代道光年間，從簽訂不平等的《南京條約》開始，賠款用的銀元都是「洋錢」，當時的清朝政府還沒有國產銀元。庫存洋錢不足以支付數目劇增的對外賠款，迫使清政府開始自己鑄造銀元。中國最早的機制銀元，為光緒年間的「光緒元寶」，俗稱「龍洋」，因銀元背面一般鑄有龍紋而得名。同時也出現了機制銅

元，又稱「銅板」。機制銀元和銅元的出現，對中國傳統的銀兩貨幣和方孔圓形為主的銅錢是一種巨大衝擊。

　　除了銀兩、銀元和銅錢外，清代也發行紙幣。清代紙幣品種很繁雜，有官鈔和私鈔之分。官鈔即由官府金融機構發行，私鈔由民間金融機構發行。紙鈔可分銅錢票（可兌換方孔銅錢）、銅元票（可兌換銅元）、銀兩票（可兌換白銀）、銀元票（可兌換銀元）四種。清代發行的紙鈔，不是真正意義上的紙幣，與元代的「中統寶鈔」、「至元寶鈔」以及明代的「大明寶鈔」有很大不同。清代紙鈔實際上相當於金融機構（銀號、票號）出示的銀元和銅錢的收據，真正執行流通功能的仍然是銀兩、銀元和銅錢。因此直到清朝滅亡，也沒有出現類似元代和明代因濫發紙幣引起物價飛漲的混亂局面。

官網

國家圖書館出版品預行編目資料

失控金融史：在這個金錢至上的世界，遊戲規
則就是沒有規則 / 吳桂元 編著 . -- 第一版 . -- 臺
北市：清文華泉 , 2020.10
　面；　公分

ISBN 978-986-5552-25-1(平裝)

1. 金融史

561.09　　109014852

失控金融史：在這個金錢至上的世界，遊戲規則就是沒有規則

作　　　者：吳桂元 編著

編　　　輯：簡敬容

發 行 人：黃振庭

出 版 者：清文華泉事業有限公司

發 行 者：清文華泉事業有限公司

E - m a i l：sonbookservice@gmail.com

粉 絲 頁：https://www.facebook.com/sonbookss/

網　　　址：https://sonbook.net/

地　　　址：台北市中正區重慶南路一段六十一號八樓 815 室

Rm. 815, 8F., No.61, Sec. 1, Chongqing S. Rd., Zhongzheng Dist., Taipei City 100, Taiwan (R.O.C)

電　　　話：(02)2370-3310　　傳　　　真：(02) 2388-1990

印　　　刷：京峯彩色印刷有限公司（京峰數位）

定　　　價：370 元

發行日期：2020 年 10 月第一版

Title page created by Silviu Ojog
from the Noun Project

臉書

蝦皮賣場